장자인문학

장자 인문학

안
희
진
지음

시그마북스
Sigma Books

장자인문학

발행일 2019년 2월 20일 초판 1쇄 발행
2020년 9월 10일 초판 2쇄 발행
지은이 안희진
발행인 강학경
발행처 시그마북스
마케팅 정제용
에디터 장민정, 최윤정, 최연정
디자인 김문배, 최희민

등록번호 제10-965호
주소 서울특별시 영등포구 양평로 22길 21 선유도코오롱디지털타워 A402호
전자우편 sigmabooks@spress.co.kr
홈페이지 http://www.sigmabooks.co.kr
전화 (02) 2062-5288~9
팩시밀리 (02) 323-4197
ISBN 979-11-89199-76-0(03150)

이 도서의 국립중앙도서관 출판예정도서목록(CIP)은 서지정보유통지원시스템 홈페이지(http://seoji.nl.go.kr)와
국가자료공동목록시스템(http://www.nl.go.kr/kolisnet)에서 이용하실 수 있습니다. (CIP제어번호: CIP2019002697)

* **시그마북스**는 (주)**시그마프레스**의 자매회사로 일반 단행본 전문 출판사입니다.

마음속 기품이 태연하고 조용하게 된 사람은 자연 그대로의 빛을 발한다. 빛을 발하는 인간 본래의 참된 자아로 산다. 남과 하나가 되는 지혜를 갖춘 사람은 마음이 고요하다. 남들도 그 마음에 들어와 함께한다. 하늘도 그를 돕는다. 이처럼 남과 하나가 된 사람을 '하늘 사람'이라고 하며, 하늘이 돕는 사람을 '하늘의 자식'이라고 한다.

－『장자·경상초』

머리말

우리는 무엇을 위해 사는가. 무엇 때문에 공부하고 무엇을 위해서 일한단 말인가. 더 풍요롭고 행복하게 살기 위해서라는 단순한 논리는 참으로 공허하다. 일상적인 삶에서 어제보다 나은 오늘을 산다면 그것이 곧 행복이며 성공이다. 그러나 영원한 세월 앞에 그 역시 무력한 안위일 뿐, 생로병사는 드러난 필연이며 길흉화복은 감춰진 질서다. 그 필연과 질서 속에서 이 육신은 언젠가 스러져 갈 테고 아주 오랜 세월이 지나면 아무런 흔적도 없을 것이다. 그럴듯한 가치를 구현하기 위해 노력한다고 해도 영원하고 드넓은 우주에서 이 존재란 도대체 무슨 의미로 남을 것인가. 실제로 우리의 삶에는 진정한 과거도 없고 진정한 미래도 없다. 생동하는 현실로 삶이란 비바람 불고 눈보라 치는 지금 이 순간 이 광막한 땅에 있을 뿐이다.

그럼에도 불구하고 우리의 인생에는 이 보잘것없어 보이면서도 의미 가득한 존재의 진정한 가치를 구현할 책무가 있다. 그것은 드러난 필연을 꿰뚫고 그 보이지 않는 섭리를 체득해서 기쁨과 슬픔, 삶과 죽음이라는 허망한 굴레를 벗어나는 일이다. 예를 들어 많은 재산이나 커다란 명예, 또는 자신의 건강이나 사랑하는 사람을 잃었다면 그런 사실을 무심히 받아들이기란 누구에게도 쉽지 않은 일이다. 어떤 사람은 그것을 못 이겨 고통에 휘둘리고 좌절하는가 하면, 어떤 사람은 현실을 감내하며 초연히 넘어선다. 이 경우 그 차이는 어디에서 출발하는 것일까.

삶에서 마주하는 크고 작은 고통은 화살처럼 사람의 가슴에 박힌다. 많은 사람들은 그것을 뽑아내려고 발버둥치지만, 사실 고통의 화살이란 한 번 박히면 빼낼 방법이 없다. 치유할 방법이 있다면 그것은 박힌 화살이 세월 속에 녹아서 내 몸의 일부가 된 채로 사는 것이다. 어떤 사물로 인해 고통이 발생하는 까닭은 나에게 주어진 것이 '내 것'이라는 생각의 결과다. 재물·권세·명예·사랑, 그리고 희노애락이 모두 '나라고 하는 것'이 가진 의식의 그림자다. '나라고 하는 것'도 실체가 아니라 내가 잠시 사용하는 자연계의 겉옷이다. 아무리 진리와 정의, 양심과 사랑이라는 최고의 가치를 추구한다고 해도, 그것이 단지 나의 겉옷이 지어낸 그림자일 뿐이라면 얼마나 덧없는 일인가. 그 그림자의 얽매임에서 벗어나는 해법을 제시하는 사람이 장자다. 껍데기의 자아가 해체되면 꽂힐 화살도 없다. 허상의 자아가 사라질 때 비로소 참된 자아가 살아나 자연의 섭리와 하나가 된다. 거기에 세속의 굴레를 넘어서 대자유로 가는 길이 있다.

그 경지에 이르는 중요한 관건은 맑은 영혼의 눈을 뜨는 일이다. 맑은 영혼의 눈을 뜨면 눈앞의 것을 넘어 멀고 길게 본다. 그때 오늘의 고뇌가 내일의 안위고, 오늘의 쾌락이 내일의 고통임을 알게 되며 모든 것이 하나의 흐름 속에 있음을 깨닫게 된다. 껍데기를 꿰뚫고 본질을 보게 된다. 본질을 통찰하는 맑은 영혼으로 삶은 활성화되면서 완전한 자유에 이른다. 완전한 자유에 이른 사람은 완전한 사랑으로 자신의 삶을 받아들인다. 완전한 사랑으로 세상을 품는다.

맑은 영혼의 눈을 뜨는 길은 내 마음속의 작은 주인을 밀어내고 큰 주인을 들이는 것이다. 매사를 틀에 박힌 생각에 의존하고 이해득실을 분별하는 마음이 작은 주인이다. 큰 주인이란 더께가 진 '나

라고 하는 것'을 깨트려버렸을 때 소생하는 참된 자아다. 큰 주인을
되살리려면 고요하고 바른 마음을 견지해야 한다. 마음의 다스림은
현실을 있는 그대로 받아들이고 주어진 길을 무심히 가는 일이다.
'나라고 하는 것'을 무장 해제시켰을 때 비로소 현실을 받아들일 수
있다. 갑옷 같은 '껍데기의 나'를 깨버리는 순간 그 빈자리에 하늘이
들어온다. 그리고 내면의 맑은 영혼과 하늘의 영원한 섭리가 하나를
이룬다. 그때 우리는 자기 삶의 참된 주재자가 된다. 하늘의 피리소
리를 듣는다. 대자유를 얻는다.

안희진

차례

제1부

무엇이
문제인가

_ 장자의 지적

제1장

거짓이 되기 쉬운
가치관

진정한 깨끗함

드러나는 깨끗함은 진정한 깨끗함이 아니다

재상인 관중이 병에 걸리자 제나라 환공은 후임자를 찾아야 했다.
제환공이 관중에게 물었다.

"병환이 위중하셔서 더 이상 말씀드리지 않을 수가 없습니다. 선생이
물러나시면 과인은 장차 누구에게 나랏일을 맡겨야 좋을까요?"

관중은 대답 대신 이렇게 되물었다.

"공께서는 누구를 마음에 두고 계십니까?"

환공이 말했다.

"포숙아가 어떨까 합니다."

포숙아는 예전에 관중을 환공에게 재상으로 추천했던 사람이다. 관중의 좋은 친구이니 그 사람이라면 관중의 마음과도 잘 통할 것이었다. 또 그의 뒤를 이어서 나라를 잘 다스릴 것이라고 예측이 되는 사람이므로, 제환공으로서는 관중을 상당히 배려한 인선이었다. 그러나 관중은 다음과 같이 말한다.

"안 됩니다. 그 친구는 대단히 청렴하고 훌륭한 사람입니다. 그러므로 자기보다 못한 사람을 경멸하며 남의 잘못을 들으면 평생 잊지 않습니다. 그에게 나라를 다스리게 하면 위로는 환공을 배반하고 아래로는 백성을 저버릴 것입니다. 환공께 죄 짓는 일이 머지않을 것입니다."

관중과 포숙아의 우정은 너무나 유명해서 거의 전설처럼 잘 알려진 사실이다. 포숙아는 어려서부터 관중이 잘못을 저지르거나 비난을 받아도 언제나 그의 편에 서서 이해해주었다. 어려서 함께 노점상을 했는데 이익금은 언제나 관중이 더 가져갔다. 친구들이 이를 비난하자 포숙아는 관중의 집이 어려우니 당연한 거라며 일축했다. 함께 전장에 나가서도 관중은 종종 도망쳤다. 동료들이 이를 지적하자 포숙아는 관중을 감싸며 그에게 늙은 어머니가 있기 때문이라고 했다. 심지어 관중을 재상으로 추천하고 자신은 몸을 낮춰 그 아래에서 지냈다. 인재를 보는 그의 선견지명은 결국 이들이 몸담고 있는 제나라가 여러 제후국 가운데 패권을 쥐게 했다. 이 모두 관중의 전략에 힘입은 결과였다. 관중은 나중에 "나를 낳은 것은 부모이지만 나를 알아주는 것은 포숙아"라고 말하며 늘 고마워했다.[1]

그런데 관중은 이 시점에서 왜 포숙아의 출세를 가로막는 것일까? 포숙아가 청렴한 것은 사실이다. 그런데 그것이 왜 문제인가? 『장자』가 전하는 말을 더 들어보자. 제환공이 재차 물었다.

"그렇다면 누가 좋겠소?"

"굳이 말씀드린다면 습붕이 좋을 것 같습니다. 그는 백성의 위에 있어도 위에 있는 것 같지 않고, 남의 아래 있어도 그 윗사람을 등지지 않습니다. 자기가 대단한 사람이 아님을 부끄러워하며 자기보다 못한 사람을 동정할 줄 압니다."

관중이 습붕을 추천하면서 그에게 주목한 것이 있다. 하나는 어떤 지위에 있더라도 그 지위를 의식하며 처신하지 않는다는 점이다. 다른 하나는 자기에게도 부족한 점이 있다는 것을 인정하고 자기보다 못한 사람을 동정한다는 점이다. 안정된 인품과 겸허한 처신, 이 두 가지가 관중의 눈에 띈 것이다. 관중의 말은 계속된다.

"은덕을 나누면 성인이라고 하고 재물을 나누면 현자라고 합니다. 그렇게 잘난 사람이 남을 내려다보면 사람들을 마음으로 따르게 할 수 없습니다. 그러나 잘난 사람이면서 겸손하다면 사람들은 저절로 따르게 됩니다. 그런 사람은 나랏일을 지나치게 따지지 않고, 가문의 일도 지나치게 살피지 않습니다. 그런 사람이 바로 습붕입니다." 『장자·서무귀』[2]

현명하면서도 드러내지 않음, 옳고 그름을 지나치게 따지지 않음, 이것이 바로 관중이 습붕을 추천하는 또 다른 까닭이다. 얼핏 보면 분명한 사리판단이 없는 듯 보이지만 오히려 신축성 있는 생각과 폭넓은 가슴으로 상황을 받아들일 줄 아는 사람의 모습이다. 관중이 보기에 자신의 친구 포숙아는 지나치게 훌륭하고 지나치게 명석한 것이 문제였다. 지나치게 깨끗하고 지나치게 고결했으며 그런 사실을 포숙아 자신은 물론 모든 사람이 알고 있었다. 그렇기 때문에 왕이 잘못된 판단을 하면 포숙아는 '훌륭한 생각'으로 왕을 설득하려

들고 자신의 '훌륭한 생각'을 관철하려 할 것이 뻔했다. 더군다나 아랫사람들은 포숙아처럼 '훌륭한 사람'이 못되니 서로 물과 기름처럼 어울리지 못할 것이었다.

　『장자』가 관중의 일화로 우리에게 전하는 것을 간단히 말하면, 깨끗함이 드러나는 사람은 진정 깨끗한 사람이 아니라는 점이다. 장자의 관점에서 보면 그는 깨끗함에 집착하는 사람일 뿐이다. 집착하는 사람은 그 반대되는 것을 의식하고, 더 나아가서는 반대되는 것을 부정할 것이다. 지나치게 깨끗한 옷차림을 좋아하는 사람이 남의 더러운 옷차림을 이해하지 못하는 것처럼, 마음의 깨끗함이 '훌륭한 것'이라고 믿고 있는 사람은 다른 사람의 작은 오점을 용인하지 못할 것이라고 보았다. 장자가 보기에 이런 사람은 진정 깨끗한 사람이 아니라는 것이다. 그에 따르면 효도와 형제애, 박애와 정의, 충성과 신의, 지조와 청렴 등의 가치는 원래 인간의 내면에 있는 자연스러운 품성의 발현이므로 대단하다고 할 만한 것들이 아니다.[3] 그런데도 그런 것이 드러나 보이면 오히려 문제가 되는 까닭은, 단순히 공자가 『논어』에서 말한 것처럼[4] 지나친 것은 모자람과 다름없다는 관점이 아니다. 사람이 머릿속의 생각만으로 추구하는 가치란 아무리 숭고한 것이라 해도 상대적인 것이며, 결국에는 무너지기 쉬운 허상이라는 점이다.[5]

역사상에서 가장 훌륭한 우정의 상징적 인물인 관중과 포숙아에 관한 위 이야기의 의미는 되새겨볼 필요가 있다. 깨끗하다는 것은 모두가 바라는 일 아닌가. 깨끗한 정치가가 부패하지 않을 것이고, 깨끗한 사람이 매사를 공정하고 투명하게 처리할 것이기 때문이다. 그러나 진정 청렴한 사람에게는 청렴한 듯한 모습이 안 보인다고 하면서, 장자는 청렴한 듯 보이는 사람이야말로 오히려 믿을 수 없다고 한다.[6] 청렴한 사람들 특유의 겸손한 모습을 보이는 포숙아는 믿을 수 없다는 것이 관중의 말을 빌어 전하는 장자의 관점이다. 장자의 관점이 옳은 것일까. 장자는 왜 이런 점에 주목했을까.

지켜가는 지조란 그 반대의 것을 의식한 것

청렴함뿐 아니라 지조·신의·충성 등 다른 종류의 가치를 추구하는 경우에도 마찬가지라고 장자는 말한다. 역대로 충성과 지조의 대명사로 전해져오는 다음의 여섯 인물들에 대해서 『장자』는 도둑의 왕 도척의 입을 빌어 신랄하게 비웃는다.

　　신하가 두 임금을 섬길 수 없다며 수양산에 들어가 굶어 죽은 백이와 숙제. 죽음을 불사한 그들의 지조가 그토록 훌륭한 것인가. 장자는 책에서 백이와 숙제의 이야기를 대여섯 차례나 예로 들면서 그들의 지조가 잘못된 것임을 지적한다. 그들은 명분이라는 허울을 뒤집어쓰고 하늘이 준 자연스러운 삶을 저버렸기 때문이다. 그 외에도 세상의 혼탁함을 비난하고 미친 척하며 살았지만 끝내 나무를 껴안고 죽은 포초,[7] 불합리한 세태를 비난하며 강에 투신한 신도적,[8] 충성을 다했다가 배신을 당하고 죽은 개자추,[9] 다리 아래에서 만나기로 한 여자가 오지 않는데도 끝까지 기다리다 물에 빠져 죽은 미생.[10] 이들은 모두 '충성'·'정의'·'절개'·'청렴'·'신의' 등의 명분과 신념을 지키기 위해 자신의 생명을 버렸다. 장자가 보기에 이들은 명분과 신념이라는 껍데기를 따르다가 하늘이 준 온전한 삶을 저버린 어리석은 자들이다. 명분과 신념이란 실은 외부에서 가져다가 자기의 생각에 붙잡아 매어놓은 것이라면서, 『장자』는 이들 여섯 사람이 제사에 쓰이는 개나 돼지처럼 그럴듯한 명분하에 자신을 죽인 것이며, 이는 바가지를 들고 밥을 구걸하는 거지와 다름없다고 말한다.[11]

위 내용은 『장자』에서 공자가 친구의 동생인 도척을 깨우치러 찾아갔다가, 오히려 도척으로부터 그럴싸한 윤리 도덕을 강조하지 말라는 꾸지람을 듣는 과정에 나오는 이야기들이다. 도척은 구천 명도적떼의 두목으로 사람의 간을 즐겨 먹는 잔인하고 흉포한 자였다. 그러나 그의 논리적인 변설에 공자는 진땀을 흘리며 장황하게 변명하고 도망쳐 나와야 했다. 공자를 향한 도척의 훈계는 더 이어진다.

"비간이 심장을 찢기고 오자서가 눈이 도려내진 것은 충성忠 때문에 입은 화이다. 직궁이 아버지의 도둑질을 고발하고 미생이 물에 빠져 죽은 것은 믿음信 때문에 입은 화이다. 포초가 선 채로 말라 죽고 신생이 자결한 것은 청렴廉 때문에 입은 화이다. 공자가 어머니의 임종을 못 보고 광자가 평생 아버지를 못 만난 것은 정의義 때문에 입은 화이다."

비간과 오자서는 유명한 충신이었다. 장자가 책에서 여섯 번이나 예를 들며 답답해했던 인물인 비간은 조카인 왕에게 폭정을 멈출 것을 간했다가 죽임을 당했다.[12] 오자서는 오나라 왕 부차에게 충언을 올렸지만 오히려 모함을 받고 자살했다. 부차는 그의 시체를 가죽 자루에 담아 강에 버리도록 했다.[13] 직궁은 아버지가 양을 훔쳐 오자 아버지를 고발했다고 『논어』에 전한다. 공자는 어짊과 정의의 정치를 전파하러 여러 나라를 다니느라 어머니의 장례에 가지 못했고, 광자는 잘못된 아버지의 언행을 고쳐드리려는 말을 했다가 미움을 사서 죽을 때까지 아버지를 만나지 못했다. 여기서 장자가 전하려고 하는 의미는 분명하다.

"이는 선비라는 자들이 자기 생각이 옳다고 고집하고, 그 행동은 반드시 어떠해야 한다고 집착했기 때문에 그런 재앙과 환난을 당한 것이다." 『장자 · 도척』[14]

장자가 말하는 것은 어떤 행위가 대단히 '충성스럽다', '믿음이 있다', '청렴하다', '정의롭다'라는 일반적으로 훌륭하다고 알려진 가치는 그것이 머릿속의 것으로 존재하는 한 진정한 것이 아니라는 점이다. 그런 것들은 인위적으로 지어진 가치들이기 때문에 상대적이다. 상대적이므로 영원하지 않다. 오늘의 충성이 내일의 반역일 수 있는 것이다. 이쪽에서 보면 정의롭지만 저쪽에서 보면 불의일 뿐이다.

그럼에도 불구하고 그런 가치는 대개 사람들의 마음속에 신념과 명분으로 나타난다. 명분이란 사회생활에서 중요한 것이다. 『논어』에서 공자가 말한 대로 "명분이 없으면 말이 순조롭지 않고, 말이 순조롭지 않으면 일이 제대로 진행되지 않는 법"이기 때문이다.[15] 그러나 장자가 볼 때 '명분이란 본질의 껍데기'이며[16] 실천을 위해 걸어 놓은 깃발일 뿐이지 실천 그 자체는 아니다. 그러므로 신념이나 명분에 매달리다 보면 '애국'이라는 이름으로 자국민을 고문하고 죽이는 것처럼 본질을 벗어나게 된다는 것이 장자가 말하는 요점이다.

'충성'·'믿음'·'청렴'·'정의' 등의 명분에 목숨을 걸고 스스로 죽는 것도 문제지만 그런 명분을 남에게도 들이대면 그 폐해는 더욱 클 수밖에 없다. '전통'이라는 이름의 껍데기 풍습을 고집하거나, '민주'라는 신념 속에 질서를 무시하는 잘못 역시 거짓 가치로 포장

된 명분의 폐해다. 문제는 많은 사람들이 그럴 듯한 가치를 띤 명분 앞에서 객관적인 상황 판단을 못한다는 점이다. 깨끗한 게 좋다고 하면 더러움이 전제되고 만다. 더럽다고 여겨지는 것이 의식되기 때문에 깨끗함에 기울어지는 것이다. 그렇게 자신이 추구하는 어떤 가치가 옳다는 신념을 갖다 보면 남의 그른 것을 용인하지 못하고, 심지어 남을 바로잡으려는 일을 서슴지 않게 된다.[17]

나라와 백성을 위한 숭고한 신념이 단지 '자신만의 생각'일까. 백이·숙제·포초·신도적·개자추·미생 등은 세상에서 훌륭하다고 일컬어지는 사람들이다. 하지만 장자가 볼 때 이들은 모두 이것은 옳고 저것은 그르다는 신념이나 '사랑仁'과 '정의義'라는 명분을 절대적인 것처럼 붙잡고 있었기 때문에 죽은 것이다. 죽임을 당할 줄 알고도 간언을 한 것은, 달리 보면 훌륭한 가치관이 그들을 죽음으로 밀어 넣은 셈이다.

그렇다면 그런 가치관의 신념이란 죽음을 마다하지 않을 정도로 절대적인 것인가. 장자가 볼 때 사실 이런 신념은 배운 것이 작용한 것이고 밖으로부터 요구된 가치일 뿐이다. 사람들은 그렇게 하는 것이 나라와 민족, 사회와 이웃, 가족과 나를 '위하는 것'이라고 믿는다. 그러나 이는 이욕과 집착의 변형된 허울일 뿐 모두 하늘로부터 부여된 순수한 삶을 왜곡하거나 파괴하는 것이다. 실제로 역사상의 많은 정치적 재앙들은 대개 이런 집착의 산물이었다. 동서양 역사를 통해 국가의 지도자를 죽이거나 지도자에게 죽임을 당한 사람들, 남을 죽이거나 자신을 죽인 사람들은 사실 명분과 신념의 신봉자들이었다. 그러나 그것은 이욕과 집착의 다른 얼굴일 뿐이다. 장자가 주목한 것은 이렇게 외부로부터 주입되거나 요구된 가치를 넘어서서 참된 가치를 구현하는 것이다. 좋다고 '인식된' 가치란 상대적인 것이기 때문이다.

의로운 사람, 착한 사람, 성실한 사람, 신용이 있는 사람, 베푸는 사람, 이 모두가 소중한 가치를 실현하는 사람들이다. 그러나 그 가치가 내면에서부터 자연스럽게 실현되는 게 아니라 의식적으로 드러나면 진정한 본질과는 거리가 생긴다. 달리 표현하면, 해야 한다고 마음먹고 하는 '인식된' 가치는 참된 가치가 아니다. 의로움·착함·성실함·믿음·베풂이 단지 무엇을 '위하여'라는 굳어진 생각의 산물이라면 오히려 반작용이 우려되는 헛된 신념일 뿐이다. 진정 자연스러운 내면의 발로가 아니라면 어떤 신념과 명분도 그 반면의 것과 대등한 가치일 뿐, 실상은 보잘것없다는 것이다.

의식된 신념은 왜 진정한 것이 아닌가

무후가 서무귀를 보고 말했다.

"나는 선생을 오래전부터 뵙고 싶었습니다. 나는 백성을 사랑할 뿐 아니라 정의를 위해서 전쟁을 그만두려고 하는데 어떻습니까?"

그러자 서무귀가 말했다.

"안 됩니다. 백성을 사랑한다는 것은 백성을 괴롭히는 일의 시작입니다. 전쟁을 안 하겠다는 말씀은 전쟁을 하겠다는 것의 출발입니다. 왕께서 그런 생각으로 일을 하신다면 결코 좋은 정치를 하기 어렵습니다. 훌륭한 일을 하겠다는 것부터가 병폐의 시초입니다."

백성을 사랑하고 정의를 위한다는 무후의 생각은 의도되었거나 적어도 의식된 생각이다. 다시 말하면 그의 그런 생각은 자기 내면의 깊은 마음이 움직여 나타난 것이 아니라 일시적으로 '지어먹은 마음'일 뿐이다. 무후의 말에서 주목해야 할 것은 무엇을 '위해서爲'라는 부분이다. 생각으로 의도된 것은 한계가 있다. 생각이라는 것은 연기나 불꽃처럼 실체가 아니기 때문이다. 실체가 아니므로 그것을 의식하면 할수록 붙잡게 된다. 깊은 마음의 눈으로 본질을 보지 못하고 자기의 주관적인 생각에 매달려 있으므로, 정의나 진실을 '위해서'라고는 하지만 자기의 '생각'일 뿐이다. 서무귀는 말을 이어 간다.

"왕께서 사랑과 정의를 구현하겠다는 말씀은 뭔가를 하겠다고 마음 먹은 것입니다. 뭔가를 하겠다면 그것이 마음에 자리를 잡고, 그것이 이루어지면 자랑을 하게 되고, 자랑하는 마음이 생기면 남을 공격하게 됩니다."『장자·서무귀』[18]

명분과 신념이라는 것은 어떤 것이 우월한 가치라고 하는 판단의 결과다. 우월하다고 여겨지면 열등하게 보이는 것을 멸시하게 마련이다. 이것은 좋고 저것은 나쁘다, 이것은 옳고 저것은 그르다고 여겨지는 순간 대립하는 마음이 생긴다. 이렇게 '우월함'·'옳음'·'좋은 것'을 지키려는 생각이 오히려 나라를 망치고 삶을 파괴한다는 게 이 부분의 속뜻이다. 위에서 충성과 지조의 사례로 든 여러 사람들의 경우, 모두 '우월함'·'옳음'·'좋은 것'을 지키려는 신념이 그들의 목숨을 앗아갔다. 문제는 그들이 목숨을 버리면서까지 지키려고 했더라도 그것이 단지 신념일 뿐이라면 별것 아니라는 점이다. 머릿속의 신념이란 대개 편견의 산물인 까닭이다. 포숙아의 깨끗함이란 그 가치 자체로서는 훌륭하다. 그러나 남의 더러움을 의식한 깨끗함, 지나친 깨끗함, 편중된 깨끗함이란 결국 '머릿속의 신념'이며, 그것은 언젠가는 위로 왕과 마찰을 빚고, 아래로는 백성을 포용하지 못할 수밖에 없을 것이다.

진정한 깨끗함이란 깨끗하다 또는 깨끗해야 한다는 생각에 매달리지 않는 일이다. 머릿속에 깨끗함이라는 개념조차 없어야 한다. 더러움을 거부하는 것이 아니라 깨끗함이나 더러움을 넘어서 있기 때문에 깨끗함이나 더러움에 물들지 않는다. 지켜나가는 깨끗함이 아니라 스스로 깨끗한 것이다. 삶의 수많은 가치, 그것이 온전히 내면의 진정한 것에서 출발할 때 비로소 빛을 발한다. 그러므로 장자는 맑고 흐림, 좋음과 나쁨, 정의와 불의 등의 대립적인 관점에서 벗어나라고 한다. 대립적인 관점이란 대개 그렇게 '인식된' 것일 뿐이기 때문이다.

인류의 문화에서 순수함은 대부분 절대 선인 것처럼 인식되곤 했다. 그러나 순수함에 대한 집착이 오히려 커다란 재앙을 불러온 많은 사례를 역사가 보여준다. 배타적 종교집단이나 그와 유사한 민족단위의 정치조직이 보여준 것처럼 순수함에 대한 광적인 추구는 대개 편협과 아집의 다른 표현이다. 위에서 말한 대로 '순수함'이나 '불순함'이라는 인간의 기준은 절대적인 것이 아니다. 이런 모든 설정된 가치는 인식된 것일 뿐이다. '인식된 것'을 본문에서는 '생각'이라고 했지만, 불교에서는 '상相'이라고 한다.[19] 오늘날의 뜻으로 풀어 말하면 어떤 의미가 자기 나름대로 받아들여져 형성된 '관념'이다. 이것은 사실 '마음의 더께'라고 표현하는 것이 더욱 적당하다. 사람들은 대개 이렇게 관념을 통해 세상을 보는데, 문제는 자기 자신을 볼 때도 똑같이 실체를 보지 못한다는 점이다. '나는 이런 사람이다'라고 여길 때, 그것은 실제의 자기가 아니라 '더께로 덮인 자기'다. 실체가 아닌 더께만을 보는 것이다. 이 더께로 덮인 자기가 그 육안으로 세상을 본다면 진실과 진리를 볼 수 없다.

예를 들어 도둑질을 하면 안 된다는 것은 생활 속의 자연스러운 규범이다. 그런데 아버지가 도둑질을 하니까 아들은 마음이 편치 않다. 모르는 것처럼 넘어가야 할지 고발을 해야 할지 고민이다. 아들의 머릿속에 도둑질은 나쁜 짓이며 범법 행위이므로 고발해야 한다는 '인식'과, 아버지를 고발하는 것은 자식으로서 할 일이 아니라는 '인식'이 충돌하고 있기 때문이다. 여기서 '도둑질은 나쁘다', '아버지를 고발할 수는 없다'라고 인식된 가치란 모두 인간 생활에서 형성된 '관념'이다. 그러나 만약 온 식구가 먹을 것이 없어서 오랫동안 굶주리고 있었다면 이때 '도둑질은 나쁘다'는 인식만으로 현실을 볼 수는 없다. 그와 반대로 만약 아버지의 그런 행위가 습관적일 뿐 아니라 점점 더 도를 더해간다면 아버지를 위해서라도 감출 수만은 없을 것이다. 그런데도 '도둑질은 고발해야 한다'거나, '자식으로서 고발해서는 안 된다'거나 하는 작은 도덕적 관념에 지나치게 집착하다 보면 참된 내 마음속의 양심이 자연스럽게 작동되지 못할 것이다.

밖에서 들어와 자리 잡은 '관념'으로 판단하는 것이 아니라 내 마음속 본연의 '마음'으로 판단하는 것. 장자의 첫 번째 지적은 외부로부터 들어와 자리 잡은 외래적 관념을 깨버리라는 것이다. 관념은 절대적인 것이 아니다. 『성경』에서 간음한 여자를 돌로 쳐 정죄하려 한 사람들은 모세의 율법에 기댄 '관념'이라는 편견에 빠진 사람들이다. 이런 사람들은 자신의 맑은 영혼의 눈으로 세상을 보는 게 아니라 그 관념에 대입해서 본다. 그러나 그런 고정된 관념 없이 맑은 눈을 뜨고 있었던 예수는 더 이상 죄를 짓지 말라고 할 뿐 죄인 취급을 하지 않고 그 여자를 돌려보낸다. 이어지는 예수의 말대로 그는 세속적 기준으로 판단하지 않을 뿐 아니라, 판단을 하더라도 절대 진리의 힘에 의지하므로 언제나 진정 옳은 판단을 할 수 있었던 것이다.[20]

이쯤에서 장자가 지적한 첫 번째 문제점을 정리하면 다음과 같다. 표면적 의미로 들어와 자리 잡은 가치관으로 각인된 인식인 '관념'에 묶이면 정반대의 결과나 적어도 나쁜 결과가 나온다. 관념은 대개 주관적이고 편협한 까닭이다. 진리와 정의, 양심과 사랑이란 인간에게 지고의 가치다. 그러나 그것을 하나의 틀에 박힌 인식으로 받아들인 사람들이 그 인식을 가지고 남을 증오하거나 자기의 목숨을 저버렸다면 잘못된 일이라는 게 『장자』의 말이다.

현실은 사람들이 감관으로 인식하는 이면의 질서에 의해 움직인다. 거기에는 좋고 나쁨, 깨끗하고 더러움, 옳고 그름 등의 구별이 없다. 그러므로 깨끗함이나 더러움 어디에도 치우치지 않고 그런 고정된 관념들에서 벗어나는 게 중요하다고 하는 것이다. 포숙아의 깨끗하고 훌륭한 인품이란 관중이 보기에 '깨끗하고 훌륭한 사람이 되어야 한다'고 믿는, 지켜가는 가치일 뿐이다. 지켜가는 가치란 언뜻 대단해 보이지만 실상은 편협의 산물이다. 그리고 그런 가치를 지켜주는 바람막이가 없으면 곧 무너질 허상이다.

큰 그릇은 이루어지지 않는다

생각으로 자리 잡은 '관념'은 어째서 편견일 수밖에 없을까. 유명한
성어 '대기만성大器晚成'은 원래 '대기면성大器免成'이었다. 커다란 그릇
은 늦게 이루어진다는 의미의 '대기만성'은 아마 인쇄술이 없던 고대
에 필사 과정에서 잘못 옮겨 적은 결과물일 것이다. 한자로 '만'자와
'면'자는 비슷하기도 하고 일정기간 통용되었던 까닭이다. 이에 관해
서 이미 일부 학자들이 언급했지만 사실 노자의 이 문구는 앞뒤 문
맥을 보면 분명해진다.[21] 이 문구가 나오는 『노자』의 문장을 보자.

진정 커다란 사각형에는 모서리가 없다.

진정 커다란 음향에는 소리가 없다.

진정 커다란 형상에는 형태가 없다. 「노자 41장」[22]

위 글에서 확연히 드러나는 것은 이들 모두가 완전한 부정을 표시하는 문장이라는 점이다. 이로 볼 때 '진정 커다란 그릇은 늦게 이루어진다'는 '대기만성'은 다음과 같이 써야 한다.

대기면성大器免成

진정 커다란 그릇에 완성됨이란 없다.

완성됐다고 하면 이미 큰 그릇이 아니다. 무엇이 '되었다'고 하는 순간 그것은 상대적으로 다른 어떤 것에 비해 '아직 안 된 것'이다. 우리가 크다, 작다, 어떻다 하는 것은 결국 상대적인 것일 뿐이며, 진정한 실체는 인간이 생각하는 한계와 표현하는 범주를 넘어선다는 의미다. 장자는 이를 좀 더 논리적으로 설명했다.

시작이 있으면 그 앞에 「아직 시작되지 않음」이 있고, 또 그 앞에 「아직 시작되지 않음의 이전」이 있다. 「있다」와 「없다」가 있으면, 그 앞에 「있다 없다의 이전」이 있다. 또 그 앞에 「있다 없다 이전의 이전」이 있다.

그런데도 현실에서는 「있다 없다」를 가른다. 그러나 그 「있다 없다」의 구별에서 사실 어느 쪽이 「있다」고 어느 쪽이 「없다」인지는 알 수가 없다. 『장자·제물론』[23]

무엇이 '있다'고 하면 '없다'의 상대가 되고 만다. '커다랗다'고 한다면 그보다 더 큰 것이 있을 수 있으므로, 크다고 하는 순간 이미 상대적으로 작은 것일 수밖에 없다. 인간의 가치 기준이란 상대적일 뿐이라는 관점에서 하는 『노자』의 말이 또 있다.

　　진정 정직한 것은 정직하지 않은 듯하다.
　　진정 말을 잘하는 것은 말을 더듬는 듯하다.
　　진정 교묘한 것은 마치 어설픈 듯하다. 『노자 45장』[24]

노자의 이런 말에서 주목할 것은 진정한 완성은 마치 뭔가 결함이 있는 듯 보인다는 의미의 '대성약결大成若缺'에서처럼 '~같다', '~듯하다'는 의미로 쓰인 '약若'이다. 진정한 어떤 것은 사람이 인식하는 것과 다르다는 말이다. 노자의 이런 '거꾸로 된 말'은 인간 인식의 오류와 지각의 한계를 말한다. 위의 말을 뒤집어 보면 내용이 좀 더 확실하다.

- 대단히 정직하게 보이는 사람은 진정 정직한 사람이 아니다.
- 대단히 말 잘하는 듯 보이는 사람은 진정 말을 잘하는 것이 아니다.
- 대단히 교묘하게 보이는 것은 진정 교묘한 것이 아니다.

이와 같은 내용이 바로 관중이 포숙아에게 가지고 있었던 생각이다. 포숙아가 부패한 사람이라는 것이 아니라 '진정' 청렴한 사람이 아니라는 말이다. 다시 말하면 포숙아는 청렴함을 '지켜가는' 사람일 뿐이다. 진정한 정직이란 정직함이 드러나 보이지 않는 것처럼, 진정 청렴한 사람에게 청렴함은 드러나지 않는다. 인간의 가치 기준이 상대적이라는 것은 위의 문장을 보면 알 수 있다.

노자의 문장에서 모두 '~듯하다'라고 되어 있고, 그 아래 뒤집어 쓴 글을 보아도 '~보이는'이라는 어휘가 드러난다. 이는 모두 사람이 인지하는 것이 완전하지 못함을 설명하는 말이다. 예를 들어 '정직하다'라고 인식한 것이 진정한 정직인지 아닌지 확실하지 않은 것이다. 우리가 내리는 판단은 사실 그 이면을 보면 실제로는 여러 가지 다양한 기준에 따라 달라질 수 있다. 이를 인정하는 일이 진실을 보는 대전제임을 노자는 여러 차례 역설하고 있다.[25] 그렇다면 인간의 모든 가치 기준이 무시될 수 있을까.

앞의 경우에서처럼 도둑질한 아버지를 고발한다는 '정직'을 예로 들자. 앞에서 노자가 "진정 정직한 것은 정직하지 않은 듯하다"고 한 것을 옳은 말이라고 전제한다면, 도둑질한 아버지를 고발하지 않는 것이 옳다. 장자도 "진정한 어짊은 어질지 않다大仁不仁"고 한 것처럼, 동일한 논리로 말하면 "진정한 고발은 고발하지 않는 것大詰不詰"이기 때문이다. 왜 진정한 정직은 고발하지 않는 것일까?

왜 진정한 완성은 마치 뭔가 부족한 듯, 아직 완성되지 못한 듯 보일까? 왜 진정한 사랑은 뭔가 아쉬운 듯, 사랑이 없는 듯 보일까? 이러한 물음에 대한 해답의 관건은 '진정한'이다. 노자의 위 글을 보면 대부분 '대大'자가 붙어 있다. 여기서는 이를 '진정한'이라고 번역했는데,[26] 다음에 소개하는 문장의 '진眞'도 같은 의미의 수식어다.

> 진정한 슬픔眞悲은 울음소리 없이도 슬프다.
> 진정한 노함眞怒은 노하지 않아도 위엄이 있다.
> 진정한 친함眞親은 웃지 않아도 화목하다. 「장자·어부」[27]

이처럼 '진정한'이라고 말하는 것은 진정하지 않은 것이 있기 때문이다. 사람들이 인식하는 개념들이 실제로는 '진정한' 것과 거리가 멀다는 말이다. 위의 말을 거꾸로 풀어 보면 다음과 같다.

- 소리 내어 운다고 해서 진정한 슬픔은 아니다.
- 감정 실린 분노라고 해서 진정한 분노는 아니다.
- 웃음 짓는 화목이라고 해서 진정한 친함은 아니다.

슬픔·분노·친함에도 진정한 것과 아닌 것이 있는 것처럼, 노자와 장자의 이런 관점으로 보면 우리가 '성공', '사랑'이라고 여기는 것에도 '참된 성공'과 '참되지 않은 성공'이 있고, '참된 사랑'과 '참되지 않은 사랑'이 있다. 참되지 않은 성공과 참되지 않은 사랑은 일시적인 것, 유한한 것 등 상대적인 것들인데도 마치 영원하고 절대적인 것처럼 잘못 인식되기 쉽다. 예를 들어 재물을 많이 모은 것을 성공이라고 할 경우 그것은 소유자의 생전이든 사후든 언젠가는 썰물처럼 사라진다. 세상과 사물이 변하기 때문이다. '진정한' 성공이란 변하지 않는다. 참되지 않은 사랑도 일시적이요, 조건적이다. 시간이 지나면 사라지고 조건이 변하면 변질된다. 그러므로 예로부터 지혜로운 사람들은 부귀와 영화 등 외형적인 성공을 완전히 등지고 '진정한' 길을 찾아 나섰던 것이다. 들어오는 부정한 재물을 물리치거나, 격에 안 맞는 높은 지위를 사양한 사람들은 작고 유한한 성공을 버리고, 크고 진정한 성공을 찾을 줄 아는 지혜의 소유자들이었다.

많은 사람들이 눈앞의 것으로 성공의 기준을 삼지만 실제로 세상에서 성공했다고 하는 것에는 한계가 있다. 진정한 사랑을 하는 사람은 눈앞의 쾌락에 빠지지 않고 보이는 조건이나 외모에 신경 쓰지 않는다. 외모나 쾌락, 조건이란 시간이 지나면 변하는 유한한 것인 까닭이다. 그러므로 작은 성공이나 작은 사랑은 진정한 성공이나 사랑이 아니다. 아버지를 고발하는 자식에게 정직이란 작은 도덕적 행위다. 만약 훔쳐온 먹을거리가 없으면 당장 굶어 죽을 수밖에 없는 병든 자식이 있다면, 이때의 도둑질은 어쩌면 절박함에 떠밀린 소중한 행위가 될 수도 있다. 그런데도 아들의 마음속에 '남의 물건을 훔친 사람은 고발하는 게 정직이다'라는 단순한 지식이 관념화되어 머릿속에서 작동한다면 이것은 작고 유한한 정직이다. 그러므로 "진정한 정직은 고발하지 않는 것"이다. 그렇다면 고발하지 않는 것이 진정한 정직이라고 해서 도둑질하는 아버지를 숨기는 것은 잘하는 일일까?

왜 성공은 성공이 아닐까

진정한 완성은 마치 뭔가 부족한 듯 보인다는 노자의 말을 전제로 한다면, 외형적으로 성공한 것처럼 보이는 사람은 실제로 뭔가 결핍된 사람이다. 재물과 권력을 소유하면 가장 행복한 것처럼 보이고, 그럴 듯하게 말 잘하는 사람이 훌륭해 보이는 것이 사람의 눈이다.

그러나 인간이 감관으로 파악하는 현상 세계의 것들은 표면으로부터 받아들여져 자신의 생각으로 걸러진 허상이다. 육안으로 보고 마음으로 걸러 인식된 것은 모두 실상이 아니다. 허상을 가지고 무엇을 파악했다면 의미 없는 일이다. 그러므로 성공과 실패 등 인간이 '설정'한 어떤 것으로부터도 벗어나는 일이 참 진리에 이르는 중요한 전제 조건이다. 즉 노자와 장자의 기본적인 관점에 따르면 언어·문자·이름·명분 등 머릿속에 자리 잡은 것들은 모두 본질이 아니다. 달걀 맛을 알려면 껍질을 깨야 하는 것처럼, 본질은 명분이나 형식에 담겨 있지만 본질을 알기 위해서는 명분이나 형식으로 자리 잡고 있는 머릿속의 관념을 넘어서야 한다. 그러므로 가치를 띠기는 하지만 유가의 '어짊'이니 '정의' 등은 일정 조건하에서 인식된 설정일 뿐이라는 것이 노자와 장자의 주된 지적이다. 현명함과 지혜를 버려야 백성들의 삶이 제자리를 찾을 것이라고 말하는[28] 노자에 따르면 '도'가 삶 속에서 구현된 것이 '덕'이다. 노자는 말한다.

> 진정한 덕은 '덕이 없는 것'이다. 그러므로 덕이 있다.
> 거짓의 덕은 '덕이 있는 듯'한다. 그러므로 덕이 없다. 「노자 38장」[29]

훌륭한 덕을 갖춘 사람은 자신의 덕을 의식하지 않는다. 그러므로 진정한 덕이 있는 사람이다. 거짓의 덕을 가진 사람은 자기의 덕

을 꾸민다. 없는 덕을 꾸미니 덕은 더욱 없을 수밖에 없다. 노자의
이 말 뒤에 이어지는 '인仁'을 '사랑'이라고 말한다면 다음과 같다. 진
정한 사랑은 '사랑한다'고 의식하지 않는다. 그렇지만 그 이면에는
참사랑이 있다. 사랑이 없는 사람들은 '사랑한다'고 의식된 사랑을
한다. 노자의 위의 말에 따르면 사랑함이 부족하기 때문에 의식되
는 것이다.

양자가 송나라에 가서 여관에 묵었다. 여관 주인은 첩이 둘인데
하나는 미인이고 다른 하나는 추녀였다. 그런데 그 못생긴 첩은 사
랑을 받고 미인은 미움을 받고 있었다. 양자가 그 까닭을 물으니 주
인이 답한다.

"저 미인은 스스로 미모를 의식하므로 미인인 줄 모르겠고, 못생긴
여자는 스스로 추하다는 걸 의식하므로 추한 줄 모르겠습니다."

그러자 양자가 말한다.

"제자들은 들어라. 훌륭한 일을 하면서도 스스로 훌륭하다고 여기
는 생각을 없애면 어디에 가서 아낌을 받지 못하겠는가?" 『장자·산목』[30]

이 글의 맨 앞에서 자신의 청렴함을 의식하며 사는 포숙아를 부정한 반면, 자신의 부족함을 의식하며 사는 습붕을 추천한 관중의 관점은 이 이야기와 다르지 않다. 아름다운 외모는 사랑과 정의처럼 모든 사람들이 추구하는 좋은 것임에 틀림없다. 사랑과 정의란 훌륭한 가치다. 그러나 이런 가치의 의도되고 의식된 실천은 허위와 다름없다. 사람들은 '정의를 위하여'라고 마음먹고 정의를 지킨다. 이건 의도된 것이며 설정된 것이다. 아버지를 고발하는 정의는 외부에서 요구하고 생각에 의해서 지어진 것이지 자기 내면의 참된 목소리가 아니다. 이런 인위와 설정을 넘어서서 진정한 사랑, 참된 정의를 실천해야 한다고 노자는 말한다. 앞에서 소개한 노자의 역설은 『장자』에 와서 더욱 다채롭게 설명된다.

> 진정한 진리는 말할 수 없다.
> 진정한 말은 말하지 않는 것이다.
> 진정한 어짊은 어질지 않다.
> 진정한 청렴은 겸손하지 않다.
> 진정한 용기는 사납지 않다.

여기까지 '거꾸로 된 말'을 한 장자는 이를 뒤집어 다시 설명한다.

말할 수 있으면 진정한 진리가 아니다.

말을 하게 되면 진정한 말이 아니다.

어질게 보이는 것은 진정한 어짊이 아니다.

드러나는 청렴은 믿을 수 없다.

사나움은 진정한 용기가 아니다.

드러나는 것, 틀에 박힌 것, 의도된 것, 의식된 것, 지나친 것 등은 모두 진정한 것이 아니라는 말이다. 장자가 주목한 것은 아무리 좋은 가치라도 머릿속에 관념으로 자리 잡히는 순간 본질이 훼손되고 만다는 점이다. 그러므로 장자는 다음과 같이 결론을 맺는다.

이 다섯 가지는 원래 좋은 것이지만 자칫 모난 듯 틀에 박히기 쉽다.

『장자·제물론』[31]

이와 같은 역설의 논리는 중국의 역사를 통해서 부단히 제시되어 왔다. 상나라의 폭군 주왕에 맞서 문왕이 혁명을 준비했다. 태공망 여상은 그에게 혁명 전략을 가르친다. 그것을 정리한 책인 『육도』에서 여상은 이렇게 말한다.

"진정한 승리는 싸우지 않는 것입니다.

진정한 무기는 상처를 내지 않습니다."

싸워서 상대방을 이기면 승리했다고 할 수 있지만 완전한 승리
는 아니다. 진정한 승리란 싸우지 않고도 상대방을 굴복시키는 것
이다. 병가의 대표적 이론가인 손자는 병법 책에서 전쟁을 하지 않
고 적군을 굴복시키는 것이 최고의 전법이라고 했다.[32] 이런 말을 잘
못 해석하면 섣불리 전쟁을 할 경우 아군도 피해를 입기 때문이라
고 설명될 수도 있을 것이다. 그렇다면 전략을 잘 짜서 아군의 피해
가 전혀 없이 적을 섬멸했다면 완벽한 승리일까? 그것이 아니다. '내
가 이겼다'라고 하는 순간 그 개념은 '상대적인' 위치에 놓이기 때문
이다. 누군가 상대와 싸워서 완력으로 굴복시켰다면 '이겼다'고 하
는 순간, '졌다'는 상대와 대등한 관계에 있게 된다. 외면상으로는 이
겼다고 해도, 누군가와 싸움을 했다는 의미에서는 그 상대와 같은
수준에 머물게 됨으로써 본질적으로는 이긴 것이 아니다. 달리 말하
면 싸움을 일으키지 않음으로써, 이겼다는 개념도 필요 없는 상태
가 진정 이긴 상태다. 이 경지가 바로 이 책에서 후반부에 논의할 내
용인 '나무로 만든 닭'의 경지다. 나무로 만든 닭처럼 감정이 사라지
고 삶의 생기가 충만함으로써 어느 누구도 내게 '적의'를 품지 않는
상태를 말한다. '적의'를 품은 상대는 스스로 무너질 뿐이다. 그러나
상대적인 위치에서 대립을 통해 세상을 보면 영원히 그 범주를 벗어

나지 못한다. 이겼다고 해도 이긴 게 아니며, 졌다고 해도 진 것이 아니다. 이기다 지다, 옳다 그르다, 많다 적다, 성공하다 실패하다, 깨끗하다 더럽다, 이 대립되는 개념들이 모두 한 범주 안에 있는 것이다. 그러므로 '이것이 정의다', '나는 깨끗하다'라고 의식하는 순간 '이것이 불의다', '나는 더럽다'라는 것과 같은 차원이 된다. 같은 차원 한 범주 안의 것은 마치 동그라미를 그려 놓고 그 안쪽의 한 모퉁이에 서서 그쪽만이 옳다고 하는 것처럼 상대적이고 일시적이며 한정적이다. 한계가 전제되어 있는 한 어떤 것도 절대적인 것이 될 수 없다. 한계란 시간과 장소와 상황에 따라 변하는 까닭이다. 절대적이고 진정한 승리는 이기고 지는 상대적인 개념을 넘어선 곳에 있다.

태공망 여상은 계속해서 말을 이어간다.

"진정한 지혜는 지혜를 쓰지 않습니다.
진정한 전략은 전략을 쓰지 않습니다.
진정한 용맹은 용맹을 부리지 않습니다.
진정한 이익은 이익을 추구하지 않습니다." 『육도·무도』[33]

전략을 쓰지 않고 어떻게 승리를 얻을 수 있단 말인가. 이익을 추구하지 않고 어떻게 이익을 얻을 수 있단 말인가. 사실 여기서 말하는 '하지 않음'이란 아무것도 하지 않고 되는 대로 두는 '방치'가 아니다. 지혜·전략·용맹·이익이라는 말에 모두 '진정한★'이라는 수식어가 붙어 있는 것처럼, 상대적으로 '진정하지 못한' 것이 있다는 점이다. 예를 들어 진정한 이익은 이익을 추구하지 않는다는 말을 좀더 정확하게 풀이하면 "진정한★ 이익은 '일시적인♨' 이익을 추구하지 않습니다"라고 해야 한다. 위 문장의 내면적 의미를 풀어 쓰면 다음과 같을 것이다.

> – 진정한 지혜는 (잔꾀를 부리는) 지혜를 쓰지 않습니다.
> – 진정한 전략은 (자질구레한) 전략을 쓰지 않습니다.
> – 진정한 용맹은 (감정이 실린) 용맹을 부리지 않습니다.
> – 진정한 이익은 (일시적인) 이익을 추구하지 않습니다.

　괄호의 말은 임의로 넣은 것인데, 위의 네 문장에서 모두 작고 일시적이며 상대적이라는 말이 감추어져 있었다. 이 말의 본의는 모두 '인위적인'이라는 뜻과 다름이 없다. 다시 말하면, 아무것도 하지 않음으로써 진정한 것을 얻을 수 있다는 것이 아니다. 설정된 인간의 인위적인 작은 기준을 적용해서는 진정한 것, 본질적인 것을 얻을 수 없다는 말이다.

이러한 역설은 사람들이 사물의 진정한 것, 참모습, 본질에 다가가기 위해서는 기본적으로 인지하는 상대적인 관점인 인간의 가치 척도를 넘어서야 한다고 본 결과다. 좋다 나쁘다, 옳다 그르다, 크다 작다 등의 분별이란 인간의 주관적인 기준일 뿐이다. 본질적인 것은 사람들이 생각하는 저 너머에 있다. 일시적인 가치를 기준으로 영원한 진리에 다가갈 수는 없다. 노자와 장자가 지적하는 것은, 지혜가 있는 사람은 분별의 기준을 꿰뚫고 본질을 직시한다는 점이다. 승리와 패배, 이익과 손해, 청렴과 부패, 선함과 악함 등은 사람들이 생각하는 것처럼 눈앞에 나타난 현상만으로 분별할 수 없는 까닭이다. 장자는 말한다.

목마른 자처럼 정의로 달려가는 자는 또 뜨거운 것에서 도망치듯이 정의를 버리게 마련이다. 『장자·열어구』[34]

명예가 있으면 불명예가 있고, 정의가 있으면 불의가 있다. 반면의 부정적인 '그림자'를 제거하기 위해 명예나 정의 등 정면이라고 설정된 '빛'에 집착하면 할수록 그림자는 더욱 짙어진다. 신념이라는 명분의 실상은 집착이며 그것은 그 반면의 힘이 작용하는 반작용의 결과다. 장자의 생각으로는 그러므로 '정의라는 것'을 향해 달려가는 자는 진정한 정의가 아니라 그런 '생각'을 향해 달려가는 것이다. 장자가 예를 든 충성스러웠던 역사상의 인물들은 '충성이라는 생각'을 향해 달려갔기 때문에 죽임을 당했다. 죽은 충신들과 열사들은 충성·올바름·양심이라는 '관념'적인 생각에 묶이지 말았어야 했다.

노담을 찾아온 공자가 열두 종류의 경서를 펼쳐놓고 설명을 시작했다. 귀에 들어오지도 않는 장황한 이야기를 듣다가 노담이 물었다.

"너무 번잡스러운 말씀이요. 그 요점이 뭡니까?"

"요점은 사랑과 정의입니다."

"묻겠는데, 그 사랑과 정의라는 게 인간의 본모습일까요?"

공자가 대답한다.

"그렇습니다. 군자란 어질지 않으면 이루어지지 않고, 의롭지 못하면 살아갈 수 없습니다. 사랑과 정의는 참으로 인간의 본성입니다. 더 무엇이 필요하겠습니까?"

노담이 물었다.

"그렇다면 도대체 무엇이 사랑과 정의라는 건가요?"

"진심으로 즐기며 기뻐하고 남들을 사랑하고 사심 없이 사는 것. 이 것이 사랑과 정의의 참모습입니다."

노담이 말한다.

"오호, 쓸데없는 말씀이오. 모두를 사랑한다는 게 얼마나 공허한 말입니까? 사심을 없앤다는 게 바로 사심이오."「장자·천도」[35]

진리·정의·양심·사랑 같은 개념은 그것이 관념으로 머물고 있는 한 공허하다. 더구나 개인의 편중된 가치로서 이런 관념은 위험하기까지 하다. 위의 이야기에서 장자는 그런 편중된 가치를 여지없이 부정하고 있다. 노자와 장자의 '거꾸로 된 말'은 기성의 편중된 가치를 깨라는 선언이다. 동시에 인간의 척도에 한계가 있음을 상기시킨다. 인지하는 것이 참모습이 아닌 까닭은 사람들이 세상을 볼 때 감관의 판단에 근거하고, 기존의 생각에 의지하기 때문이다.

인위적인 조작들

기준이 굴레가 된다

위 글에서 우리는 장자가 지적하는 한 가지 문제점을 논의했다. 깨끗한 듯 보이는 것은 진정 깨끗한 것이 아니라는 점이다. 용감해 보이는 것은 진정 용감한 것이 아니라는 점이다. 보인다는 것은 드러난 것이며, 우리가 인식하는 부분이다. 진정한 것은 드러나서 우리가 인식하는 부분의 이면에 있다. 감관의 판단에 근거하고, 기존의 생각에 의지하여 사물의 참모습을 파악하지 못하는 문제에 관해서 장자는 다음과 같이 말한다.

오래된 나무를 잘라 고급 술통을 만들면 그 나무 쓰레기는 도랑에 버려진다. 잘 만들어진 나무 술통과 도랑 속의 나무 쓰레기를 비교해보면 하나는 아름답고 하나는 추하다. 그러나 그 나무의 천성을 잃었다는 점에서는 마찬가지다.

정의와 진리를 위한다고 타 종교를 공격하거나 남을 죽이는 일은 지금도 세계 곳곳에서 진행 중이다. 그런 정의와 진리란 거짓 명분임에 틀림없다. 그것이 탐욕을 머릿속에 채우고 악행을 저지르는 짓과 무엇이 다른가. 금전과 재물은 물질적 이욕이지만 명분과 이상은 정신적 이욕이다. 위 글의 의미는 『장자』에서 다음과 같은 또 하나의 비유로 잘 드러나 있다.

백이는 충성이라는 명예 때문에 수양산 아래에서 죽었고, 도척은 도둑질이라는 이욕 때문에 동릉산 위에서 죽었다. 이 두 사람이 죽은 곳은 다르지만 천성대로 살지 않고 자기 목숨을 해쳤다는 점에서는 똑같다. 어찌 꼭 백이가 옳고 도척이 잘못이라고 하겠는가! 『장자·변무』[36]

고급 술통이든 나무 쓰레기이든 나무라는 본래의 성질은 훼손된 것이다. 충성을 위해서든 도둑질을 위해서든 둘 다 외부의 것을 추구하는 일로 천부의 삶을 저버린 것에는 다름이 없다. 외부의 것, 즉 명예나 이욕은 둘 다 상대적인 것이며 본질이 아니기 때문이다. 인의의 옳고 그름에 밝고 효자로도 유명한 증삼이나 사추, 살육과 도둑질에 밝은 도둑의 두목 도척, 이 두 종류의 인간이 모두 본질적인 자기 모습이 아니라면서 그 순수한 마음 잃음을 지적한 장자의 말은 다음과 같이 이어진다.

> 이렇게 천성을 잃게 하는 것에 다섯 가지가 있다.
> 다섯 가지로 정해진 색이 눈을 어지럽혀 시각을 흐리게 한다.
> 다섯 가지로 정해진 음이 귀를 어지럽혀 청각을 둔하게 한다.
> 다섯 가지로 정해진 향이 코를 마비시켜 머리를 아프게 한다.
> 다섯 가지로 정해진 맛이 입을 버려놓아 참맛을 모르게 한다.
> 취사선택의 판단이 생각을 어지럽혀 본마음을 흩어지게 한다.
> 이 다섯 가지는 모두 삶을 해치는 것이다. 『장자·천지』[37]

중국 고대인들은 색을 청·황·적·백·흑이라는 오색으로 분류하고, 음계를 궁·상·각·치·우로 나눴다. 다양한 스펙트럼을 가지고 있는 색깔이나 음계를 이 다섯 가지만으로 구분하다 보니 사람들은 다양하게 세분된 색과 음을 인식하는 일에 서툴게 된다. 그 외에 후각, 미각은 물론 사람들의 생각조차 기준을 마련하고 그것을 틀로 삼다 보니 그 틀을 벗어나는 많은 스펙트럼의 세계를 모르게 된 것이다. 현대 정치의 좌우라는 편 가름처럼 흑백이라는 기준치가 오히려 사물을 보는 한정의 굴레가 된 것이다.

장자가 하고 싶은 말은 색깔이나 음정 따위가 아니다. 그가 지적하는 것은 순수한 본마음을 어지럽히는 작은 도덕적 가치 기준들이다. 이런 것들이 진정한 것을 가리고 거짓의 껍데기를 뒤집어쓰고 있다는 말이다. 앞에서 장자가 말하는 다섯 가지를 유가 사상의 강령이라고 할 수 있는 '삼강오륜'[38] 중 '오륜'으로 바꾸면 다음과 같다.

- '이것이 어짊이다'라는 어짊仁이 마음속의 양심을 혼란스럽게 한다.
- '이것이 정의이다'라는 정의義가 마음속의 정의를 애매하게 한다.
- '이것이 예법이다'라는 예법禮이 마음속의 성심을 어지럽게 한다.
- '이것이 지식이다'라는 지식智이 마음속의 지혜를 흩어지게 한다.
- '이것이 믿음이다'라는 믿음信이 마음속의 믿음을 약하게 한다.

이 다섯 가지가 바로 장자가 하고 싶은 말이다. '이것이 바로 사랑이다'라고 하는 순간 진정한 사랑은 질식해버린다. '이것이 바로 정의다'라고 하는 순간 정의의 본질은 왜곡된다. 장자는 이런 것들이 모두 진정한 삶을 해치는 것이라고 말한다. 그것을 장자는 고정관념成心이라고 말한다. 장자의 말대로 보통 사람들은 기성의 것에

안주하며 그것을 기준으로 삼는다.[39] 기준에 따르는 것은 손쉬울 뿐
아니라 안전하다. 나의 순수한 기준이 아닌 외부의 기준에 따르므
로 나의 책임이 없다. 그러나 외부의 기준에 얽매이다 보니 자연스런
영혼도 얽매여버린다.

　장자의 말에 따르면 사람들은 모든 것을 외부의 틀에 의탁하면
서 그것이 본질이라고 본다. 그러므로 '비둘기나 올빼미가 새장 속
에 갇혀 있는 것도 그 본성에 알맞다'고 하고 '죄수가 뒤로 결박 지
워진 채 묶이거나, 호랑이나 표범이 울 안에 갇혀 있는 것'[40] 같은 부
자연스러운 상황이나 속박된 마음자세가 오히려 본성에 맞는다고
착각한다.

　계율이란 심신의 더께를 걷어내어 깨달음을 얻기 위한 기준일 뿐
그 자체가 목적은 아니다. 목적은 깨달음이다. 그러나 계율을 목적
이라고 여기면 그것에 얽매이게 되고 영혼은 속박되어 그 굴레를 벗
어나지 못한다. 예를 들어 예수의 가장 중요한 가르침인 사랑이라
는 계율은 그 사랑이라는 '생각'을 놓아버림으로써 실현되는 것이
다. 계율이 깨달음을 위한 실천 기준인 것처럼, 유가의 '오륜'도 이상
적 삶의 기준일 뿐이다. 그러나 틀에 박힌 생각을 하는 사람은 알맹
이가 빠진 도구에 묶인다. 묶이기 때문에 강조하고, 강조하면 할수

록 자연의 본모습과 멀어진다. 가족 간의 사랑이란 자연스러워야 하는데, '도구'에 묶인 사람이 아침저녁으로 공손히 가족 간의 인사를 하라고 한다면 얼마나 이상한 일일까.

사람이 살아가는데 개개인을 있는 그대로 두지 않고 도구인 '자'에 맞아야 한다고 강조한다면 어떨까. 남을 위하고 아끼는 일, 사회생활에서의 올바른 처신. 이 좋은 가치들이 반드시 어떠어떠해야 한다고 그 '척도'를 규정한다면 어떨까. 이처럼 본질을 저버리고 도구에 얽매이는 것에 대하여 장자는 다음과 같은 비유로 말한다.

곡선을 그리는 그림쇠, 직선을 긋는 먹줄, 네모꼴을 만드는 곱자 등을 이용해서 사물을 규격화하는 것은 그 사물의 천성을 해치는 일이다.
『장자·변무』[41]

목수가 나무에 반원을 그릴 때는 굽은 자를 사용하고, 곧은 선을 그릴 때는 먹줄을 쓴다. 원을 그리려면 그림쇠로 그리고, 네모를 그릴 때는 꺾인 자를 사용한다. 좋은 기준이 되는 도구이기는 하지만 도구에 집착하다 보면 나무의 특성을 망가뜨리게 될 것이다. 또한 나무를 재단할 줄 아는 자신의 순수한 능력도 점점 사라질 것이다. 오래 숙련된 목수는 컴퍼스 없이도 완벽한 원을 잘 그리지만 도구에 의존하다 보니 이제 컴퍼스 없이는 원을 그릴 수 없다. 장자가 하고자 하는 말은 도구를 부정하고 목수의 솜씨가 나빠지는 것을 염려하는 것이 아니다. 인간의 자연스러운 성품을 정형화하여 거짓 분별의 눈을 갖게 하는 유가 사상의 인위성을 경계하는 것이다. 『장자』의 말을 더 들어보자.

　　말은 발굽이 있어서 서리나 눈을 밟을 수 있고, 털이 있으므로 바람이나 추위를 막을 수 있다. 마음대로 풀을 뜯고 물을 마시며 뛰논다. 이것이 말의 천성이다. 높은 건물과 화려한 궁전 등은 말에게 필요 없다.

　　말에게도 모든 자연의 다른 생물처럼 그 나름대로의 삶에 적당한 조건이 구비되어 있다. 뿔이 있는 동물에게는 날카로운 이빨은 없는 법이다. 말에게는 뾰족한 뿔도 사나운 이빨도 없지만 질풍처럼 달릴 수 있는 다리가 있다. 그것이 말의 천부의 모습이다.

　　그러나 백락이라는 자는 「내가 좋은 말을 만들 수 있다」고 하며 말의 털을 지지고 다듬는다. 또 발굽을 깎고 거기에 인두질을 한다. 굴레와 줄로 묶어놓고 구유와 마판을 만들어 모든 말을 틀에 박힌 듯이 키운다. 그러다 보니 말 열 마리 중에 두세 마리는 죽는다. 또한 먹이나 물도 없이 달리게 하고 명령에 따르게 한다. 앞에는 재갈과 굴레를 걸고 뒤로는 채찍으로 위협한다. 이러다 보면 말의 절반은 죽고 만다.

백락은 말 전문가다. 멀리서 겉모습만 봐도 그 말의 나이와 능력, 심지어 어디에 어떤 병이 있는지 알 수 있을 정도로 실력이 뛰어나다. 장자는 백락을 비유로 들며 유가의 인성에 대한 인위적인 규격화를 지적한다. 천부의 자연스러운 본성을 유지시켜 주는 것이 진정한 말 전문가의 임무라는 것이다. 장자의 말은 계속된다.

그릇을 만드는 도공은 「나는 흙 만지는 솜씨가 뛰어나다. 둥근 것을 만들면 그림쇠에 꼭 들어맞고, 네모진 것을 만들면 곱자에 꼭 들어맞는다」고 한다. 목수는 「나는 나무 다루는 솜씨가 뛰어나다. 굽은 것을 만들면 그림쇠에 꼭 맞고, 곧은 것을 만들면 먹줄에 꼭 맞는다」고 한다. 그러나 흙이나 나무의 천성이 왜 그러한 도구에 들어맞아야 하는가! 그런데도 세상에서는 대대로 이어가며 「백락은 말을 잘 키운다. 도공이나 목수는 흙과 나무를 잘 다룬다」고 칭찬한다. 이 또한 천하를 다스리는 자의 잘못이다. 『장자·마제』[42]

도자기를 만드는 사람이나 목수가 연장이나 도구만으로 기준을 삼으면 창작의 여지는 없어져버릴 것이다. 그것은 생명력 없는 상품이 될 뿐, 작가의 영혼이 배인 예술품은 되지 못한다. 도구와 형식이란 중요한 기준이지만 그것은 수단이지 본질은 아니다. 그러나 수단에 의지하다 보면 창작이라고 하는 본질을 잊는다. 장자의 위 이야기를 오늘날의 교육에 비유하면 좀 더 의미가 분명하다.

교육 전문가라는 사람이 「나는 좋은 인재를 만들 수 있다」고 하며 학생들의 머리카락을 자르고 입을 옷을 지정한다. 또 색깔을 규정하고 장식을 명령한다. 공부의 시간과 내용, 생활의 범위와 규칙을 제도로 묶어놓고 모든 학생을 틀에 박힌 듯이 키운다. 그러다 보니 학생 열 사람 중에 두셋은 생기가 시들어간다. 또한 놀이나 휴식도 없이 공부하고 명령에 따르게 한다. 앞에는 대입과 출세라는 목표를 걸고 뒤로는 낙오자라는 처벌로 위협한다. 이러다 보면 학생의 절반은 병들고 만다.

종교 성직자들은 「나는 신앙인 키우는 솜씨가 뛰어나다. 사랑과 믿음 넘치는 사람을 만들면 경전에 꼭 들어맞는다」, 유림이나 선비라는 사람들은 「나는 사람 가르치는 솜씨가 뛰어나다. 세상 사는 일이면 공자님 말씀에 꼭 들어맞는다」고 하지만, 장자의 말대로 사람들의 천성이 왜 그렇게 정형화된 기준에 들어맞아야 하는가. 그런 가치란 수많은 스펙트럼 속에서 편의를 위한 기준일 뿐이다. 음악 악보에서 오선은 기준선이지만 음감이 뛰어난 사람은 음계와 음계 사이에 수많은 음을 구별해낼 것이다.

한 사람의 육체에도 남성성과 여성성이 있는 것처럼 성품에도 남성경향성과 여성경향성이 있을 뿐이다. 그런데도 반드시 '남자가 되어야 한다', 아니면 '여자가 되어야 한다'고 줄을 긋는 것은 기준선만으로 세상을 보는 사람이다. 태극 문양의 음과 양이 서로를 지향하는 것처럼 많은 대별되는 개념이 커다란 진리의 세계에서는 하나다. 마찬가지로 군자와 소인은 대립이나 대별될 수 있는 성질의 것이 아니다. 장자에 의하면 유가의 많은 가치가 상대적인 것을 절대적인 것으로 규범화하면서 생기는 오류다. 맹자처럼 인간에게 있어서 좋은 가치라고 여겨지는 네 가지 성품四端을 갖추지 못하면 '사람이 아니다非人也'라고 극단적인 말을 하거나,[43] '사랑'과 '정의'에 맞추지 못하면, 증오나 불의라고 한다면, 이는 바로 기준으로 사람들의 천성을 얽어매는 일이다. 기준은 절대적인 것이 아니다.

여기쯤에서 우리는 앞에서 물은 대로 유가의 가르침으로는 왜 진정한 것을 알지 못하는가에 대한 하나의 해답을 찾을 수 있다. 그것은 유가의 가르침이 '정해진 틀'을 받아들이게 하고, 그 틀로 세상을 보게 하기 때문이다. 청·황·적·백·흑이라는 오색으로 색을 구별하는 것처럼 인·의·예·지·신이라는 정형화된 가치 기준으로 이상적인 인간의 모습을 규범화한 기준은 장자가 보기에 본질적인 것이 아니다.

맹자반, 자금장 그리고 자상호 세 사람은 절친한 친구였다. 어느 날 자상호가 죽었다. 공자가 이 소식을 듣고 자공을 시켜 조문하게 했다. 그런데 자공이 갔더니 맹자반과 자금장은 거문고를 연주하면서 목소리를 맞추어 노래를 부르고 있는 게 아닌가.

"상호여, 아! 상호여! / 자네는 자연으로 돌아갔지만 / 우리는 아직도 사람 몸일세."

이에 놀란 자공이 빠른 걸음으로 그들에게 다가가 귓속말을 했다.

"친구의 주검 앞에서 노래하는 것은 예의가 아닌 것 같습니다."

두 사람은 서로를 바라본 뒤 웃으면서 말했다.

"진정한 예의라는 게 뭔지 이 친구가 이해할 수 있을까?"「장자·대종사」[44]

자공의 머릿속에 자리 잡고 있는 것은 형식에 맞는 문상의 예법이었을 것이다. 친구 간에 적어도 사별의 슬픔이 있을 테고, 또 그것을 표시하는 게 인지상정이기 때문이다. 떠나간 자의 덧없는 변화를 안타까워하는 슬픔의 표현이란 자연스러운 것이며, 예법은 그걸 위해 지어진 것이다. 예법이라는 형식이 중요한 까닭은 그것이 본질을 유지하기 위한 최소한의 조치이기 때문이다. 그러나 형식이란 본질이 아닌 작은 기준의 틀이다. 커다란 지혜를 갖춘 사람이 작은 기준의 틀을 벗어나는 거리낌 없는 언행을 할 경우, 이를 보고 이상한 사람이라고 한다면 그것은 외부의 정형화된 기준으로 보았기 때문이다.

그런 기준으로 사람들은 서로 잘했다 못했다를 따진다. 어리석은 자와 현명한 자가 서로 속이며, 옳다 그르다 서로 비난한다. 거짓이다 사실이다 서로 헐뜯어 세상은 점차 망가지고 말았다. 사람마다 본래부터 갖추고 있는 덕성에 차별이 생기고 자연스런 본성은 깨져버렸다. 게다가 온 세상 사람들이 그런 지식을 좋아하여 더욱 혼란스러워지고 말았다. 『장자·재유』[45]

장자가 지적한 것은 문상이나 상례 예법을 아무렇게나 해도 좋다는 게 아니라, 자연스러운 내면의 참모습이 '인의'니 '예악'이니 하는 정형화된 형식과 도구에 얽매였다는 점이다. 언행을 함에 있어서 내면의 자연스러운 성품을 따르지 않고 외부의 것을 기준으로 형식적인 가치를 지향하는 것이 문제라는 것이다. 남의 기준이나 남이 내어놓은 의견에 맞춰가며 만족하는 그것을 장자는 돼지의 몸에 붙어 사는 기생충인 '이'와 다름없다고 한다. '이'는 돼지의 발굽이나 젖통, 사타구니 등의 거칠고 긴 털이 난 곳에 살면서 그곳을 편안한 궁전이나 아름다운 정원이라고 여긴다. 그러다가 백정이 돼지를 잡아 불에 구우면 자기도 뭐가 뭔지 모른 채 죽어버리니 이것이 '이'의 사는 모습이다.[46]

스스로 자연스럽게 보지 않고 남의 시선에 얽매여 보고, 스스로 만족하지 못하고 남의 생각에 사로잡혀 만족하는 자가 있다. 이는 남의 기준으로 흡족해할 뿐 스스로 참된 만족을 얻지 못하는 자다. 또 남의 즐거움으로 즐거워할 뿐 스스로의 참된 즐거움을 모르는 자다. 「장자·변무」[47]

자신의 참된 마음의 눈으로 사물을 보지 않고 '공자님 말씀', '옛 어른의 말', '왕의 말씀'에 의지해서 본다면 왜곡되고 거짓이 될 뿐이다. 이는 오늘날에도 다름없다. 자기 내면의 참된 마음의 눈으로 사물을 보지 않고 '정당' 등의 조직, '경전' 등의 문자, '높은 분'의 말씀, '주변 사람들'의 생각 등 남의 기준으로 사물을 본다면 아무리 그럴싸해도 참된 것이 아니다.

공산주의자들이 거짓말을 많이 하는 것으로 인식된 것은 그들 개개인이 비양심적인 사람들이기 때문이 아니라 개인이라는 개체가 주체적인 역할을 할 수 없는 조직의 전체주의적 특성 때문이다.

개인의 양심이라는 개체를 국가 또는 당이라는 전체에 떠맡긴 셈이다. 심리학자들은 개인의 의지가 조직에 맡겨졌을 때 인간성이 황폐화된다고 하는데, 이런 관점으로 보면 개체의 자유 의지를 억압하고 통제하는 모든 인간 조직은 장자도 혐오할 것이다. 정당·군대·범죄단체·종교집단 등 의식과 정신을 제한하는 조직은 인간의 참다운 모습을 왜곡시키기 때문이다. 조직의 지도자나 구성원들이 모두 경건하고 성실한 경우라도, 인류 역사의 많은 재앙이 자유 의지를 제한하는 각종 조직에 의해서 저질러진 것은 놀랄 만한 일이 아니다.

자신의 마음으로 남을 사랑하는 것이 아니라 외부의 기준이 되는 것, 예를 들어 '당의 지침'에 따르는 당원처럼 '경전의 말씀' 등을 의식하며 사랑한다면 그것은 내 가슴속에서 우러나오는 온전한 사랑일 리 없다. '경전의 말씀'은 진정한 사랑을 실천하라고 방향을 가리키는 이정표와 같은 도구다. 당장 어려운 사람을 도와줄 수 있는데도, 도와주는 실천에 앞서 '경전의 말씀'에 맞는지 안 맞는지 따진다면 신발을 사러 가서 신어볼 생각은 하지 않고 발을 재려고 자를 찾으러 떠나는 사람과 다름없다.

장과 곡, 두 사람이 양을 돌보다가 둘 다 양을 잃어버렸다. 장에게 뭘 하고 있었느냐고 물으니 책을 읽고 있었다고 한다. 곡에게 뭘 하고 있었느냐고 물으니 놀고 있었다고 한다. 이 두 사람이 한 일은 다르지만 양을 잃어버렸다는 점에서는 같다. 『장자·변무』[48]

잃어버린 양이란 하늘이 부여한 맑은 영혼의 순수한 정신이다. 그것을 버리고 '이것이 정의다' 또는 '이것이 사랑이다'라고 다투거나, 예법에 맞는지 전통을 찾고 진실한 믿음인지 경전을 찾는 것은 어리석은 일이다. 장자가 말하는 것의 핵심은 먹줄, 컴퍼스 등의 도구를 무시하라는 것이 아니다. 천성을 잃고 목숨을 저버린다고 모든 좋은 가치를 폐기하라는 것이 아니다. 장자는 사람들 내면의 순수한 정신, 맑은 영혼을 왜곡시키는 껍데기의 윤리와 틀에 박힌 도덕적인 가치들을 부정한다.

사랑과 정의의 상대성

관념화된 윤리 도덕이란 바로 작은 기준치들이다. 본질을 보지 못한 채 기준치를 지나치게 중시하다 보면 그 기준에 맞추어 옳다 그르다, 좋다 나쁘다를 따지게 된다. 예를 들어 '정직'이라는 단어는 좋은 가치 기준을 지닌 개념이다. 그러나 진정한 정직이란 무엇일까. 앞에서 우리는 노자와 장자의 말을 근거로, 도둑질을 하는 아버지를 고발하지 않는 것이 진정한 정직이라고 했다. 다시 말하면 '진정한 정직은 고발하지 않는 것'이라는 말은 노자, 장자의 거꾸로 된 말의 관점에 따른 것이다. 상식에 어긋나는 이 말이 다소 이해하기 어려울 것이므로 '그렇다면 숨기는 것은 잘하는 일일까'라는 의문을 앞서 제기했다. 그런 의문을 풀기 위해서는 『논어』에 나오는 공자의 말을 예로 들을 만하다. 섭공이 말했다.

"제 고향에 정직한 사람이 하나 있는데, 그 아비가 양을 훔치자 가서 고발했습니다."

이에 공자가 말한다.

"제 고향의 정직한 사람은 그와 다릅니다. 아비는 자식을 위해 숨기고 자식은 아비를 위해 숨깁니다. 정직이란 그 가운데 있습니다." 『논어·자로』[49]

공자는 사랑이 없는 정직을 부정한다. 그의 관점으로는 고발하는 것은 소인배 같은 행위이며 숨겨주는 것은 군자의 마음이다. 공자는 '정직'보다는 '어짊'이 더 중요한 가치임을 말한다. 공자의 생각으로는 진정한 곧음이란 어짊이 전제되어야 하는 것이다. 어짊이란 보편의 윤리고, 정직이란 정신과 사회의 균형과 조화를 위한 하나의 가치 기준이라고 볼 때, 확실히 공자의 말은 섭공이 말한 정직의 가치보다 훌륭하다. 공자의 후학들은 공자의 이 말을 해석하면서 "겉으로 보면 정직하지 못한 일 같지만, 이치로 보면 숨기는 것이 오히려 더 정직한 일이기 때문"이라고 설명하고 있다. 공자의 이런 생각은 어짊이라는 것이 정의·예법·지식·믿음 등 다른 윤리적 가치의 맨 앞에 있음을 보여준다.

그러나 장자의 관점으로는 어짊이라는 가치를 앞세워 숨겨준 행위 역시 상대적인 것일 뿐이다. 정직을 말하면, 동시에 정직하지 못함을 전제로 하는 것처럼, 숨겨주는 행위가 마치 어진 일로 보이지만 이 또한 어질지 않음이 전제된 행위인 것이다. 다시 말하면 양을 훔친 아비를 숨기는 행위는, 숨겨주는 사람의 마음속에 이미 고발될 수 있는 '나쁜 일'이라는 생각이 있는 셈이다. 보기에는 따뜻해 보이지만 나쁜 일 여부를 의식하는 마음이 전제된 이상 한계가 있다. 예를 들어 담배를 끊으려는 사람이 다시는 피우지 않겠다고 집 안에 보이는 담배를 모두 쓰레기통에 버린다면 이는 아비를 숨겨주는 사람처럼 마음먹은 '생각'을 지키려고 노력하는 사람이다. 그러나 담배가 눈앞에 있든 없든 피우고 싶지 않다면 이는 마음속에서 금연하겠다는 '생각'조차 버린 사람이다. 담배를 거부하고 부정하려는 생각은 가상하긴 하지만 쉽게 뒤집힌다. 그러므로 보잘것없는 일이다. 버려야 할 것은 담배가 아니라 집착하는 '생각'이다. 마음속에서 그 작용조차 일어나지 않는 것, 그것이 장자가 주목하는 부분이다.

이런 의미를 잘 설명한 양나라 역사 중의 실화 한 토막을 송대의 소동파가 전한다. 『장자』를 좋아했던 소동파는 평생 불교나 어떤 특정 사상에 편향됨 없이 자유정신을 추구하며 살았던 문인이다.

어떤 사람이 유옹지에게 왜 자신의 신발을 신고 있느냐고 따지자 유옹지는 곧 벗어 주었다. 얼마 후 그 사람이 자신의 진짜 신발을 찾았다고 신발을 들고 오자 받지 않았다.

유옹지는 제대로 자신의 신발을 신고 있었다. 그런데 이웃 사람이 착각하고 유옹지에게 신발을 내놓으라고 한 것이다. 자기 것이라고 주장하니까 유옹지는 분명 자신의 신발임에도 아무 말 없이 그 신발을 내줬다. 그런데 자기 신발이라고 찾아간 그 이웃 사람이 나중에서야 자기 것이 아님을 알고 돌려주러 왔다. 유옹지는 받지 않았다. 기왕 자기 것이라고 가져갔으면 그만이지 뭘 돌려주느냐고 생각한 것이다. 이야기는 여기서 그치지 않는다.

심인사도 이웃 사람이 와서 자신의 신발을 잘못 신었다고 하자 웃으며 말했다. 「이게 당신 거였소?」 그러면서 곧바로 건네줬다. 그런데 그 이웃이 나중에서야 잃어버린 진짜 자신의 신발을 찾고, 가져간 신발을 돌려보내자 웃으며 「당신 것이 아니었소?」 하고는 받았다.[50]

먼저 유웅지는 '자기 것이라고 가져갔으면 그만이지 뭘 돌려주느냐'라고 했다. 관대하기는 하지만 '한 번 가져간 것은 이미 내 것이 아니다'라는 기준과, '다시 돌려받지 않겠다'는 결의가 남아 있다. 그러나 심인사는 달랐다. 관대한 것을 넘어서서 마음속에 아무런 기준이나 결의 같은 것 없이 무심히 응한다. 상대방이 자기 것이라고 하니까 따지지 않고 건네주고, 알고 보니 자기 것이 아니었다며 가져오니까 또 무심히 돌려받는다. 이런 '무심한' 태도를 주목하면서 소동파는 "이는 비록 작은 일이지만 사람이 세상을 살면서 심인사 같아야지 유웅지처럼 해서는 안 된다"고 말한다. 소동파가 심인사를 칭찬한 중요한 이유는 '따지지 않는다'는 점이다. '따진다'는 것은 옳고 그른 것, 좋고 나쁜 것을 재고 계산하는 일이다. '따지는' 행위는 마음속에 기준선을 긋고 있는 주체가 있기 때문이다. 그 주체는 '나라는 것我'이다. 유웅지의 머릿속에는 '기왕 가져갔다면 너의 것이지 내 것은 아니다'라고 줄을 긋는 생각의 주체가 있었다. 이것은 무엇인가를 지키려는 의도된 생각의 결과다. 그러나 심인사는 마음속에 주체가 없어 보인다. 마음속에 '나라는 것'이 없었던 것이다. 겉으로 보면 속이 없는 사람처럼 보이지만 실은 '나라는 것'이라고 하는 작은 주인이 사라지고 '참된 나'라는 큰 주인이 있는 사람이다.

큰 주인이란 앞으로 논의하게 될 '자연의 섭리'와 함께하는 마음이다. 아버지가 양을 훔쳤을 때 '고발하겠다'는 것은 작은 정직이다. 그것은 정직을 지킴으로써 아버지와 자식이라는 기본적인 인륜의 정을 저버릴 수밖에 없기 때문이다. 그와는 반대로 '숨겨야겠다'는 것은 인륜의 정에는 부합하지만 바르지 못한 일을 감추는 잘못을 저지른다. 어떻게 해도 이처럼 옳은 듯하면서도 옳지 않은 모순이 생기는 것은 '어떻게 해야만 한다'는 주관적인 생각이 가져온 결과다. '고발하겠다'거나 '숨겨야겠다'는 것은 모두 '나라는 것', 즉 작은 주인이 지어내는 생각이다. 그런 작은 생각을 멈추고 큰마음으로 보는 것을 『장자』는 다음과 같이 말한다.

그러므로 소인이 되지 말고 자기의 천성을 따르라. 군자가 되지 말고 자연의 섭리에 따르라. 일의 잘잘못을 따지지 말고 자연의 대도에 상응하라. 자기의 행위를 일관되게 하려고 하지 말고 정의를 지키려고 하지 마라. 자기의 참된 마음을 잃게 되기 때문이다. 「장자·도척」[51]

천성에 따르라는 것은 자기 본래의 성격대로 하라는 게 아니라 마음속 깊은 곳의 참된 마음에 따르라는 것이다. 어떤 일을 두고

'절대로 안 된다'거나 '죽어도 해야 한다'라는 생각은 자연의 커다란 이치에 따르는 태도가 아니라 자기 내면의 작은 주인이 지어낸 생각이다. 이것은 옳고 저것은 옳지 않다고 하거나, 이것은 반드시 이렇게 해야 하고 저것은 반드시 저렇게 해야 한다고 하는 굳어진 생각에 따른다면 참마음을 잃는다. 참마음을 잃는다는 것은 무슨 뜻인가. 옳고 그르다거나 정의니 불의니 하고 따지고 판단하는 것은 모두 자기가 주체가 되어 결정하는 것 같지만 사실은 외부의 요구에 부응하는 것이기 때문이다. 정확하게 말하면 밖에서 요구된 것이 자기의 마음에 들어와 자리를 잡은 '생각', 즉 관념에 따르는 행위일 뿐이다.

앞에서 우리가 궁금하게 생각했던 일, '아비의 죄를 숨기는 것은 잘한 일일까'에 대한 해답이 나왔다. 양을 훔친 아버지를 고발하는 건 진정한 정직이 아니다. 그러나 숨기는 것 역시 고발하는 행위와 동등한 일이다. 그러므로 (의도적인) 아무것도 하지 않는 것이 그 답이다. 장자가 위의 이야기를 들었다면 다음과 같이 말했을 것이다.

"제 고향의 사람은 그와 다릅니다. 숨기려고도 하지 않고 고발하려고도 하지 않습니다. 참사람이란 그런 사람들입니다."

이처럼 가정된 장자의 말은 그럴듯하지만 아직도 무언가 시원스럽지는 않다. 아무것도 하지 않는 것이 해답이라면 그야말로 수수방관하는 것이 현실적으로 최상의 선택일까. 여기에는 확실히 좀 더 분명한 설명이 필요하다.

작은 선행의 경우들

종을 만들 때 종이 깨지지 않고 좋은 소리를 내도록 짐승의 피를 바르는 소위 '흔종'이라는 의식을 치르기 위해 호흘이 소를 한 마리 끌고 가고 있었다. 끌려가는 소도 곧 죽을 것을 알고 벌벌 떨며 두려워하는 모습이 역력했다. 그런 모습을 본 제선왕은 불쌍한 생각이 들어 그 소를 놓아주라고 한다. 그렇다면 흔종 제사는 그만두라는 말씀이냐고 묻는 호흘에게 제선왕은 소를 양으로 바꾸라고 말한다. 그런데 뜻밖에도 소가 아까워 양으로 바꾼 것이 아니냐는 험담이 돌았다. 왕은 내가 어찌 소와 양을 아까워했겠느냐며 하소연하자 맹자는 제선왕을 위로하며 말한다.

"그것이 바로 진정한 통치자의 어진 마음입니다. 소는 보셨고 양은 못 보지 않으셨습니까?" 『맹자·양혜왕상』[52]

맹자의 이런 그럴 듯한 변호에 제선왕이 기뻐한 것은 물론이다. 맹자는 제선왕의 선택이 어떠했든 소를 측은히 여기는 '어진 마음'이 훌륭하다고 하며 그것이야말로 왕이 갖춰야 할 본모습이라고 말한다. 남을 불쌍히 여기는 마음이란 맹자의 이어지는 말대로 "군자는 살아있는 짐승의 죽는 모습을 차마 보지 못하며, 죽는 소리를 듣고 차마 그 고기를 먹지 못하는" 마음이다. 그런데 그것이 맹자의 말대로 왕이 갖춰야 할 훌륭한 덕목인 진정한 어짊인가.

우리나라의 전래 동화 중에는 초등학교 교과서에 실린 「은혜 갚은 꿩」이라는 이야기가 있다. 꿩을 잡아먹으려는 구렁이를 본 한 선비가 활로 구렁이를 쏘아 죽인다. 나중에 다른 구렁이가 선비를 잡아먹으려 하자 꿩이 그 선비를 구하고 대신 죽는다는 내용이다.

구렁이는 꿩을 먹어야 산다. 꿩 역시 벌레 등을 먹을 것이다. 꿩을 먹는 구렁이는 나쁘고, 벌레를 먹는 꿩은 좋다고 할 수 없다. 어느 한쪽을 선택해서 좋다 나쁘다거나 옳고 그름을 가리는 것은 순전히 마음속 관념의 작용일 뿐이다. 이런 이야기를 교과서에 실은 것은 아이들에게 은혜를 갚는 일의 중요성을 가르치기 위한 것일 수는 있지만, 소 대신 양을 죽게 한 제선왕에게 의문을 가진 백성들처럼 아이들은 선비가 왜 불쌍한 구렁이를 죽여야 했는지 의문을 가질 것이다. 그 선비도 제선왕처럼 불쌍한 일이 눈앞에 보였기 때문이라면 그것은 지극히 주관적인 편견일 뿐이다. 편견의 어짊은 부조화와 불균형을 불러올 수밖에 없다. 맹자는 비록 제선왕을 칭찬하고 있지만 장자라면 어떻게 말했을까.

장자가 바야흐로 죽으려 할 때 제자들은 성대하게 장사를 지내고 싶다고 했다. 장자는 하늘과 땅을 관으로 삼고 해와 달과 별들을 부장품으로 하며, 천지 만물을 모두 나의 죽음에 보내오는 선물로 여기므로 성대하게 할 필요가 없다고 말한다. 그러나 제자들이 말한다.

"까마귀나 소리개가 선생님 시신을 파먹을 것이 걱정됩니다."

이에 장자가 대답한다.

"땅 위에 있으면 까마귀나 소리개의 밥이 되고, 땅 밑에 있으면 땅강아지나 개미의 밥이 된다. 한쪽에서 빼앗아 다른 쪽에 준다면 그건 편견의 소치가 아니냐!" 「장자·열어구」[53]

만약 맹자의 관점으로 이 대화를 설명한다면 '땅 위에 있으면 까마귀와 소리개가 시신을 먹는 게 보이고, 땅 밑에 있으면 땅강아지나 개미가 시신을 먹는 것이 안 보이기 때문'이라고 할 것이다.

장례는 중요한 예법이지만 어떻게 지내는 것이 잘 지내는 것인지는 문화마다 다르다. 티베트에서는 땅에 묻는 매장을 가장 가치 없는 사람에게 치러주는 장례로 여긴다. 장례 중 최상의 의식은 '천장天葬'으로 산꼭대기 암반에 시신을 잘게 썰어놓고 독수리 떼가 먹게 함으로써 그 영혼의 승천을 축원한다. 장례를 주관하는 이들이나 일부 가족은 독수리들이 시신을 잘 먹도록 멀찌감치 떨어져서 본다.

사람이 한 지역 한 시대에 처하면서 그 풍속을 따르는 것은 불가피한 일이지만 이러한 예법 역시 절대적이라고 할 수는 없다. 요즘은 어디서도 가족이 죽으면 시신이 화장장의 연소실로 들어가 잠시 후 하얀 재가 되어 나오는 과정을 지켜본다.

시신을 땅에 묻는 것과 불로 태우는 것을 두고 어떤 것이 좋고 어떤 것이 나쁘다고 할 수 없다. 그런데도 어느 것이 더 좋다고 강조한다면 그건 주관과 편견이 작용한 까닭이다. 장자의 관점에서 보면 제선왕의 행위는 극히 인간적인 것이다. 인간적이라는 말은 감정적 주관이 움직인 결과라는 말이다. 장자는 이처럼 한쪽에 치우치면 진정한 '어짊'이 성립될 수 없다고 말한다.[54]

죽으러 가는 소를 양으로 바꾼 것이나, 꿩을 먹으려는 구렁이를 죽인 것은 그러므로 어진 행위가 아니라 여린 감정에 따른 편견의 행위였다. 여린 감정을 어짊이라고 해석한 맹자의 말은, 마치 분노에 찬 감정으로 정적을 죽이면서 그것을 정의라고 해석하는 것과 다름없이 무력한 논리다.

나쁜 짓을 부끄러워하는 일, 남에게 양보할 줄 아는 일, 옳고 그름을 분별하는 일, 남을 불쌍히 여기는 일 등 '인간이 생각하는 선한 행위'가 인간의 고유한 성품이라는 맹자의 편견은 제선왕에게 진정한 어짊이 뭔지를 잘못 설명하는 오류를 야기했던 것이다. 만약 소를 양으로 바꾼 제선왕의 이야기를 장자가 들었다면 그런 행위란 소든 양이든 불쌍한 생명을 죽인 것은 같은 일이라고 하면서, 그야말로 제왕답지 못한 '아녀자의 선행'일 뿐이었다고 비웃었을 것이다.

장자의 위 이야기는 장례를 아무렇게나 해도 좋다는 것이 아니라 편견에 얽매이지 말고 본질과 핵심에 직접 다가가라는 것이다. 본질과 핵심에 직접 다가가려면 마음속에 형성되어 있는 고정된 인식의 틀이 사라져야 함은 물론이다. 내 마음속에 자리 잡은 어떤 생각이나 신념, 즉 작은 주인의 선택으로 만들어진 선행이란 결과적으로는 한쪽을 돌봄으로써 다른 한쪽을 저버릴 뿐이다.

관념이란 언제나 뒤바뀔 수 있는 가치다

세상 사람들은 배를 강 옆의 협곡에 숨기거나 그물을 연못에 감추고
는 이를 든든하게 여긴다. 하지만 한밤중에 힘 있는 자가 몰래 배를 짊
어지고 달아나도 어리석은 사람들은 이를 알지 못한다. 작은 것을 큰
데 감추는 것은 당연하기는 하지만 여전히 잃어버릴 수 있는 것이다. 무
릇 천하를 천하에 숨기면 잃어버릴 염려는 전혀 없다. 바로 이것이 참된
이치다. 『장자·대종사』[55]

사람들에게 배나 그물은 중요한 재산이다. 이 커다란 재산을 협
곡이나 연못에 깊이 감춘다. 여기서 말하는 재산이란 개개인이 신
봉하고 있는 '사랑'과 '정의' 등이다. 사람들은 그 숭고한 가치를 남
들이 만든 '사랑이나 정의라고 정해진 테두리' 안에 넣어두고 안심
하고 있다. 그러나 그 '테두리'는 정해진 범주로 있는 한 통째로 사
라질 수 있다. 그걸 짊어지고 가는 '힘 있는 자'란 그런 기준을 통째
로 움직일 수 있는 권력이나 자연의 섭리다. 사랑과 정의라고 '정해
진 테두리'에 의지하는 일은 더 커다란 어떤 힘이나 자연의 섭리 앞
에 작은 감춤이다. 비유를 하자면 세상 사람들은 자기 생각 속의 사
랑을 남들이 써놓은 도덕책이나 경전에 맞추고, 자기 관념 속 정의
를 남들이 정해놓은 법률에 맞추며 안심한다. 작은 기준을 큰 기준

에 기대는 것은 당연하기는 하지만 그런 커다란 기준조차 절대적인 것이 아니다. 장자는 그 까닭을 사례를 들어 비유한다.

전성자는 하루아침에 제나라 왕을 죽이고 그 나라를 훔치고 말았다. 훔친 것이 그 나라뿐이었을까? 「장자·거협」[56]

'힘 있는 자'인 전성자가 훔친 것은 나라뿐이 아니다. 그 나라의 정의라는 것, 사랑이라는 가치 기준도 훔쳐 모두들 뒤바뀐 그 새로운 정의, 새로운 사랑을 기준으로 받아들여야 했다.

허리띠 걸쇠를 훔친 자는 사형되고 나라를 훔치는 자는 왕이 된다. 그리고 이 왕의 가문에 새로운 어짊과 새로운 정의가 있게 된다. 그러니 이는 훌륭한 어짊과 훌륭한 지혜까지도 훔친 셈이 되지 않는가. 「장자·거협」[57]

여기서 장자가 전하고자 하는 의미는 분명하다. 사랑이니 정의니 하는 작은 가치들, 예법이니 지식이니 또는 믿음이니 하는 것이 얼마나 허망한 기준에 의지하고 있는가 하는 것이다. 세속적인 추세, 언어문자에 매몰된 가치, 편견으로 덩어리진 개념, 이 모든 것이 허망한 기준이다.

되를 만들어 용량을 재려 하면 그 되째 훔쳐버린다. 저울을 만들어 무게를 달려 하면 그 저울째 훔쳐버린다. 어음이나 증서를 만들어 신용 있게 하려 하면 그 어음이나 증서까지 모두 훔쳐버린다. 사랑이나 정의 라는 것으로 백성을 다스리려 하면 그마저 훔쳐버린다. 「장자·거협」[58]

이것들을 훔치면 어제까지 절대적인 줄만 알았던 기준이 오늘은 새로운 기준에 맞춰져야 한다. 어제의 사랑이니 정의니 하는 것 역시 오늘은 사랑이나 정의가 아니다. 그런데도 사람들은 그것이 절대적인 것처럼 가르치고 배운다. 유가의 인의나 묵가의 겸애라는 가치 기준은 그저 배나 그물을 감춰주는 작은 산골짜기나 연못 정도의 것에 지나지 않는다. 천하를 천하에 숨긴다는 것은, 그러므로 아무 것도 아무데도 감추거나 의지하지 않는 것이다. 개개인의 '참된 사랑'과 '참된 정의'를 자연의 섭리에 맡긴다는 것은, 사실은 있는 그 대로 두는 일인 동시에 내 마음속 깊은 곳의 참된 마음을 일깨우는 것이다.

제2장

버려야 할
이욕과 집착

껍데기들

문자라는 껍데기

앞에서 우리는 진실을 보지 못하는 원인을 정형화된 기준이 '관념'이 되어 우리의 마음속에 자리 잡고 있기 때문이라는 것을 확인했다. 그것이 '관념'이 되는 데는 언어 문자가 중요한 부정적 작용을 한다는 점에 주목할 필요가 있다.

제나라의 환공이 마루에서 책을 읽고 있었다. 윤편이 마당에서 수레바퀴를 만들다가 환공에게 물었다.

"죄송하지만 전하는 무슨 책을 읽고 계십니까?"

환공이 대답했다.

"옛 성인의 말씀이다."

"그 성인께서 지금 살아계십니까?"

"벌써 돌아가셨지."

"그럼 전하께서 읽고 계신 것은 옛사람이 남긴 찌꺼기군요."

환공은 벌컥 화가 나서 말했다.

"내가 책을 읽는데 목수 녀석이 어찌 감히 시비를 거는가. 만약 이치에 맞는 설명을 하지 못한다면 엄벌에 처하겠다."

이에 윤편이 말한다.

"수레바퀴의 구멍을 깎는데 너무 깎으면 헐겁고 덜 깎으면 구멍이 작아 맞지 않습니다. 덜하지도 더하지도 않는 비결은 손으로 짐작하며 마음으로 터득할 뿐 입으로 말할 수는 없습니다. 저는 그 비결로 바퀴를 만듭니다만 그것을 자식에게 말로 전해줄 수 없고 자식도 제게 전해 받을 수 없습니다. 그래서 저는 이렇게 일흔 살이 되도록 바퀴를 깎고 있는 겁니다. 옛날 사람들도 그 비결을 안고 죽었을 뿐입니다. 그러니 그 책이야말로 성인들이 남긴 찌꺼기가 아닙니까."「장자·천도」[1]

기술을 전하는 것도 어려운데 어떻게 도를 말과 글로 이해하겠는가. 말과 글은 본질로부터 너무 멀리 있는 것이다. 장자는 그 까닭을 위의 일화에 앞서 설명하고 있다. 사람들이 소중하게 여기는 것은 진리를 전하는 문자이지만 문자가 진리는 아니다. 그런데도 사람들은 문자에 매달려 있다고 하면서, 장자는 모양이나 이름으로는 진리를 알 수 없다고 말한다.

앞에서 언급한 내용 중 『장자』의 글에서 '참된 도는 말로 표현할 수 없으며, 진정한 말은 말을 하지 않는다'는 구절은 『노자』의 "도라고 하는 도는 진정한 도가 아니며, 이름이라고 하는 이름은 본질적인 이름이 아니다"[2]라는 말과 다름이 없다. 노자가 책의 첫머리에 선언처럼 말한 이 문장은 간단하게 말하면 참된 진리란 언어나 문자 등으로 표현될 수 없다는 것이다.

모세가 시내산에서 듣는 '영원부터 스스로 존재하는 자'[3]라는 신의 이름 역시 '이름 없음'이다. 그것을 중국의 개념으로 표현하면 '자연自然'이다. '스스로 존재하는 것'이다. 이를 움직이는 힘 역시 스스로 존재하는 것 속에 있다. 그러므로 '자연'의 섭리를 '도'라고 할 수도 있고, 어떤 다른 이름이라고 할 수도 있다. 이름은 단순히 방편이다. 그러므로 노자는 억지로 '도道'라고 했지만 여러 가지 이름으로 표현돼도 상관없다고 한다.[4] 어떤 이름을 붙이든 한마디로 표현할 수 없다는 것이다. 이름이란 모두 진정한 본질과는 거리가 있게 되며 표현하는 순간 실제가 아니게 되는 까닭이다.

이것이 '무엇이다'라고 하는 것으로는 진정 그것이 뭔지 밝힐 수는 없다. 천지자연의 원초적 상태, 그것을 노자는 '이름 없음無名'이라고 했다. 진정한 '도'라는 것은 '이름 없음'에서 출발하는 것이다. 이렇게 노자는 첫마디부터 인간의 언어적 설정을 부정하는 것으로 진리의 말을 시작하고 있다. 진정한 이치를 깨달으려면 언어·문자·표현·형식 등에 묶이지 말라는 일종의 선언이다.

윤편의 일화를 통해서 강조하듯, 장자는 천지가 형성되기 이전부터 존재했다는 '도'가 '이름 없음'인 것처럼 언어나 문자로 이름 붙여진 그 어떤 표현도 진리의 실상은 아니라고 한다. 이름이 보여주는 것은 한시적이며 주관적으로 파악될 수밖에 없는 단서다. 한시적이고 주관적인 것은 부정확한 것이며, 그 부정확한 것은 또한 일정한 한계의 어휘로밖에는 표현이 안 된다. 그 한계 있는 어휘는 또한 일부 어종에 속해 있고, 사람들은 그 일부 어종의 일부만 알고 있을 뿐이다.

인간은 언어로 개념을 포착한다. 그러나 언어는 사물의 껍데기만 붙잡을 뿐이다. '말이란 단순히 소리를 내는 것만이 아니다. 말에는 뜻이 있다'[5]고 말하는 장자는 그러나 진리란 말을 넘어서 깊은 마음으로만 다다를 수 있다고 한다.

말로 표현할 수 있는 것은 사물의 형상일 뿐이며, 사물의 본질은 깊은 마음으로만 다다를 수 있다. 「장자·추수」[6]

형상이란 표상·외양·껍질이며 본질이란 정신·실상·참모습이다. 문자는 도구며, 수단이므로 환공이 책을 읽는 것이 윤편에게는 찌꺼기를 씹고 있는 것과 다름없어 보였던 것이다. 언어에 묶이는 것은 생각에 묶이는 것이다. 사물을 이해하는 것에 대하여 장자가 '심재'를 설명하면서 '마음은 기존의 것에 맞추어 이해할 뿐'이라고 말한 것은,[7] 기존의 어휘가 생각을 제약하고 제약된 생각은 본질을 보지 못한다는 뜻이다. 언어는 본질에 다가가고 진실을 이해하기 위한 도구다. 언어가 왜 도구인지 다음 글에서 장자가 말한다.

통발은 물고기를 잡기 위해 있으나 물고기를 잡으면 통발은 잊혀지게 마련이다. 올가미는 토끼를 잡기 위해 필요하지만 토끼를 잡으면 올가미는 잊혀진다. 마찬가지로 말은 의미를 전하기 위해 있으며, 의미를 파악하면 말 따위는 잊혀진다. 『장자·외물』[8]

언어 자체에 매달려 따지는 것은 어리석은 일이므로, 고기를 잡았으면 도구인 통발은 없어도 상관이 없는 것이다.[9] 장자는 의미를 포착하기 위해서는 언어가 필요하지만 곧 '버려져야' 한다고 말한다.

도에는 본래 한계가 없고 말에는 애초 일정한 의미가 없다. 그런 것을 표현하려 하면 구별이 생기게 된다. 그 구별에 대해 말해보자. 사물에는 좌와 우가 있고, 말에는 큰 줄기와 상세함이 있다. 생각에는 나눔과 구별이 있고, 경쟁에는 다툼과 싸움이 있다. 이것을 여덟 가지 덕이라 한다. 그래서 우주의 섭리에 대해 성인은 대강을 말할 뿐 자세히 들추지 않는다. 세상사에 대해 성인은 논의는 하되 옳다 그르다 하지는 않는다. 『장자·제물론』[10]

문자에 매달려 옳다 그르다 따지지 않는 까닭은 "지나친 말은 사실과는 달리 왜곡되기 쉬운 언사"[11]이기 때문이다. 장자의 말대로 지극한 말이란 무언의 말이며, 지극한 행위란 무위의 행위다.[12] 구별이란 정면과 반면을 인식한 결과다. 고대 사람들은 이를 음양이라고 개괄했다. 음양은 혼돈 속에서 변화하고 교차한다. 그것을 표현한 언어를 가지고 따지는 일은 무의미하다. 장자가 윤편의 말을 빌려 풍자한 것은 껍데기일 뿐인 언어에 매달려 진리의 참맛을 보려는 인간의 어리석음이다.

그러나 껍데기를 벗겨 보면 모두 하나의 흐름 속에 있는 것

진리를 깨닫는 데 장애가 되는 것은 언어 문자 외에 또 다른 것이 있다. 그것은 사물의 표면과 이면의 차이를 구별하지 못하는 문제다. 사람들은 사물이 드러내는 표면의 변화에 얽매인다. 장자는 말한다.

삶과 죽음, 있음과 없음, 순경과 역경, 부유함과 가난함, 현명함과 어리석음, 칭찬과 비난, 굶주림과 목마름, 추위와 더위, 이 모두는 사물의 변화이자 자연의 흐름이다. 「장자·덕충부」[13]

우리가 다르다거나 정반대라고 생각하는 많은 개념이 사실은 하나의 흐름 속에 있다는 것이 노자와 장자의 일관된 관점이다. 본질은 표면 안에 감추어져 있다. 내면을 보면 우리가 알고 있는 모든 표면의 상대적인 것들이 한 흐름에 뿌리를 두고 있다. 껍데기만 보고 본질을 보지 못하는 사람은 사물의 존재 의미와 그 내적 본성을 알지 못한다. 인물 초상화를 그리는데 만약 대상의 겉모습만 그린다면 그 그림은 그저 눈·코·입이라는 표면만 그린 것일 뿐이다. 그림을 잘 그리는 사람은 대상의 이면을 그려낸다. 사람이 우수에 잠겨 있다면 슬픔의 빛을 그려내고, 사랑의 기쁨으로 충만해 있다면 그 사랑의 빛을 담아낸다. 피어나는 꽃을 그리면 삶의 기운, 지는 꽃을 그리면 죽음의 기운을 그린다. 그러나 진정한 화가는 내면을 꿰뚫어 보고 그 이면의 슬픔과 기쁨, 죽음과 삶이라는 것도 궁극적으로는 하나의 흐름 속에 있음을 그려낸다.

문둥병 환자와 미인 서시를 비교해보면 참된 도의 입장에서는 구별이 사라져 하나가 된다. 한쪽에서의 분산은 다른 쪽에서의 완성이며, 한쪽에서의 완성은 다른 쪽에서의 파괴다. 모든 사물은 완성이든 파괴든 다 같이 하나다. 도에 다다른 자는 이것이 하나임을 깨달아 자신의 판단을 내세우지 않는다. 사물을 평상시의 자연스런 상태 속에 맡겨둔다. 『장자·제물론』[14]

우리 눈에 보이는 것은 변화하는 표면의 모습이다. 표면으로 나타난 상대적인 모습들도 그 내면의 참모습을 보면 본질은 하나다. '화는 복에 의지해 있고 복은 화 뒤에 감추어져 있다'[15]는 노자의 말은 이를 의미한다. 장자 역시 편안함과 위태로움, 화와 복은 드러나 보이는 부분일 뿐 진리의 흐름 속에서는 동일한 값을 가지고 있다고 한다.[16] 그런데도 눈앞에 나타난 것만을 보고 기뻐하고 슬퍼하는 것은 길고 넓게 보는 눈이 없기 때문이다. 앞에서 불쌍해 보이는 소를 보고 '어진 마음'을 보인 제선왕이나 꿩을 잡아먹으려는 구렁이를 죽인, '정의로운 마음'을 보인 선비는 모두 표면상의 모습을 보고 감정상의 생각을 움직인 사람들이다.

모든 사물의 내면에는 하나의 흐름이 있지만 육안으로 보이는 것은 대개 음양처럼 정면과 반면으로 나타난다. 음양의 어느 한쪽은 다른 한쪽에 의지해 있다. 있다는 것은 없음을 전제로 한다. 어렵다는 것은 쉽다는 것을 전제로 하며, 길다는 것은 짧음을 전제로 한다. 그러나 어느 한쪽에 치우치면 편견을 갖게 된다며 장자는 말한다.

삶이 있으면 죽음이 있고, 죽음이 있으면 반드시 삶이 있다. 「된다」가 있으면 「안 된다」가 있고, 「안 된다」가 있으면 「된다」가 있다. 「옳다」고 하면 「옳지 않다」에 기대는 셈이 되고, 「옳지 않다」고 하면 「옳다」에 의지하는 셈이 된다. 「장자·제물론」[17]

죽음이라거나 삶이라고 나타난 것은 표면이며 껍데기다. 그러므로 어떤 한쪽에 집착하면 참모습인 본질과 멀어진다. 눈에 보이는 것만 보면 마치 죽음이 모든 것을 사라지게 하는 듯하다. 그러나 장자는 죽은 뒤에도 또 다른 세계가 있을지 모른다고 한다. 그러므로 "삶이 소중하므로 죽음도 소중하다"는 장자는 이를 여희의 우화를 들어 설명한다. 여희가 진나라에 바쳐져 끌려갔다. 여희는 너무 슬퍼서 운 나머지 옷깃이 모두 젖을 정도였다. 그러나 진나라에 이르러 왕과 함께 잠자리에 들고 매일 귀한 음식을 먹게 되자 끌려올 때 운 것을 후회했다. 장자는 사람이 죽어서 가는 곳이 그런 기쁜 곳인 줄 어떻게 아느냐고 묻는다.[18]

어느 날 갑자기 자래가 병이 나서 숨을 헐떡거리는 것이 곧 죽을 것 같았다. 그러자 그의 처와 자녀들이 그를 둘러싸고 울었다. 자려가 문병 가서 이 광경을 보자마자 말했다.

"그만들 울고 저리 가십시오. 죽어가는 그를 놀라게 하지 마십시오."

자려는 문에 기댄 채 말을 이었다.

"정말 대단하구나. 조물주는 이제 자네를 어디로 데려가 무엇이 되게 할까. 쥐의 간이 되게 할까, 벌레의 팔이 되게 할까?"

이에 자래가 말했다.

"천지는 나에게 몸과 생명을 주어 일하게 하고, 늙게 함으로써 나를 편하게 하고, 죽음을 통해 나를 쉬게 하네. 그러므로 내가 삶을 기뻐하는 것은 다름이 아니라 죽음도 좋아하기 때문이지. ……죽음의 시간을 맞으면, 조용히 잠을 청하고 삶의 시간이 다시 돌아오면 불현듯 자리에서 일어나는 것이네." 「장자·대종사」[19]

죽음을 좋아하기 때문에 삶도 기쁜 것이다. 변화하는 사물을 관찰하다 보면 가득차고 텅 빔, 멀고 가까움이 하나의 흐름 속에 있으며 삶과 죽음 또한 하나의 연속선상에 있다. 그래서 지혜가 있는 사람은 그런 상대적인 생각에 빠지지 않고 절대적인 자연의 법칙에 따른다. 무엇을 얻었다고 기뻐하지 않고 잃었다고 울적해 하지도 않는다.[20] 상대적인 것은 모두 인간의 작은 기준으로 가른 것에 불과하다. 인간이 보는 모든 현상 세계의 것은 상대적인 모양으로 이루어져 있기 때문이다. 그러므로 지혜가 있는 사람은 육안으로 보이는 것만 보지 않고, 통상적으로 생각하는 기준으로 아름답다 추하다 하지 않는다. 진정으로 넓고 긴 안목을 가진 사람의 눈에는 표면을 꿰뚫은 진리의 세계가 보이기 때문에 모두가 아름답게 보이는 법이다.

북송 시기의 어느 날 밤 양자강 중류의 황주라는 작은 마을 적벽 앞의 강에 배를 띄우고 친구들과 함께 달과 바람을 감상하던 소동파는 한 친구의 피리소리를 넋을 잃고 듣다가 물었다.

"어쩌면 피리소리가 그렇게 처량하면서도 아름다울 수 있다는 말입니까?"

피리를 불던 친구는 저 강물과 달을 보니 영원한 자연 속에서 우리 인생의 허무함을 느낀다고 하며, 그러니 피리소리에라도 이런 감회를 싣지 않을 수 없다고 말한다. 그러자 소동파는 다음과 같이 말한다.

"강물은 흘러가지만 언제나 저기에 저처럼 있고, 달은 차고 기울지만 언제나 저기에 저처럼 있습니다. 변한다고 보면 이 세상에 변하지 않는 게 없고, 변하지 않는다고 보면 사물과 내가 다 영원한 것입니다. 그러니 무엇을 더 부러워하겠습니까. 오직 저 강 위의 맑은 바람과 산 위에 뜬 달은, 귀로 들으면 음악이 되고 눈으로 보면 그림이 됩니다. 이는 자연이 우리에게 준 무한한 보물이니, 우리는 그저 이런 보물을 마음껏 누리는 것이 제일 아니겠습니까?" 소식 「적벽부」[21]

표면을 보면 모든 것이 변한다. 그러나 본질적으로는 영원하다. 만약 본질을 보지 못하는 사람이라면 어떻게 영원한 것이 있음을 알겠는가. 만약 욕망에 눈이 멀고 분노에 귀가 멀기 쉬운 세속의 사람이라면 어떻게 보는 것, 듣는 것마다 그림과 음악이 되겠는가. 그렇게 변화하고 흘러가는 것이 표면의 세계이며, 그것은 참된 진리의 그림자인 것이다. 장자는 말한다.

가득 차거나 텅 비어도 도의 입장에서 보면 정말로 가득 차거나 텅 빈 것은 아니다. 마찬가지로 쌓이거나 흩어진다는 것도 도의 입장에서 보면 쌓이거나 흩어지는 게 아니다. 「장자·지북유」[22]

참된 진리의 세계에 본질적인 영원함이 있다. 이 영원한 세계를 아는 사람만이 진정한 아름다움도 안다. 표면을 넘어서 핵심을 보는 일, 껍데기를 꿰뚫고 알맹이를 얻는 일, 현상에 속박되지 않고 본질로 돌아가는 일, 이것이 장자가 우리에게 말하는 내용이다.

사람들은 애를 써서 한쪽을 강조하지만 실은 모두가 하나임을 알지 못한다. 그것을 조삼朝三이라 한다. 조삼이란 무엇인가? 원숭이 부리는 사람이 원숭이에게 상수리를 나누어 주면서 말했다. 「아침에 세 개, 저녁에 네 개다.」 그러자 원숭이들이 화를 냈다. 「그럼 아침에 네 개, 저녁에 세 개다.」 하니까 원숭이들이 좋아했다. 표현도 실질도 변함이 없는데 기쁨과 노여움이 일게 되었다. 표면적인 것에 구애되어 있기 때문이다. 「장자·제물론」[23]

지혜 있는 사람은 표면을 넘어선 본질을 본다. 시비를 초월하여 전체를 본다. 치우침을 극복하고 균형을 찾는다. 사물이 존재하는 것은 그 본질의 구현으로 가치가 있다.

장자는 나비가 되는 꿈을 꾸었다. 나비가 되어 훨훨 날면서도 자기가 장자라는 것을 깨닫지 못했다. 그러나 깨어나 보니 분명히 장자가 아닌가? 도대체 장자가 꿈에 나비가 되었을까? 아니면 나비가 꿈에 장자가 된 것일까? 장자와 나비는 전혀 다르다. 이를 '물화物化'라고 한다. 「장자·제물론」[24]

본질적인 것이란 텅 빈 상태로 존재하는 어떤 것이다. 그것을 장자는 '기氣'라고 했다. 물질, 즉 껍데기란 단지 기의 흐름에 따른 물질의 집산체이며 생사란 그 응집과 산일의 결과다.[25] 장자가 되고 나비가 되는 것은 장자의 말대로 '껍데기의 변화'일 뿐이다. 본질적인 것은 하나지만 나비로 응집되어 나비가 되었고, 장자로 응집되어 장자가 되었다. 그러나 사람들은 자기의 본질과 실상을 알지 못한 채 자신의 드러난 모습인 껍데기에 얽매여 산다. 장자가 위의 글에서 전하고자 하는 내용의 핵심은 변화하는 과정의 허상을 실상이라고 보는 착각의 '꿈에서 깨어나야 한다'는 점이다. 표면을 꿰뚫고 본질을 보아야 한다는 점이다.

꿈속에서 즐겁게 술 마시던 자가 아침이 되면 불행한 현실에 슬피 울고, 꿈속에서 울던 자가 아침이 되면 즐겁게 사냥을 떠난다. 꿈을 꿀 때는 그것이 꿈인 줄 모르고, 꿈속에서 꿈 해석까지 하다가 깨어나서야 진짜 꿈이었음을 안다. 참된 깨어남이 있고 나서야 이 인생이 커다란 한 바탕의 꿈인 줄을 안다. 「장자·제물론」[26]

장자가 말하고자 하는 바는 명확하다. 만물은 변화하는 것이며 사람들은 그 변화하는 표면의 모습에 이끌려 살지만 그것이 표면의 것이며 변하는 허상인 줄은 꿈에서 진정으로 깨어난 자만이 알 수 있다는 말이다. 어린아이일 적에는 눈앞의 것이 이 세상 전부인 듯 여겨지지만 나중에 어른이 되어서 돌이켜보면 그런 것들이 하잘것

없는 일이었음을 안다. 그러니 지금 집착하는 재물이나 권세, 애욕도 꿈에서 깬 사람이 보면 우스운 것일 뿐이다. 장자든 나비든 상관없이, 꿈에서 깬 자만이 참다운 삶의 세계를 본다.

장자의 아내가 죽자 친구 혜시가 문상을 갔다. 그런데 장자는 두 다리를 뻗고 앉아 그릇을 두드리며 노래를 부르고 있었다. 혜시가 그걸 보고 말했다.

"자네는 아내와 함께 늙도록 자식을 키우며 살다가 이제 그 아내가 죽었네. 그런데 곡을 하지 않는 것도 모자라 그릇을 두들기며 노래를 부르다니 너무 심한 거 아닌가?"

장자가 대답한다.

"아닐세. 나도 아내가 죽은 뒤에 어찌 슬프지 않았겠나? 그런데 가만히 생각해보면 태어나기 전 아내의 삶이란 원래 없었던 것 아닌가. 삶뿐 아니라 아예 형체조차 없었던 것이네. 형체는 물론 기도 없었지. 그저 혼돈의 상태로 있던 것이 변해서 기가 되었고, 기가 변해서 형체가 되었고, 형체가 변해서 생명이 된 것이네. 이제 다시 변해서 죽었다지만, 이는 사계절이 변하는 것과 다름이 없네. 아내는 지금 천지라는 거대한

방에 누워 있는데, 내가 소리를 질러가며 울고불고한다면 그건 하늘의 섭리를 모르는 일 아닌가. 그래서 곡을 그친 것이네." 「장자·지락」[27]

여기에서 우리는 꿈 깬 장자의 이야기를 들을 수 있다. 죽음과 삶이 하나의 흐름 속에 있으며, 꿈에서 깬 사람은 그것을 텅 빈 마음으로 받아들인다.[28] 꿈에서 깬 장자가 자신을 나비라고 여기지 않는 것처럼 지혜의 눈을 뜬 장자는 현재 자신의 삶이 고정된 실체라고 보지 않는다. 꿈을 깨지 않은 상태에서 볼 때 그 아내의 죽음은 받아들이기 힘든 고통으로 느껴졌을 것이다. 그러나 꿈에서 깬 장자는 자기 자신은 물론 자신이 겪고 있는 아내의 죽음이라는 모든 현실을 저만치 놓고 본다. 깨어 있다는 것은 나라는 것마저 내가 통찰하는 일이다. 통찰이란 시간과 공간을 넘어서 새로운 차원의 눈으로 현실을 보는 일이다.

이
욕
의
덫

이 세상에 공것이란 없다

여기까지 우리는 관념이 우리의 눈을 멀게 하는 이유에 대해서 장
자가 지적한 두 가지 문제점을 확인했다. 우리가 진정한 것을 인식하
지 못하는 이유 중 하나는 개념화된 언어와 문자의 폐해고 다른 하
나는 우리가 변화하는 사물의 표면에 얽매이기 때문이라는 것이다.

관념의 덫과 껍데기에 머무는 오류는 세속적인 것에의 탐닉 때문
이다. 껍데기에 대한 탐닉이 어떤 것인지 장자가 전하는 일화가 있다.

송나라 왕은 조상이라는 사람을 진나라에 사신으로 보냈다. 그가 떠날 때 몇 대의 수레를 주었는데, 진나라 왕은 그를 반기며 수레 백 대를 주었다. 그는 송나라로 돌아와 장자를 만나자 오만한 모습으로 말했다.

"당신은 이런 비좁고 지저분한 뒷골목에서 신발을 만들며 가난하게 사는군요. 나는 그처럼 목덜미는 비쩍 마른 채 얼굴이 누렇게 뜬 꼴이 되는 일은 할 줄 모르오. 그보다 나는 황제를 깨우쳐주고 백 대의 수레를 따르게 하는 일에 능하오."

장자가 대답한다.

"진왕이 병이 나서 의사를 부르면 종기를 터트려 고름을 뺀 자에게 수레 한 대를 준다네. 치질을 핥아서 고치는 자에게는 수레 다섯 대를 준다더군. 치료하는 데가 더러울수록 수레가 많다는 거야. 그대도 그 치질을 고쳐줬는가? 수레가 정말 많군. 더러우니 당장 꺼져버리게!" 『장자·열어구』[29]

역사상의 장자는 수차례에 걸쳐 나라의 고관으로 부름을 받았지만 나아가지 않았다. 그는 잘 먹고 잘 사는 것을 싫어한 게 아니라 영혼을 팔아서 육신만 편하게 하는 것을 마땅치 않게 생각했기 때문이다. 사창가의 부유한 여자가 가난한 농부의 아내를 찾아와 비웃는 듯하는 위의 장면에서 장자가 역겨움을 표시한 것은 당연하다. 그는 육신의 안락보다 영혼의 자유를 원했다.

대개 권세에 붙어 부귀영화 누리는 것을 추구하는 사람들은 영혼을 파는 것을 부끄럽게 생각하지 않는다. 장자의 말대로 욕심이 많은 사람은 자연스러운 참마음의 깊이가 얕은 법[30]이기 때문이다. 깊이가 없는 사람일수록 세속의 욕망을 탐닉하고, 일부는 그 세속의 욕망을 채우는 일에 성공한다. 그런 사람의 마음속 행복감이란 동물의 포만감과 다를 게 없다. 그처럼 일부 세상 사람들은 외부 사물에 대한 욕망을 위해 달리고, 남 다투어 소유하며 갖가지 명분을 내건다. 그러나 장자가 말하듯이 지혜가 사물을 향해 내달리면 지치고, 용기는 원한을 사며, 명분에는 책임이 따른다.[31] 욕망을 채워주는 사물은 대개 위험한 것이며, 특히 권력에 기댄 부귀영화에 대하여 『장자』는 그것이 재앙과 함께 존재하는 것이라고 말하며, 다음과 같은 일화를 전한다.

황하 강가에 갈대로 발을 짜고 팔아서 생계를 유지하는 가난한 사람이 살았다. 그런데 어느 날 아들이 깊은 못에서 천금이 나가는 가치의 진주를 주워왔다. 그러자 아버지가 아들에게 말한다.

"돌로 그 진주를 깨트려 버려라. 그렇게 천금 값어치나 나가는 진주
란 반드시 깊은 물속의 흑룡의 턱 밑에나 있는 물건이다. 네가 그 진주
를 가져온 것은 분명히 그 흑룡이 잠시 잠들었을 때였을 것이다. 만약
흑룡이 깨어난다면 잡아먹히지 살아남을 수 있겠느냐? 「장자·열어구」[32]

『장자』의 이런 이야기에는 모든 사물에 값어치가 있다는 것이 전
제되어 있다. 몰래 가져왔든 알게 가져왔든 그런 대단한 가치의 보
물이 '저절로' 내 손에 들어올 수 없다는 말이다. 만약 그것이 저절
로 들어왔더라도 그 가치는 반드시 반작용의 힘으로도 작용한다.
노자가 말하는 대로 재앙에는 행운이, 행운에는 재앙이 연결되어
있다. 그 아버지는 우연한 행운이 크면 클수록 재앙의 크기도 크다
고 믿은 것이다. 그러나 사람들은 그런 지혜 없이 눈앞의 이욕을 탐
한다. 탐욕에 빠져 "날로 그들의 기운이 쇠약해가는 것은 가을과 겨
울에 초목이 말라 시듦과 같다. 탐욕에 빠져버리면 본래의 순수한
모습으로 되돌아갈 수 없다."[33] "모든 세상 사람이 좋아하는 것은 부
귀·장수·명예다. 그러면서 몸의 안락, 맛있는 음식, 아름다운 옷, 예
쁜 여자, 진귀한 음식 등을 탐닉한다."[34] 그러나 이런 것을 탐하는 사
람들은 '진정한 즐거움'이 있음을 알지 못한다.

"대부분 부자는 자기 몸을 괴롭혀가며 부지런히 일해서 재산을 많이 쌓아놓지만 그 재산을 다 써버리지는 못한다. 이는 잠시의 육신을 위한 것이지 진정한 즐거움에서는 벗어난 짓이다." 「장자·지락」³⁵

잠시의 육신을 위해서라도 부귀는 추구할 만한 것 아닌가. 그런 생각을 가진 무족이라는 사람이 지화에게 묻는다.

"사람이란 누구나 명예와 이익을 좇게 마련입니다. 일단 누가 부유해지면 사람들은 그에게 모이고 고개를 숙입니다. ……사람이 부유하면 온갖 좋은 것, 모든 세력을 누릴 수 있습니다. ……그러니 천하의 어느 누가 부유함을 사양하겠습니까?"

권력·명예·이익을 추구해서 부귀영화를 누리는 게 나쁜 일인가. 몸이 편할 뿐 아니라 마음도 즐겁고 남의 존경을 받는다. 누가 부귀를 사양하겠는가? 이런 질문에 지화는 말한다.

"이익을 추구하는 자들은 늘 부족함을 느낀 채 항상 남과 다투면서도 탐욕이라고 생각하지 않는다. 탐욕스러움이라는 것은 외부 사물로 결정되는 것이 아니라 그것을 찾는 마음의 정도에 따라 판단된다."

결국은 이익 자체가 아니라 그것을 추구하는 사람들의 마음의 태
도가 문제다. 마음의 태도에 따라 탐욕의 정도도 나뉜다는 말이다.
무족이 다시 묻는다.

"그래도 자기 몸을 괴롭히면서 맛있는 것도 먹지 않고 검소하게만
살아간다면 고생하면서 죽지 않는 것과 무엇이 다르겠습니까?"

지화의 대답이다.

"평온하게 균형을 유지하는 것이 행복이고, 분에 넘치는 것은 생명
을 해치는 것이다. 그중에서도 재물을 탐하는 것이 가장 큰 문제다. 풍
악을 즐기며 맛있는 고기와 술을 실컷 먹고 정욕을 채우는 일은 결국
삶을 망가트린다. ……집 안에서는 강도가 들까 두려워하고 밖에서는
도둑을 만나지 않을까 겁을 내며, 집에는 갖가지 방범시설을 해놓고 자
신은 절대 혼자 다니질 못한다. 그러다가 일단 재난이 덮치면 지금까지
쌓아온 재물을 모두 내던지며 단 하루라도 편안히 살고 싶다고 하지만
그때는 이미 불가능한 일이다. 명예나 재물에 얽매여 사는 삶이 어찌 안
타깝지 않겠는가."「장자·도척」[36]

장자가 지화의 말로 전하는 것은 모든 재물과 욕망 앞에 균형과

조화를 유지하라는 것이다. 위의 글을 보면 삶에서 본질적으로 중요한 것이란 무엇인가 하는 문제에 초점이 맞추어져 있다. 끊임없는 욕심으로 분에 넘치는 것을 추구하는 탐욕은 번민·고통·불안을 동반하는 재앙이다. 부귀영화를 부정하는 것이 아니라 그것이 가져올 정신의 황폐화 때문에 그런 것을 탐하는 마음을 부정하는 것이다. 탐욕에 몰두하여 채워진 명예나 재물이란 우물 안의 것이며 보잘것 없는 만족일 뿐이기 때문이다.

"성을 차지하고 백성을 소유했다지만 그것이 얼마나 오래 가겠느냐? 그런 것이 대단하다 한들 천하보다 더 크겠느냐? 요와 순 임금은 천하를 차지했지만 그 자손은 송곳 하나 꽂을 땅도 없고, 탕왕 무왕은 천자가 되었지만 그 자손은 모두 끊어졌다. 이는 이욕을 추구함이 너무 지나쳤기 때문이 아닐까?" _{「장자·도척」}[37]

한 나라의 왕이 되었다지만 장자가 보기에는 이 천지자연의 거대한 흐름 속에서 그것은 작은 성취일 뿐이며 일시적인 것이다. 외부의 것인 명예나 권세와 금력이 성공의 본질이 될 수 없는 까닭은 그것이 변하는 데다가 잠시 주어진 것이기 때문이다.[38] 언젠가 사라질 것이라면 진정한 성공이 아니다. 변하지 않고 사라지지 않는 진정한 성공이란 세속적인 기준의 눈으로는 볼 수가 없는 법이다. 참된 세계를 보는 눈이 없는 보통 사람에게는 그러므로 진정한 성공이 오히려 뭔가 부족한 듯이 보인다.

위의 사례를 들어 장자가 말하려고 하는 것은 세속적 성공을 했다는 것이, 결국 균형과 조화를 추구하는 자연의 이치 앞에서 다른 한편으로는 커다란 상실을 가져온다는 점이다. 사람들은 돈을 벌기 위해 다투고 즐거움을 좇아 기쁘다고 한다. 장자는 가진 것을 누리는 즐거움이나 삶을 부정하지 않는다. 다투고 좇지 않으며 담담하고 고요한, 무위의 참맛을 즐기는 삶을 제시할 따름이다.

우물 안 지식

우물 안의 개구리

사람들은 왜 진정한 즐거움을 모르고 눈앞의 이욕에 빠져 있을까.
공손룡이 위모에게 물었다.

"저는 최고의 지식과 완벽한 언변으로 누구든지 무릎을 꿇게 했습
니다. 그런데 장자의 말을 듣고는 입도 벌리지 못할 정도로 충격을 받았
습니다. 대체 장자라는 사람의 정신세계는 어떤 겁니까?"

그러자 위모가 이렇게 대답한다.

"자네는 저 우물 안의 개구리 이야기를 못 들었나? 그 개구리가 동해에 사는 거북이에게 말했네. 「나는 정말 즐거워. 나는 밖에서는 우물가에서 뛰놀고 안에 들어가면 깨어진 벽돌 끝에서 쉬지. 물 위에 엎드릴 때는 두 겨드랑이를 물에 찰싹 붙인 채 턱을 들고, 진흙을 찰 때는 발이 빠져 발등까지 잠겨버리거든. 장구벌레나 게와 올챙이를 둘러보아도 나만 한 것이 없어. 구덩이 물을 온통 내 멋대로 하며 그 우물 안의 즐거움을 만끽한다는 것, 이게 최고의 즐거움이야. 자네도 이따금 들어와 보는 게 어떨까?」"

개구리에게 우물 안은 안전할 뿐 아니라 최고의 생활환경이다. 거기서 보니 장구벌레나 올챙이 같은 작은 것들이 눈 아래로 보일 수밖에 없다. 좋은 환경에 잘 갖춰놓고 사는 것은 즐거운 일이다. 재물을 남과 견주려 하는 마음은 평범한 사람의 인지상정이다. 또한 자신의 명예나 자식의 영달은 중요한 일이다. 남들이 모두 고개를 숙이고 떠받들면 기쁘지 않을 수 없다. 그러나 장자가 말하려는 것은 우물 안과 바다의 차이가 아니다. 정신세계의 다름이며, 마음의 크기를 비교한다. 대개 우물 안의 개구리를 말할 때 좁은 시야와 부족한 견문을 말하지만, 실제로 우물이란 사람들의 머릿속에 있다. 즉 장자가 벗어나라고 하는 것은 사는 곳이나 환경이 아니라, 작은 지혜나 좁은 생각의 얽매임으로부터다. 정신세계가 작은 사람은 머릿속의 작은 가치나 지식을 가지고 이 세상에 없는 것처럼 여긴다. 그리고는 개구리처럼 그 안에서 '둘러보아도 나만 한 것이 없다'고 자랑한다. 이어지는 다음 이야기를 보자.

"동해의 거북이는 개구리의 말을 듣고 그 우물에 들어가려 했지. 그런데 우물이 너무 비좁아 왼발도 들어가기 전에 오른쪽 무릎이 우물에 꽉 끼어버렸네. 어쩔 수 없이 뒤로 물러선 거북이는 개구리에게 바다 이야기를 해주었다는 거야. 「바다는 천리 거리로도 크기를 표현할 수 없고, 천길 높이로도 깊이를 말할 수 없는 곳이지. 우임금 때는 십 년 동안 아홉 번 홍수가 났지만 물이 불어나지 않았고, 탕왕 때는 팔 년 동안 일곱 번 가뭄이 들었지만 물이 줄어들지도 않았어. 세월이 가도 변하지 않고, 비가 내려도 불거나 줄거나 하지 않는 것, 이것이 동해에 사는 커다란 즐거움이야.」 우물 안의 개구리는 이 말을 듣고 너무 놀란 나머지 얼이 빠져버렸다네." 「장자·추수」[39]

우물이란 자신이 가지고 있는 '머릿속의 세계'다. 우물이 전부가 아닐 것이라고 알고 있는 사람도 그 시야는 우물에서 벗어나지 못한다. 이를 벗어나지 못하는 사람은 바다 같은 '넓은 삶'을 모르고 살다가 죽는다. 다만 우물 안에서 주변의 개구리와 겨룰 뿐이다.

"재주를 겨루면 기분 좋게 시작하지만 나중에는 은근히 경쟁하게 됩니다. 지나치게 되면 계략이 많아집니다. 술을 먹을 때도 예의 있게 시작하지만 마지막에 가서는 늘 난잡해집니다. 지나치면 추한 쾌락을 찾습니다. 모든 일은 이처럼 처음에는 서로 신뢰하지만, 시간이 지나면 사심이 생깁니다."

이것이 우물 같은 관념에 의지해 사는 사람들의 모습이다. 기분 좋게, 예의 바르게 시작하는 것은 관념에 의지한 인위적인 출발이다. 인위적이라는 것은 꾸민 것이고 본질적으로는 거짓이다. 한 꺼풀 벗기면 결국 경쟁과 사심, 난잡함과 쾌락이 상존한다. 그러므로 관념에 의지해 사는 사람들은 그렇게 좋은 시작이 왜 나중에는 어그러지고 마는지 알지 못한다.

"짐승이 죽을 때는 악을 쓰고 호흡도 거칠어집니다. 이렇게 해서 마음에도 병이 생기는 것입니다. 남을 비난하면 상대도 사납게 대응하지만 대개는 서로가 왜 그런지 모릅니다. 그 이유를 모르는데 어떻게 그 다툼에 끝이 있겠습니까!"『장자·인간세』[40]

우물 안의 작은 것을 붙잡고 내가 최고라고 하는 사람은 장자가 보기에 개구리이고 메추라기나 참새일 뿐이다. 재산이나 명예나 권력은 쑥풀에 매달린 작은 열매다. 하늘 저 위로 높고 멀리 나는 붕새는 메추라기나 참새가 탐내는 작은 열매에 관심이 없다. 장자처럼 커다란 정신세계를 가진 사람에게 더 이상 재산이나 명예나 권력 등은 보이지 않는다. 공손룡이 장자를 만나보고 놀란 것은 당연한 일이었다.

황하가 홍수로 범람하자 하백은 기뻐하며 '온 천하의 물이 모두 나에게 모여 있다'고 생각했다. 그리고는 동해에 이르러 바다를 보니 끝없는 물이 펼쳐져 있는 것이 아닌가. 하백은 크게 실망해서 북해약에게 말했다.

"나는 예전에 공자의 지식이나 백이의 절개도 보잘것없다고 여겼습니다. 그런데 이제 나는 당신의 도의 세계에 완전히 압도당하고 말았습니다. 당신을 만나지 않았더라면 도를 깨달은 사람들로부터 비웃음을 샀을 겁니다."

그러자 북해약이 말한다.

"우물 안에 있는 개구리에게는 아무리 바다에 대해 말해도 소용없네. 그것은 그가 살고 있는 좁은 곳에 사로잡혀 있기 때문이지. 여름 벌레에게 겨울의 얼음에 대해 말해도 이해를 못하는 것은 그가 살고 있는 계절에 집착하고 있기 때문이야. 한 가지 재주뿐인 사람에게 진리에 대해 말해도 말이 통하지 않는 것은 그가 배운 지식에 얽매여 있기 때문이네." 「장자·추수」[41]

재산이나 명예, 지식이나 권력을 전부로 알고 있는 사람에게는 아무리 더 넓은 세계를 말해도 이해하지 못한다. 또는 이해하고 싶지 않은 것이다. 장자는 위의 말끝에 차라리 말을 하지 않겠다고 한다. 장자가 말하는 우물이란 개구리처럼 작은 사람들의 머릿속에 있는 '작은 주인'의 소유욕일 뿐이다.

양나라의 재상이었던 혜시는 친구인 장자가 온다는 말을 듣고 긴장했다. 자기보다 커다란 정신세계를 가진 친구에게 재상 자리를 빼앗기지 않을까 염려한 것이다. 혜시는 심지어 장자가 오는 길을 추적하게 했고, 어디에서 묵으며 누구를 만나는지 보고하도록 했다. 그 말을 전해들은 장자는 혜시를 만나자 말한다.

"남쪽에 원추라는 큰 새가 있는데 자네도 알지? 그 새는 남해에서 북해로 날아가는데 오동나무가 아니면 내려와 쉬질 않고 연실 과일이 아니면 먹지를 않으며 달기로 유명한 예천 샘물이 아니면 마시질 않는 다네. 그런데 한 올빼미가 썩은 쥐를 한 마리 물고 날아가다가 원추를 보고 그만 쥐를 빼앗길까 봐 '혁' 하고 놀랐다네. 자네도 양나라 재상 자리를 빼앗길까 봐 '혁' 하고 놀랐다는데 그게 사실인가?" 『장자·추수』[42]

장자가 보기에 혜시가 차지하고 있는 재상 자리는 썩은 쥐에 불과할 뿐이다. 장자는 전혀 관심 없지만 그것에 집착하고 있는 혜시로서는 누군가에게 빼앗길까 봐 불안하기만 하다. 권력과 명예와 재산, 많은 것을 소유하고 누릴 수 있는 재상 자리는 욕심내는 사람이 없을 수 없다. 그러나 그것을 차지하는 일에 집착하는 사람이 있는가 하면 어떤 사람은 그 재상 자리가 가지고 올 전반적인 것을 통찰한다. 통찰의 시야가 넓고 큰 사람은 눈앞의 이익이 커 보이지 않는다. 예를 들어 어린아이는 장난감을 손에 잡고 놓을 줄 모른다. 어른이 되면 재산이나 명예나 권력을 잡고 손에서 놓을 줄 모른다. 그러나 더욱 커다란 통찰의 눈을 뜨게 되면 지금 붙잡고 있는 것들이 어린아이들의 장난감처럼 여겨질 것이다.

통찰이라는 것은 앞뒤, 좌우의 상황을 전체적으로 보는 눈이며, 시간과 공간을 넘어서 보는 눈이다. 통찰의 눈을 가진 사람은 자기에게 필연적으로 주어질 것이 아니면 탐내지 않는다. 주어지더라도 장자는 그것이 가져올 부정적인 결과를 잘 아는 통찰력이 있었으므로 거부한 것이다. 장자가 만약 재상에 오른다면 심신의 자유가 제한됨은 물론 왕에게 영혼까지 맡기다시피 하게 될 것이다. 장자가 보기에 영혼 없는 역할의 세속적인 지위란 썩은 쥐로 여겨졌던 것이다.

통찰의 눈으로 본 다음과 같은 일화를 장자가 들려준다. 장자는 어느 날 까치를 잡으려고 다가가다가 문득 다음과 같은 장면을 발견한다. 나무에는 매미가 한 마리 앉아 아무것도 모른 채 울고 있었다. 그런데 가만히 보니 그 매미를 잡아먹으려고 기회를 노리고 있는 사마귀가 보였다. 또 그 뒤에는 사마귀를 잡아먹으려고 노리는 까치가 있었고, 그 뒤에는 까치를 잡으려고 활시위를 당기는 장자 자신이 있는 게 아닌가. 장자는 여기서 모든 사물의 이익과 손해라는 것은 서로 연결되어 있음을 깨닫는다. 그러나 각각의 동물들은 눈앞의 먹이에 정신이 팔려 자기 자신이 어떤 상황에 처해 있는지 모른다. 장자 역시 까치를 노리고 있었지만 위의 모든 동물이 눈앞의 이익에 빠져 있는 것을 보고는 자신도 자연의 섭리를 잠시 잊고 있었음을 부끄러워한다.[43] 사실 까치를 잡으려고 하는 장자 역시 자연의 섭리인 죽음에게 언젠가 잡혀갈 것인 까닭이다. 통찰이란 넓고 깊게 보는 눈, 멀고 크게 보는 눈이다. 그런 눈이 있었다면 제선왕이 소 대신 양을 죽게 하지 않았을 것이며, 선비가 꿩을 살린다고 구렁이를 죽이지 않았을 것이다.

세상의 거짓 군자

위에서 말한 것처럼 우물은 머릿속에 있다. 지식도 하나의 '우물'이다. 이것에 지나치게 몰두하는 사람은 자유로운 정신세계의 바다를 모른다. 『성경』의 바리새인들이나 동양의 도학자들이 형식과 문자에 매여 있었던 것처럼 어쩌면 그런 사람들이 성실한 사람으로 보일지도 모른다. 동진 시기의 시인 도연명은 옛글을 공부할 때 '나는 책 읽기를 좋아하지만 지나친 해석에 매달리진 않는다. 매번 마음에 깨닫는 바가 있으면 밥 먹는 것을 잃어버릴 뿐이다'[44]라면서 지나치게 문자에 매달리는 오류를 경계했다.

　작은 지식에 의지해서 그것이 전부인 양 철칙으로 믿고 나름대로 성실히 사는 머릿속만 어진 사람들은 공자나 맹자도 부정했다. 일부 사람들의 신망을 받는 사람을 『논어』에서 '향원鄕原'이라 한다. 이들은 일부의 신망을 받기는 하지만 사실은 주변에 영합하여 세속의 작은 명예나 이욕을 꾀하는 표면상의 군자다. 겉보기에는 모범적 선지자인 듯 보이지만 사실은 위선적 지식인이며, 자신이 자신을 속이며 살면서도 그것을 깨닫지 못하는 거짓 선생이다. 이런 사람들은 항상 그럴싸한 논리와 지식을 바탕으로 사회가 요구하는 명분이나 구호를 들고 남들 앞에 선다. 예를 들면 진보니 보수니 하는 명분을 내세워 남들이 바라는 작은 기준에 영합하지만 진정 커다란 이상의 구현은 회피한다. 그러므로 그 본질적 지향점은 늘 자신의 명예나 이욕을 향해 있다. '향원'을 공자는 '덕을 훔치는 도둑'이라고까지 말했다.[45] 왜 공자가 그렇게 비난했는지 묻는 만장에게 맹자는 이를 좀 더 자세하게 설명한다. 향원은,

"지적하려 해도 지적할 게 없어서 정말 아무 잘못도 없어 보이지만, 실제로는 세속의 흐름에 맞추고 혼탁한 세상에 영합하는 자들이다. 처신하는 걸 보면 성실하고 믿음이 있는 듯 보이고, 언행을 보면 상당히 깨끗한 듯 보인다. 사람들은 모두 그를 좋아하고 그 사람 자신도 정의롭고 잘났다고 생각한다. 그러나 그런 사람은 결코 요순 임금의 자연스런 덕과는 전혀 다르다. 그래서 덕의 도둑이라고 하는 것이다." 「맹자·진심」[46]

맹자가 말하는 향원을 요즘의 경우로 비유하면 자신의 '훌륭한' 생각에 의지해 남 보이게 모범적인 생활을 하는 사람이다. 동료나 이웃들에게 대단히 점잖고 예의 바르며, 종교 모임에 가서는 큰 소리로 기도하고 각종 활동에 모범을 보인다. 그러나 그런 '주변의 눈'

이 없는 곳에서는 대단히 이기적이며 부도덕하다. 그동안 자기 생각 속의 '훌륭한' 언행은 모두 주변의 눈에 맞춰진 것이었던 까닭이다. 그들은 따르는 일부 사람들과 무리를 이루고 자기 자신도 세상에서 성공한 사람이라고 믿는다. 또한 세상살이에 필요한 많은 '지식'을 갖고 있다. 그 '지식'이란 단지 자신의 영달과 남에게 보여주는 일에 필요할 뿐이다. 이런 '지식'을 가진 사람은 주변으로부터 아는 게 많고 사리 분간을 잘한다고 인정을 받는다. 그것이 '향원'의 지식이다. 장자 역시 작은 지식과 작은 덕행의 부정적인 면을 말한다.

> 예전의 지식인은 말재주로 지식을 뽐내지 않았고, 지식으로 세상 풍속과 개인의 품성을 망가트리지 않았다. 큰 모습으로 세상에 처하며 자신의 참된 모습으로 살 뿐, 더 무엇을 하겠는가. 진리에 따르되 작은 행위를 하지 않고, 품성에 따르되 작은 지식을 쓰지 않았다. 작은 지식은 덕성을 손상시키고 작은 행위는 진리를 망친다. 「장자·선성」[47]

작은 지식이란 세상에 영합하고 세태를 추종하는 지식이다. 진정 깊은 의미보다는 표면적이고 지엽적인 지식이다. 남이 모르는 것을 많이 아는 것 같지만 결과적으로는 자기를 내세우려는 명예나 작은 이익을 꾀하는 재주꾼의 지식이다. 이런 것으로는 오히려 인간 본연의 참된 성품을 왜곡시킬 뿐이다. 작은 행위란 인위적이고 의도적인 일이다. 얼핏 보아서는 좋은 일이며 선행 같지만 크고 멀리 보아서는 해서는 안 될 일이다. 이런 행위의 결과는 개인이나 일부 사람의 이익과 명예를 추구하는 것이므로 궁극적으로 질서와 이치를 파괴한다. 개발이나 개선이라는 명분하에 일부의 이익을 도모하는 것은 거짓일 뿐이다. 또 눈에 띄게 하여 어려운 사람에게 금전이나 물품을 건네주는 것은 좋은 일로 보인다. 그러나 장자가 보기에 이는 거짓 군자이거나 여린 감정이 작용한 시골 아녀자의 선행이다. 그러므로 장자는 이 말끝에 자기 '자신을 바르게 하는 일'만이 중요하다고 한다. 자기 본래의 참된 품성을 온전하게 하는 것이 바로 세상살이의 진정한 길이라는 말이다.

앞에서 예를 든 것처럼, 문상을 가서 보니 친구의 주검 앞에서 노래를 부르는 사람들이 있었다. 이를 이해하지 못한 자공이 공자에게 그런 예절도 모르는 '이상한 사람들'이 있다고 하자, 공자는 그들이 세속의 굴레를 벗어나서 사는 사람들이라고 하면서 다음과 같이 말한다.

"하늘에서의 소인은 세상에서는 군자이고 세상에서의 군자는 하늘에 가면 소인이다." 「장자·대종사」[48]

세상에서의 군자는 왜 하늘에 가면 소인인가. 깊은 진리의 세계를 알지 못하고 눈앞의 것을 추구하는 사람들은 세상에서 인정하는 지식인이다. 그들은 세상살이의 작은 예절, 작은 정의 등을 대단한 것으로 여기고 나선다. 이런 거짓 지식인에 대한 장자의 질타는 세속에서 좋다 싫다 하는 기준과 진정한 선악의 기준은 다르다는 것을 전제로 한다. 공자, 맹자에게는 '사랑'과 '정의'라는 개념을 기준으로 군자와 소인의 기준이 설정되어 있지만 장자가 볼 때 '사랑'과 '정의'의 개념 역시 우물 안의 도덕이다.

'장보'라는 고급 모자를 잘 만드는 송나라 사람이 그걸 밑천으로 월나라에 가서 장사를 하려고 했다. 그런데 월나라 사람은 모두 머리를 짧게 깎고 문신을 하고 있어서 모자가 소용이 없었다.

요임금은 나라의 백성을 잘 다스려 안정시키고 난 뒤 막고야 산으로 가서 네 명의 신선을 만났다. 그 뒤 분수 강가에 있는 자신의 도읍으로 돌아와서는 멍하니 얼이 빠져 자기가 다스리는 나라를 잊고 말았다.
「장자·소요유」[49]

송나라 사람은 고급 관모인 장보가 모자 중의 명품이므로 어디서나 귀한 값을 받을 것이라고 여기지만 다른 지역에서는 사람들이 아예 모자 없이도 잘 살고 있다. 여기서 장자가 우화로 비유한 '장보'란 바로 유가에서 절대적인 것으로만 알고 있는 도덕적 가치들이다. 대단히 고귀한 것이라고 강조하지만 이곳의 훌륭한 가치가 어느 다른 지역에서는 전혀 필요가 없는 것일 수도 있다. 예를 들어 상하 관계가 지극히 화목하고 조화로운 조직 내에서 누군가 '충성'을 강조한다면 그것은 필요 없는 일일뿐 아니라 거의 '반역'과 다름없는 잘못이다. 시대와 사회가 크게 변했음에도 불구하고 과거의 정치적 신념을 붙들고 외치며 그것을 '애국'이라고 한다면 그것은 '아집'일 뿐이다.

　사람들이 주관적으로 집착하는 가치란 언제나 상대적이다. 근현대 많은 지식인들은 공산혁명의 사회주의를 가장 훌륭한 국가 경제와 정치의 모델로 인식하고 있었으나, 불과 백 년이 지나지 않아 그런 모델이 일시적이고 한정적인 것이었음을 인정하지 않을 수 없었을 것이다. 그런데도 그것이 절대적인 것이라고 믿고 목숨을 바치며 사라져간 사람들은 저 장보 모자를 팔러 간 송나라 사람과 다름없다. 일정 시기, 일정 지역의 필연적인 과정이었다고 해도 인간 세상의 어떤 표상적인 가치를 절대적으로 여기는 것은 어리석은 일이다. 그와 마찬가지로 자기가 나라를 가장 잘 다스리고 있다고 믿은 요임금은, 완전히 하늘과 함께하고 있는 신선들을 만나고 돌아오자 인간이 생각하는 '잘 다스리는 일'이라는 게 얼마나 보잘것없는 짓인 줄 깨달은 것이다. 작은 지식이란 인간 세상의 한시적이며 국지적인 도구일 뿐이다.

붕새와 메추라기

장자의 생각에는 우물 안 사람이 그 '우물을 벗어나는 일'이 중요하다. 좋은 사람이니 나쁜 사람이니, 보수니 진보니 하는 구별이란 대개 주관적이고, 옳다 그르다 고집하는 것 역시 편견이 아닐 수 없다. 장자는 "상대가 나쁘다는 것을 좋다고 하고, 상대가 좋다는 것을 나쁘다고 하는 것은 커다란 지혜로 보느니만 못하다"[50]고 한다. 커다란 지혜로 본다는 것은 세속의 기준으로부터 벗어나서 깊고 넓게 보는 눈을 뜨는 일이다. 육신의 눈으로 보는 것을 넘어서서 내면의 눈으로 보는 일이다. 이 눈이 뜨이면 시비선악의 구분에 얽매이는 것에서 벗어날 수 있고, 벗어나면 깊고 멀리 볼 수 있다.

붕새는 남쪽 바다로 날아갈 때 파도를 일으키기를 삼천 리, 회오리바람을 타고 하늘 높이 오르기를 구만 리, 그런 뒤에야 유월의 대풍을 타고 남쪽으로 날아간다. 「장자·소요유」[51]

그러자 매미와 참새는 붕새를 비웃는다. 작은 나뭇가지에서 살며 자족하는 일로도 넉넉한 매미나 참새란 작은 기준들을 세워서 다투는 유가와 묵가의 무리들이다. 인간이 설정한 많고 적음, 길고 짧음은 한때 한 곳의 기준이다. 장자에게 있어서 상대적인 현상세계에 얽매여 있는 인간이 그 옳고 그름을 따지는 일은 명예·부귀·권세가 모두 그런 것처럼 관념이 빚어낸 세계의 속박이다. 편중된 생각이나 관념일수록 묶이게 되고, 묶이면 묶일수록 사람들은 이 속박 속에서 안도감을 느낀다. 그 속에서 안주하는 만족이란 멀리 날아가려고 높이 올라가는 붕새의 모습이 이해되지 않는 메추라기의 지족이다. 혹은 이해가 되더라도 그렇게 어렵게 살고 싶어 하지 않은 채 작은 지식을 즐기며 눈앞의 소유를 채우려 한다.

메추라기가 붕새를 비웃으며 말한다. 「저 새는 도대체 어딜 가는 건가. 난 힘껏 날아도 불과 몇 길도 못 오르고 내려와 쑥풀 사이를 날아다니는데. 이것도 대단히 날아오른 셈인데 저 새는 어딜 가려고 하는 걸까.」 이를 두고 작은 것과 큰 것의 차이라고 한다. 「장자·소요유」[52]

붕새와 메추라기는 정신세계가 다르다. 그러므로 지향하는 목적도 목적의 지향도 다르다. 메추라기는 숲이라는 '우물'에 갇혀 산다. 숲에 눈이 가려진 그에게 하늘을 나는 붕새가 오히려 어리석을 뿐이다. 메추라기는 대개 이렇게 생각한다. '나는 어느 정도 배운 게 있고 어느 정도는 가진 게 있으며, 어느 정도 지위도 있다. 나는 지족의 즐거움을 안다.' 그러나 이런 생각은 그가 그에게 무엇인가가 '있다'고 여기는 것이다. 사실은 '벼슬이 몸에 붙어 있는 것은 자연스런 본래의 것이 아니고 밖에서 사물이 찾아들어 잠시 머물고 있는 것뿐'[53]이다. 그런 것을 꼭 붙잡고 나의 소유라고 하지만 이는 보잘것없는 우물 안의 '소유'다. 그는 곧 사라질 소유를 가지고 만족해한다. 자기의 것이라고 여기지만 실은 자기의 것이 아니며, 깨어 있다고 여기지만 그것은 꿈이다. 이는 작은 지식의 굴레 안에 안주하는 것이다. 이런 지식 아닌 지식의 소유란 지혜로운 일이 아닐 뿐 아니라 지극히 위험한 일이라고 장자는 말한다. 『장자』에 나오는 장려면의 말이다.

　"저는 노나라 임금에게 이렇게 말했습니다. 「반드시 공손하게 행동하고 공정하게 처리하십시오. 성실한 사람을 발탁하여 사심이 없게 하면 백성은 누구나가 다 유순하게 따를 겁니다」라고요." 계철은 껄껄거리며 크게 웃고는 대답했다. "당신이 한 말 같은 것은 제왕의 덕과 비교하면 마치 사마귀가 팔뚝을 휘둘러 수레에 맞서는 것과 같은 거요." 「장자·천지」[54]

　계철이 볼 때 장려면의 생각은 어린이 교과서 내용 같은 수준이며 우물 안의 지식이다. 제대로 된 제왕이라면 그 덕은 커다란 강물의 흐름과 같다. 그 흐름에 대고 공손한 행동과 공정 성실한 인재 발탁을 요구하는 것은 제왕에게 걸음걸이를 가르치려 드는 것과 같다. 작은 기준을 가지고 큰 흐름을 바로잡으려는 것은 사마귀가 수레바퀴에 맞서는 것처럼 가당치 않은 일이다. 작은 지식으로 큰 지혜를 가늠하려는 것은 위험한 일이다. 장려면은 자신의 말이 제왕을 가르칠 만한 훌륭한 충언이라고 여겼을 것이다. 메추라기 같은 정신의 소유자는 작은 지혜로 헤아리고 좁은 시야로 세상과 견준다.

작은 지식과 재주에 얽매여 있으며 그것을 지족이라고 여기는 사람은 이지로서 하늘의 자연을 받아들이려는 사람이다. 달리 말하면 자신의 머리로 세상을 이해하고 자신의 이성만으로 세상을 판단한다. 그런 사람은 무엇을 하면 안 되고 무엇을 하면 되는지는 알지만 그것이 왜 그런지는 알지 못한다. 그러므로 그런 사람은 아무리 총명한 머리를 가지고 있다 해도 상황과 사물이 변하는 것에 부응할 뿐, 내면의 참된 마음을 작동시키지 못한다.

장자의 이런 설명을 보면 사람들이 가지고 있는 지식에 입각한 이성적 판단이라는 것조차 궁극적으로는 나약한 기준이라는 데에 주목할 필요가 있다. 전쟁처럼 극단적인 상황에서는 사람들의 이성이 거의 작동하지 않는다는 것은 많은 심리학 연구가 밝히고 있다.[55] 조직이 필요로 하면 조직원들은 맹목적으로 움직이듯이 '체제의 일원으로 자신의 임무를 다하려는 보통 사람들'의 죄악이란 전쟁터에만 있는 게 아니다.

도척의 부하가 도척에게 물었다.

　"도둑질에도 도가 있습니까?"

도척이 대답했다.

　"어디에 도 없는 곳이 있겠느냐?
　방 안에 무엇이 있는지 잘 알아맞히는 게 지혜聖다.
　침입할 때 앞장서는 것이 용기勇다.
　나올 때 맨 나중에 나오는 게 정의義다.
　도둑질이 잘 될지 안 될지를 아는 게 지식知이다.
　분배를 공평하게 하는 게 어짊仁이다." 『장자·거협』[56]

현실에 충실하다는 것이 때로는 부당한 일에도 '성실'하고 '신의' 있게 임하는 일이 될 수 있다. '최선을 다한다'는 일이 무고한 사람을 더욱 고통스럽게 하는 결과를 만들 수 있다. 욕망은 명분으로 포장되고, 명분은 언제나 지식으로 윤색된다. 지식으로 윤색되었지만 내용은 진정한 선행이 아닌 경우가 허다하다. 심리학 실험이 증명하듯이, 인간의 이런 설정과 그에 관련된 이성은 무력하다 못해 보잘것 없다. 절대적 진리를 추구하기 위해서 인간의 통상적인 관념을 깨야 한다는 것은 불교 선종의 가르침에서도 다름이 없다.

> "제자들아. 너희들이 진리를 깨달으려면 먼저 미혹에 빠지지 마라.
> 마음속이든 마음 밖이든 무엇인가 만나는 것을 모두 죽여라.
> 부처를 만나면 부처를 죽여라.
> 스승을 만나면 스승을 죽여라.
> 성자를 만나면 성자를 죽여라.
> 부모를 만나면 부모를 죽여라.
> 가족을 만나면 가족을 죽여라.
> 그래야 비로소 해탈하여 아무것에도 구애받지 않는 커다란 자유를 얻을 것이다." 「임제록」[57]

부처·스승·성자·부모·가족이란 모두 사랑과 존경의 대상이다. 그런 대상을 죽이라는 것은 육체적인 생명을 죽이라는 게 아니라 내 마음속에 자리 잡고 있는 인식의 허상을 제거하라는 말이다. 이들은 가장 소중한 대상이지만 또한 그렇기 때문에 선입관 속에 매몰되기 쉽다. 선입관 속의 인물은 우리가 살면서, 배우면서 인식으로 인지한 대상이다. 윗글에서 임제는 이렇게 만들어진 '사랑'과 '존경'의 대상을 마음속에서 지우라고 한다. 우리가 어렸을 적 '부모'라고 인지된 내용은 종종 사실과 다르다. 가장 존경하는 사람이 누구냐는 질문에 어린이들은 종종 '부모님'이라고 하는데, 이는 현실 속의 부모님이 아니라 자기 생각 속의 부모님이다. 존경받을 만하다는 객관적 판단에 의한 대답이 아니라 존경하고 싶다는 의지의 표현일 뿐이다. 만약 이런 대답을 부모의 자식 사랑에 대한 응당한 표현이라고 한다면 모든 동물의 모성애 역시 존경받아야 한다. 그러나 그건 존경받을 일이 아니다.

송나라의 태재 탕이 장자에게 부모 자식 간의 사랑에 관해서 물었다. 장자는 "호랑이나 이리에게도 어짊이 있습니다"라고 한다. 탕이 다시 묻는다. "그게 무슨 뜻입니까?" 그러자 장자가 대답한다. "호랑이나 이리도 부모 자식 간에 서로 친합니다. 이것이 어찌 어짊이 아닙니까?" 모든 본능적인 사랑까지 어짊이라고 한다면 짐승들의 그런 모습도 어찌 사랑이 아니겠는가 하는 반문이다. 그것은 진정한 사랑이 아니라 소유의 다른 형태인 본능적인 모습일 뿐이다. 장자는 이런 본능적인 사랑을 넘어서야 한다고 보았다. 이에 탕이 진정한 사랑이 무엇인지 가르쳐달라고 하자 장자는 말한다. "지극한 사랑에는 사랑한다는 표시가 드러나지 않습니다. 진정한 사랑은 (본능적인 사랑보다) 훨씬 높은 경지의 것입니다."[58]

　장자의 이런 관점은 공자의 효에 대한 관점과 크게 다름은 물론이다. 자유가 효에 대해서 묻자 공자는 단순한 부모 부양이란 개나 말을 키우는 것과 같다고 하면서 '공경'이 없다면 뭐가 다르냐고 묻는다.[59] 공자의 이런 가르침은 확실히 훌륭하다. 그러나 장자는 한 걸음 더 나아가 '공경'조차 완전히 녹아들어 공경인지 아닌지 모를 정도로 완벽한 사랑을 요구한다. 설령 좋은 가치라 하더라도 해야 한다고 마음먹고 하는 꾸며지고 지어진 것은 본질이 아니기 때문이다. 부모든 친구든 좋은 사람은 오래될수록 서로 공경할 대상이라는 의식됨이 없다. 세월이 가면서 변함이 없고 서로 한몸처럼 여겨진다. 본질의 것, 내면의 것이 소통하는 까닭이다. '진정한 사랑은 사랑하는 것 같지 않다'고 장자는 말한다. 진정 사랑하게 되면 함께 살아도 있는지 없는지 모르는 까닭이다. 나의 분신처럼 느껴질 뿐, 상대방이 크게 의식되지 않는다. 장자가 말한 대로 좋은 사귐이란 담담한 물의 맛처럼 시원하면서도 질리는 일이 없다.[60]

　어려서는 부모가 존경스러운 줄 알았지만 성년이 되어서 선입관을 버리고 보니 그동안에 알았던 허상의 '부모'가 아닌 참모습의 부모, 순수한 인간으로서의 부모를 보게 된다. 허상의 부모가 절대적이고 완벽해 보였거나 또는 실제와 다르게 각인되어 있었다면, 실상의 부모는 장단점이 교차되어 있는 자연인이며 또 하나의 가련한 생명체다. 그런 부모를 성숙한 눈으로 볼 줄 안다면 부모라는 그들 또한 사랑스럽고도 가여울 뿐인 범속한 인간이다.

위의 법어를 장자의 말로 바꾼다면 다음과 같다.

제자들아, 진리를 깨달으려면 관념의 함정에 빠지지 마라.
마음 안팎에 자리 잡은 그것들을 모두 없애라.
'이것이 사랑이다'라고 자리 잡은 생각을 없애라.
'이것이 정의다'라고 자리 잡은 생각을 없애라.
'이것이 예법이다'라고 자리 잡은 생각을 없애라.
'이것이 지식이다'라고 자리 잡은 생각을 없애라.
'이것이 믿음이다'라고 자리 잡은 생각을 없애라.
그러면 진정 커다란 자유를 얻을 것이다.

본능적인 것, 또는 필요에 의한 것 등 사회의 요구에 맞추어 머릿속에 틀에 박힌 생각을 잔뜩 집어넣고 그걸 최고라고 믿는 사람은 장자가 말하는 매미며 참새다. 이런 사람은 사회가 요구하는 것들을 배운 뒤 그것에 자신을 맞추고 외양을 꾸민다. 주위를 배신하고 범죄를 저지르는 사람이 종종 직장이나 이웃에게 성실한 사람으로 보이는 경우가 있다. 대개는 평범한 직장인으로 살면서 이웃 사람에게는 공손하고 얌전한 모습으로 생활한다. 그것은 참된 모습이 아니라 학습된 대로 연출된 모습이다. 주변에 영합하는 것은 외관상으로는 성실한 모습으로 보인다. 그런 위선적인 사람이 반드시 범죄자 중에만 있는 것이 아니다. 나 자신도 학습된 대로 형성된 껍데기를 뒤집어쓰고 있는 것은 아닌가. 여기서 우리는 임제선사의 말이 무엇을 의미하는지 알 수 있다. '누구를 만나면 누구를 죽여라'라는 말의 참뜻은 결국 '껍데기의 나'가 나타나면 그 '나'를 죽이라는 말이다.

지혜·용기·정의·지식·어짊 등의 가치를 지키는 것은 도둑질에도 적용될 수 있다고 위에서 도척이 말하는 것을 주목해보자. 명분만의 가치란 죄악에서도 사용될 수 있다는 말이다. 괴짜 소리를 듣는 사람이나 반항하고 삐뚤어진 모습을 보이는 사람이 오히려 혼란스런 일이 발생하면 올바른 판단을 보이는 경우가 있다. 그동안에는 사회가 요구하는 껍데기 학습효과에 얽매이기 싫었을 뿐이다. 그 반대로 평소에 모범적인 사람이라고 칭찬받던 사람이 특정한 조건하에서 완전히 실망스런 행동을 하는 경우도 있는데, 이는 그동안에는 학습된 것에 부응했을 뿐이었던 것이다. 사회가 요구하는 것은 학습되는데, 학습된 것이 소화가 안 된 채 오래되면 껍질만 남고 알맹이는 사라진다. 장자는 이런 알맹이 없는 껍데기를 부정했다.

> 지극한 덕이 충만한 세상에서는 사람들이 새나 짐승과 함께 살며 만물과 함께 존재했다. 그러니 어찌 군자와 소인을 따졌겠는가! 무심히 아무 지식도 없어서 본래의 참모습을 떠나지 않았다. 무심히 아무 욕망도 없어서 그야말로 단순하고 소박했다. 단순하고 소박하므로 사람들의 자연스런 본성도 온전했던 것이다. 그러나 지식이 있다는 사람이 나타나 억지로 어짊이라는 인을 행하고 애써서 정의를 펼쳐서 온 천하의 질서가 뒤죽박죽되어버렸다. 「장자·마제」[61]

장자는 껍데기 '지식'의 묶임으로부터 벗어나라고 말한다. 한 지역의 신망을 받으며 작은 지식에 의지해 사는 사람들은 공자나 맹자가 지적하는 '향원'이지만, 장자의 관점으로 보면 관념으로 덩어리진 작은 분별의 가치관을 전부라고 알고 사는 유가나 묵가를 따르는 무리들이야말로 '참새나 메추라기' 같은 '향원'이다. '향원'의 언행은 학습된 것에 적응하고 그것을 이용한다. 또 그것을 전부로 여기며 스스로 구속되고 맹목적으로 추종한다.

유가나 묵가 등은 사랑과 정의를 강조하지만 그러다 보니 군자와 소인을 가르는 분별에 빠져 있다. '사랑'을 지나치게 좋아하면 자연스러운 사랑을 혼란케 하고, '정의'를 지나치게 좋아하면 자연스러운 도리에 어긋나기 쉽다. 이런 좋은 가치들을 자연스러운 그대로 놓아두는 것이 나음에도 불구하고, 지나치게 강조함으로써 오히려 그것을 추구하는 사람들은 수고롭게 되고 따르지 못하는 사람들은 죄인이 되게 만든다. 그런 까닭에 유가와 묵가가 보는 세상에는 그런 기준에서 벗어나는 '소인'이 많을 수밖에 없다. 그러므로 장자가 보기에 유가나 묵가는 이처럼 '어짊과 정의라는 것의 죄인들' 사이에서 기세를 부리게 된 것이다.[62]

이것이 옳고 저것이 그르다고 하는 지극히 주관적인 거짓 분별의 가치야말로 저버려야 할 것이다. '사랑과 정의'는 천연의 것이지만 사람들이 선과 악을 재단하듯 사랑과 정의라는 기치를 들고 군자와 소인을 구분함으로써 좋다 나쁘다, 거짓이다 사실이다, 서로 헐뜯게 되었다.

숙과 홀이 혼돈으로부터 융숭한 대접을 받았다. 그 은혜에 보답하려고 생각하던 숙과 홀이 혼돈을 두고 말했다. 「사람에게는 일곱 구멍이 있기 때문에 보고 듣고 먹고 숨 쉴 수 있다. 하지만 혼돈에게는 구멍이 없으니 그에게 구멍을 뚫어주자.」 그리고는 그에게 하루에 하나씩 구멍을 뚫어주었다. 그렇게 칠 일이 되자 혼돈은 죽고 말았다. 「장자·응제왕」[63]

　혼돈이란 장자의 말에 따르면 "그 내면의 맑은 마음을 가지고 자연의 소박한 모습으로 돌아가서, 참된 본성을 회복하고 순수한 정신을 품은 체 속세에 살고 있는 사람"[64]이다. 보통 사람들은 감관에 의지한 분별을 한다. 그러나 참사람인 혼돈은 분별이 없기 때문에 비로소 그 생명이 유지된다. 혼돈은 작은 세속적 분별심 없이 커다란 지혜만으로 영원히 살 수 있었음에도, 분별의 지혜라는 과일을 먹은 아담과 하와가 에덴동산에서 추방되었던 것처럼 선악의 분별이 곧 지혜라고 여긴 사람들에 의해 죽었다. 장자가 보기에 공자와 그의 제자들이야말로 분별을 지혜라고 여긴 사람들이었다.

작은 쓸모

공자의 작은 쓸모

공자가 초나라에 갔다. 그 나라의 접여라는 사람이 공자가 머문 집
앞에서 노래했다.

"봉황이여! 봉황이여! / 참모습 다 퇴색했네. / 기대할 앞날 없고, /
되돌릴 옛날 없네. / ……그만두게! 그만두게! / 윤리 도덕 가르침을. /
위태롭네! 위태롭네! / 금을 긋고 달리는 일."『장자·인간세』[65]

사랑이니 정의니 하는 개념을 강조함, 도덕이니 윤리니 하는 가치를 추구함, 이는 마치 땅에 금을 긋고 달리는 것과 다름이 없다. 그것은 자신에게나 남에게 피동을 요구하는 것이다. 장자는 땅에 금을 긋지 않아도 저절로 지켜지는 법도와 순수함을 요구한다. 사실 이는 공자 역시 간절하게 바라던 것이다. 『논어』를 보면 공자의 고민을 읽을 수 있다.

장저와 걸익이 밭을 갈고 있는데 공자 제자들이 지나가다 길을 물었다. 두 사람이 공자를 가리키며 누구냐고 묻는다. 공자라고 제자들이 답하자 이들은 말한다.

"도도히 흘러가는 것이 세상이네. 누가 과연 그런 세상을 바꿀 수 있겠는가. 자네들은 세속적인 사람을 피하는 공자를 따르느니, 차라리 세속을 떠난 사람을 따르는 게 나을 것일세."

공자는 더러움에 물든 정치를 떠나 숭고한 뜻을 품고 제자를 가르치는 사람이다. 그러나 이들 장저와 걸익은 더러움이나 숭고함 모두를 버리고 아예 세속을 떠난 사람들이다. 이 두 사람은 공자의 제자들이 묻는 나루터 가는 길도 가르쳐주지 않고 하던 밭일을 멈추지 않았다. 공자는 제자들로부터 그 말을 듣고 탄식하며 말한다.

"사람이 새나 짐승과는 함께할 수가 없다. 우리가 세상 사람들 아니면 누구와 함께하겠는가. 천하에 도가 행해진다면 나도 구태여 세상을 바로잡으려고 하지 않을 것이다." 「논어·미자」[66]

참으로 절절한 고백이다. 공자는 질서가 지켜지고 인의가 실현되는 세상을 동경했다. 평범한 사람들이야말로 공자가 선망하고 함께하고 싶은 사람들이었다. 공자는 혼란과 무질서의 나라를 보면서 세상을 바르게 하려고 노력하지 않을 수 없었다. 그러나 그런 공자는 이들에게뿐만 아니라 은둔한 자들에게 비웃음을 받는다. 이어지는 대목에서 공자는 "육체적 노력도 하지 않고, 곡식의 종류조차 분간하지 못한다"고 모욕을 당한다. 그러나 그의 세상과 사람에 대한 사랑은 그를 현실로부터 등지지 못하도록 했다. 또한 바로 그 점 때문에 장자에 의해서 비판받는다. 장자의 관점으로 보면 공자는 세상 사람들을 일깨워 옳고 그름으로 바로잡겠다는 하나의 주관적 신념에 집착하고 있다. 사람들로 하여금 '소인'이 아닌 '군자'가 되기를 바라는 것은 마치 들짐승들이 서로 잡아먹지 않고 착하게 살아야 한다고 보는 것처럼 비현실적이다. 소인과 군자, 못난 사람과 잘난 사람. 장자는 이런 상대적인 관점을 넘어서서 본질적인 삶의 모습을 말한다.

노나라의 애공이 안합에게 물었다.

"내가 공자에게 정사를 맡긴다면 나라가 잘 다스려질까요?"

안합이 대답한다.

"그건 참 위험한 일입니다. 공자는 아름다운 깃털에 불필요한 채색을 하듯이 어짊과 정의 따위의 화려한 말을 늘어놓고 있습니다. 사소한 일을 중요한 것으로 삼고 사람의 본성을 속여서 백성에게 보입니다. 그러면서도 이미 참된 본성의 실질을 잃고 있음을 알지 못합니다. 공연히 정신을 지치게 하는 시비에 사로잡혀 있으니 어찌 백성 위에 설 수 있겠습니까?"「장자·열어구」[67]

공자는 소인이 많은 세상을 군자가 많은 세상으로 바꾸고 싶었다. 그러면서도 그 자신은 '도'를 깨닫는 삶을 추구했다. "아침에 도를 깨달으면 저녁에 죽어도 여한이 없겠다"[68]는 가슴 깊은 공자의 외침은 장자가 보기에 거의 가능성이 없는 셈이다. 그가 듣고 싶은 '도'는 인간 세상의 질서를 벗어나지 못하는 범주의 것이었다. 비유를 하자면 공자는 많은 개구리들이 살고 있는 우물 안에서 그들과 함께하면서 올바르게 살도록 가르치며 노력했다. 그러나 장자는 아무리 우물에서 잘 가르쳐도 아무도 진리를 보지 못한다고 보았다. 장자는 공자와 그를 따르는 사람들이 제발 '관념'의 우물을 나오기를 바랐다.

원래 '도를 깨닫는다'는 것은 자연의 섭리를 이해한다는 것뿐 아니라, 그 섭리를 자신의 현실적 삶과 일체화시킨다는 뜻이다. 주목할 만한 것은 『논어』에 도가에서 중시하는 어휘인 '진真'이나 '자연自然'이라는 어휘가 단 한 번도 나오지 않는다는 점이다. 『논어』에 나오는 도의 개념은 모두 자연의 섭리보다는 '효도'·'충성'·'어짊'·'공경'·'자애'·'정의'·'믿음'·'예법'·'지식' 등 인간 세상의 윤리와 도덕적 가치다. 공자가 중시한 이런 가치는 세상 사람들 삶의 도덕적 기준을 가장 잘 정제한 개념이다. 즉 공자가 저녁에 죽어도 좋다고 말한 도란 '깨닫는다'의 의미보다는 이런 숭고한 기준이 잘 실현되는 세상의 소식을 듣는 것이다. 그러나 안타깝게도 공자의 도는 우물 안에서의 질서를 강조한 한정적인 것이다. 장자가 비유한 우물 안의 개구리란 바로 이런 한정적인 가치를 전부라고 알고 있는 사람들에 대한 통렬한 풍자다. 『장자』에서는 공자가 놀림감이 되고 있기는 하지만 공자 역시 우물 안의 삶 나름대로 '도'를 추구하기 위해서 평생을 노력했다. 나중에 공자가 말한 것은 그가 추구한 내적인 경지의 완성이다.

"나는 나이 칠십이 되자 마음 내키는 대로 해도 세상의 법도에 벗어나는 일이 없었다." 『논어·위정』[69]

물론 '마음 내키는 대로 한다'는 것은 아무렇게나 한다는 말이 아니다. 어떻게 언행을 해도 사회가 요구하는 기준과 인류의 법도에 어긋나는 일이 없다는 말이다. 사회적 규범을 의식하고 피동적으로 움직이는 것이 아니라 이제는 그런 삶의 도덕적 기준에 자신의 삶이 자연스럽게 일치되었다는 의미다. 나이가 사십이 되자 어떤 외부의 유혹에도 흔들림이 없었고, 오십이 되어 천명을 알았으며, 육십에 이르러서야 보고 듣는 게 모두 순리로웠다는 말은 참으로 인간적인 고백이다. 달리 말하면 이는 사실 착실하게 사는 평범한 사람들의 고백과 크게 다를 게 없다. 장자가 보기에 공자는 하늘과 땅과 바다라는 넓은 세상의 흐름을 알지 못한 채 단지 우물 안의 이상적 삶의 지혜를 터득한 것일 뿐이다. 장자의 눈으로 보면 공자는 일정한 조건하에서 일정한 수준을 갖추고 일정한 가르침을 편 훌륭한 '소시민적 교사'였다.

공자는 우물 안에서 쓸모 있는 삶을 추구했다. 그 쓸모 있는 사람이란 바로 '군자'였다. 『논어』에 '군자'를 말한 부분이 백여 차례 나오지만 모두 '소인'과 대립되는 개념으로 쓰였다. 성내지 않고 이익을 구하지 않으며, 착하고 의로움, 효도와 자애로움에 힘쓰는 사람이다. 이는 모두 사회가 요구하는 이상적인 사람이다. 그러나 '군자'란 '못난 사람'인 '소인'을 부정하는 전제의 것이다. 공자는 쓸모 있는 사람의 쓰임만 인정할 뿐, 쓸모없는 사람의 쓰임을 모른다. 소인은 공자가 보기에 아무짝에도 쓸모없는 사람이지만 장자의 관점으로는 군자가 쓸모 있다면 소인도 쓸모없을 리 없다. 그러므로 장자는 군자니 소인이니 하는 편 가르기를 부정한다. 『장자』가 전하는 무약의 말을 들어보자.

> 소인은 재물에 죽고 살며, 군자는 명분에 죽고 산다. 추구하는 것은 비록 다르지만 둘 다 자기 본래의 덕성을 망가트리는 일이다. 그러므로 해야 할 일을 안 하고 하지 말아야 할 일을 한다는 점에서는 똑같다. 『장자·도척』[70]

장자의 생각으로는 소인이 추구하는 이익과 군자가 추구하는 명분이란 결코 다른 게 아니다. 이 모두 사람들이 욕망하는 외부의 것이다. 장자가 주목하고 있는 것은 하늘이 준 본래의 덕성이며 자연스러운 내면의 그 어떤 것이다. 그러므로 그가 말하는 '해야 할 일'이란 하늘이 사람에게 준 자연의 맑고 밝은 품성을 잘 보호하고 키우는 일이다. 그러니 세상에서 사랑이니 정의니 하는 것들을 추구하는 소위 군자라고 하는 사람들은 앞에서 말한 대로 하늘에서 보면 소인들이다.[71] 어짊과 정의라는 명분을 위해 목숨을 가벼이 여기는 자들을 군자라 하고 재물을 위해 목숨을 바치면 소인이라고 하는데, 목숨을 바치고 천부의 성품을 저버린 행위는 도둑의 왕 도척이나 지조의 대명사인 백이가 다를 게 없다. 장자는 그러니 어째서 군자와 소인이라는 구별을 하느냐고 묻는다.[72]

장자가 추구하는 세상의 쓰임은 군자니 소인이니 하는 구별을 바탕으로 하는 것이 아니라, 하늘이 부여한 대로의 자연스러운 쓰임이며 커다란 쓰임이다. 세속적이며 일상적인 기준을 넘어서면서도 자연의 이치에 어긋남이 없는 쓰임이다.

헛된 명분

외부의 기준이 아니라 마음속 마음을 따르라

본질적인 것을 찾기 위해서는 위에서 논의한 것처럼 "꿈에서 깨는 일"이 필요하다. 그 필요에 대한 해답을 찾아가기 전에 인위적이고 세속적으로 정형화된 기준이 얼마나 위험한지 다시 한 번 되짚어볼 필요가 있다. 이런 장자의 관점을 잘 설명한 것은 다음의 『초사』에 나오는 굴원의 이야기다.

중국 초나라의 귀족이자 시인인 굴원이 왕으로부터 추방당한 뒤

창랑 강가에서 괴로움에 번민하고 있었다. 배를 저으며 지나가던 어부가 그 까닭을 물으니 굴원은 말한다.

"온 세상이 더러운데 나만 홀로 깨끗하고, 온 세상이 다 취했는데 나만 홀로 깨어 있다가 세상으로부터 버림받았기 때문입니다."

그러자 어부는 말한다.

"깨달은 사람은 세상의 흐름을 거역하지 않습니다. 세상이 더러우면 나도 그에 따라 흙탕물을 일으키고 남이 취하면 나는 그 술 찌꺼기라도 먹습니다. 어째서 고고한 모습으로 세상과 대립을 하고는 쫓겨납니까?"

굴원이 대답한다.

"새로 머리를 감은 사람은 모자를 털어 쓰고, 새로 몸을 씻은 사람은 옷을 털어 입는다고 했습니다. 정결한 제가 어찌 세속의 더러움에 물들겠습니까?"

위의 말을 들어보면 굴원의 머릿속에서 다른 사람은 더럽고 자신은 깨끗하다는 생각이 지워질 리 없다. 지나친 결벽이 오히려 죄악임을 그는 알지 못했다. 굴원에게 '깨끗함'은 이상이었고 정의였다. 깨끗함인 정의 쪽에 서 있는 한 더러움인 '불의'는 용납될 수 없는 일이다.

사실 남을 부정하거나 해치는 행동은 더러움을 부정하는 '깨끗함', '정의로움'의 다른 표현이다. 편협한 사람이 남을 비난하거나 공격적인 언행을 보이는 것은 그 때문이다. 이익의 문제가 아닌데도 갈등과 다툼에 빠지는 것은 편협한 어떤 껍데기나 명분에 생각이 얽매인 까닭이다.

마침내 굴원은 세상과의 불화를 견디지 못하고 강물에 투신자살한다. 이 책의 맨 앞에서 도척의 말을 통해서 예를 든 충성과 지조에 목숨을 버린 여섯 명의 사례는 여기서의 굴원의 경우와 다름이 없다. 충성이니 지조니 하는 것 모두 스스로 들어가 묶인 굴레였다. 굴원의 위와 같은 대답을 들은 어부는 그의 곁을 떠나면서 이렇게 노래한다.

"창랑의 물 맑으면 갓끈을 씻고 / 창랑의 물 흐리면 발을 씻으리!"
『초사·어부』[73]

역대의 많은 학자들은 충성과 지조를 지키며 현실과 싸웠던 굴원의 높은 뜻을 지지하기도 하고, 또 다른 이들은 세상의 변화와 흐름에 적응하며 초연하게 사는 어부의 편을 들기도 했다. 굴원의 편에 서든 어부의 편에 서든, 어부가 전하는 위의 노래를 표면적 의미로만 읽으면 세상의 흐름에 적응하며 초연하게 사는 것이 좋다는 말로 해석할 수 있다. 그러나 그렇게만 본다면 기본적으로 근본을 지키면서 외부의 사물과 조화를 이룬다는 유가적인 관점의 해석이다.[74] 그럴 경우 이 노래는 세상에 질서가 있으면 나아가 세상을 위해 일하고, 세상이 혼탁하면 물러나 자신의 심신을 수양하라는 맹자의 말[75]과 다름이 없기 때문이다. 그러나 그 정도의 것이 어부가 굴원에게 전하고 싶은 의미일까. 『장자』에 나오는 다른 어부의 말을 듣는 것이 이 문제에 대한 좋은 해답이다.

공자가 제자들과 책을 읽고 거문고를 타며 한가로이 시간을 보내고 있었다. 그때 한 어부가 다가와 음악을 듣고는 공자를 가리키며 저 사람이 누구냐고 공자의 제자들에게 묻는다. 제자들은 그가 공자라고 하며 다음과 같이 소개한다.

"우리 선생님 품성은 충성과 믿음으로 가득하고 손수 사랑과 정의를 실천하십니다. 예악을 정비하고 인륜의 법도를 정하십니다. 위로는 임금에게 충성하고 아래로는 백성을 교화하여 천하에 행복을 가져다줍니다. 이것이 그분이 하는 일입니다."[76]

그러자 어부는 자리를 뜨면서 웃으며 대답한다.

"좋은 일은 좋은 일이지만 아마 그 몸은 화를 면치 못할 것이오. 마음을 괴롭히고 몸을 지치게 하여 자기의 참 본성을 잃고 있는 것이지요. 참된 진리에서 너무도 동떨어져 있소."[77]

이 말은 이 어부가 굴원을 만났더라도 똑같이 해주고 싶은 말일 것이다. 공자가 그 말을 듣고 멀리까지 찾아가 그 어부에게 가르침을 청했다. 어부는 사람들이 살면서 저지르는 여러 가지 잘못을 하나하나 열거하며 인위적이고 주관적인 판단에 따른 언행의 문제점을 말한다.[78] 공자는 이해하지 못하는 듯 시름에 차서 다시 묻는다.

"저는 노나라에서 두 번이나 추방되었습니다. 위나라에서는 발자국을 지우며 숨었습니다. 송나라에서는 나를 대신해 나무가 잘렸고 진나라와 채나라 사이에서는 폭도에게 포위당했습니다. 저는 큰 잘못이 없다고 생각하는데 이렇듯 네 번이나 남의 미움을 산 것은 왜일까요?"[79]

어부가 안타까운 듯이 낯빛을 바꾸며 말했다.

"당신은 정말 말귀가 어둡군요. 자기 그림자가 두렵고 발자국이 싫어서 그것들로부터 떨어지려고 달린 자가 있었소. 달리는 횟수가 잦으면 그만큼 발자국이 많아지고 아무리 빨리 달려도 그림자는 몸에서 떨어지지 않았소. 그래서 아직 느리다고 생각하여 더욱 빨리 달리다가 힘이 빠져 죽고 말았소. 그늘에 있으면 그림자가 없어지고 멈추어 있으면 발자국이 생기지 않는다는 걸 몰랐던 거요. 이 얼마나 어리석은 짓이오!"

이 비유는 너무 생생해서 장자가 어부의 입을 빌어 무엇을 말하려는지 분명하게 드러난다. 그림자란 자신이 빛을 추구할 때 생기는 어둠이다. 빛을 추구할수록 어둠이 싫어진다. 발자국이란 자신이 달려가는 길에 생기는 흔적이다. 달려가는 곳에 집착하다 보니 발자국이 싫어진다. 그러나 빛을 추구할수록 그림자와 발자국은 더욱 짙어지고 많아진다. 자신이 '바른 길', '옳은 일'에 집착할수록 구부러지고 나빠진다. 정의와 불의, 옳음과 그름 등의 구분에 집착하다 보면 한쪽으로 치우치게 마련이다. 올바른 것을 추구한다고 한쪽으로만 달리다 보면 결국 극단에 치우쳐 근본적인 것까지도 버리게 된다. 밖을 향해서 달리는 일, 외부의 것에 집착하는 일을 멈추면 오히려 본질을 본다고 장자는 말한다. 그 까닭을 계속 들어보자.

"당신은 사랑이나 정의, 옳고 그름을 정말 잘 구별하오. 해야 할 때와 아닐 때, 주는 일과 받는 일 등을 알맞게 하오. 좋고 싫음의 감정이나 기뻐하고 노여워하는 마음을 잘 조절하오. 그러나 그것만으로는 화를 면하기 어렵소. 심신을 수양하며 당신의 참된 본성眞을 지키시오. 모든 것을 잊고 본래의 자기로 돌아온다면, 심신을 고달프게 할 어떤 일도 없어질 것이오. 지금 당신은 스스로를 수양하지 않고 화를 면할 방법을 밖에서 찾고 있소. 이 역시 잘못된 것 아니겠소!"[80]

공자는 다시 근심 어린 얼굴로 물었다.

"무엇을 참된 본성眞이라고 합니까? 부디 알고 싶습니다."[81]

어부가 대답했다.

"참된 본성이란 가장 진실한 '마음속 마음'이오. 진정 깊은 마음이 없으면 남을 감동시킬 수가 없소. 남의 죽음에 억지로 소리 내어 우는 자는 슬픈 체하여도 슬프게 보이지 않소. 억지로 친한 체하는 자는 웃어도 기쁜 마음이 생기지 않소. 참된 슬픔은 소리도 내지 않지만 정말 슬픈 법이오. 참된 노여움은 겉에 나타나지 않아도 위압을 느끼고, 참된 친근함은 아직 웃기도 전에 기쁜 마음이 생기는 거요. 참된 본성에 따르는 자란 그 본래의 정신이 겉으로 나와 활동한다는 뜻이오. 그래서 참된 본성을 귀중하게 여기오."「장자·어부」[82]

여기서 우리는 장자가 그토록 강조한 수많은 가치들의 '진정한' 것이란 '가장 진실한 마음속 마음精誠之至'이라는 대답을 듣는다. '정성지지精誠之至'의 '지至'는 '지극한'이라는 뜻으로 해석되기도 하지만 역대의 주석가들은 이 한자를 '지忐'로 본다.[83] 이 두 글자는 고대에 서로 같은 의미로 쓰였을 뿐 아니라 의미로도 더욱 합당하기 때문이다.

이런 『장자』의 말에서 우리는 앞에서 논의한 많은 문제의 해답을 얻을 수 있다. 장자가 부정한 것은 진정한 것이 아닌 가치들, 즉 생각과 관념에 매몰된 기준과 명분들이다. '사랑'이나 '정의' 등이 만약 마음속 마음에서 우러나온 것이 아니라 관념으로 자리 잡은 얕은 생각이나, 외부에서 요구하는 것에 피동적이며 기계적으로 반응하는 것이라면 보잘것없는 일이다. 또는 지식으로 받아들여 머리에 남은 찌꺼기란 소용없는 것이다. 장자가 말하는 핵심은 인간의 내면 깊은 곳에 있는 본질적인 어떤 것에서 출발해야 한다는 점이다. 참된 본성에 따라 사는 사람이란 그 본래의 정신인 마음속 마음이 겉으로 나와 활동하는 사람이다. 마음속 마음이 겉의 행동과 일치할

때 그것이 진정한 사랑이요, 진정한 삶이다. 어짊·정의·예법·지식·
믿음 등은 본래 훌륭한 것이다. 그러나 그것이 내 내면의 참된 본성
에 의거하지 않고 외래의 것으로 자리 잡은 관념에 의거해 있다면
보잘것없는 굴레일 뿐이다. 굴원을 죽인 것은 깨끗함과 더러움을 나
누는 '관념'이라는 굴레였다.

저것과 이것이라는 대립을 초월한 절대적인 경지, 이를 '도추'라고 한
다. 도의 핵심이기 때문에 중심에 있으면서 무한한 변화에 대응할 수 있
다. 옳다도 하나의 표현이며, 옳지 않다도 하나의 표현이다. 그러므로 시
비를 따지는 짓은 밝은 지혜로 사느니만 못하다. 『장자·제물론』[84]

장자의 관점으로 보면 '깨끗하다'거나 '더럽다'는 생각을 버려야
한다. '창랑의 물', 즉 세상은 본래 더럽지도 깨끗지도 않은 것이
다. 더럽다거나 깨끗하다는 생각은 순전히 마음의 작용이며, 스스로
더럽다고 여기면 발을 씻으면 될 뿐이다. '깨끗하다'거나 '더럽다'는
생각을 넘어선 사람은 본질적인 깨끗함을 잃지 않는다. 흙탕물이 튀
었거나 술 찌꺼기에 취하더라도 참 정신을 잃는 일이란 없다. 이것
이 어부가 위 노래를 부른 까닭이며, 장자가 말하는 도추에 처한다
는 것, 자연의 섭리와 함께한다는 것이다. 위 글에서 굴원이 자신의
생각에 묶여 스스로를 고통에 몰아넣는 까닭은 자신의 기존의 기준

인 더럽다, 깨끗하다는 생각에 묶여 있기 때문이다. '도추'란 진리의 중추다. 내 마음속의 참된 나이고, 자연의 본질적인 모습이며 껍데기가 아닌 핵심이다. 장자가 말한 '참된 본성'은 이를 두고 하는 말이다. 관념의 껍데기를 벗어던지고 상대적인 관점에 얽매임 없는 참된 본성을 장자는 진재眞宰, 즉 참된 주재자라고 한다.[85] 참된 주재자는 인간 내면의 맑은 영혼이 회복된 모습이다. 맑은 영혼의 회복이란 내면의 본질적인 자기의 참 자아가 눈을 뜨는 일이다.

이 '마음속 마음'이라는 말의 의미를 이해함으로써 이제야 우리는 저 앞에서 제기한 문제의 해답을 구할 수 있다. 우리는 아버지의 잘못을 고발하는 것이나 숨겨주는 것이나 모두 잘못을 저지를 수밖에 없는 모순을 지적하면서, 그렇다면 그냥 무심히 수수방관하는 것이 좋은지 의문을 제기했었다. 그런 의문의 해답은, 지식에 입각하고 관념에 따른 판단을 멈추는 것이다. 옳고 그름을 따지고, 착하고 악함을 구별하는 일을 그치는 것이다. 그런 멈춤과 그침 속에서 마음속 마음인 맑은 영혼이 회복된다. 그리고 그 맑은 영혼의 울림에 맡긴다. 그러므로 진정한 고발은 (인간 세상의 작은 굴레인 법률에도 맡기지 않고, 자기 머릿속의 틀에 박힌 관념에도 따르지 않음으로써) 고발하지 않는 것이다.

제2부

어떻게
할 것인가

_장자의 해법

제3장

있는 그대로 둠

멋진 불구자들

육신에게는 정신이라는 주인이 있다

『장자』에는 여러 명의 몸이 불편한 사람이 나온다. 왕태·신도가·숙산무지 등은 대부분 형벌을 받아 발뒤꿈치가 잘린 사람들이다. 이들보다 더한 지리소는 태어나면서부터 뇌성마비로 온몸과 사지가 뒤틀어져 있다. 또 인기는 소아마비로 다리를 절고, 지리는 신체가 뒤틀려 있으며, 무신은 엉덩이가 없었다. 옹앙대영은 아주 커다란 혹이 붙어 있는 사람이다. 애태타는 얼굴이 너무 추하게 생긴 사람이었다. 그러나 이들은 고상한 인품이 완전하고 충만했다. 왕태의 경우는 도가 높아 아예 자기가 발 한쪽이 없는 사람인 줄을 모른다. 공자의 제자 상계가 물었다.

"그 왕태라는 분은 형벌로 한쪽 발이 잘린 사람인데 선생님보다 더 훌륭하고 보통 사람들은 감히 비교도 할 수 없다고 합니다. 이런 사람의 정신은 도대체 어떤 경지에 이른 겁니까?"

공자가 대답한다.

"삶과 죽음은 중대한 일이지만 왕태는 전혀 개의치 않고, 하늘과 땅이 꺼져도 전혀 흔들리지 않는다네. 참된 진리와 함께하므로 사물의 변화에 구속되지 않는 것이지. 만물을 변화에 맡겨두면서도 그 자신은 도의 근본을 지키고 있네."

몸은 비록 불구지만 왕태는 삶과 죽음을 머릿속으로만 인정하는 것이 아니라 완전히 가슴속으로 받아들인다. 모든 것이 변한다는 것을 인정하는 것에 그치지 않고 자신도 변화하는 다른 모든 것과 함께한다. 그리고 그 삶의 주체로서 존재한다. 이것이 왕태의 정신세계다. 어떻게 그런 정신을 가지게 됐을까. 공자의 설명이 이어진다.

"다르다고 보면 간과 쓸개도 전혀 다른 것이지만, 같다는 관점으로 보면 만물은 하나이네. 이처럼 하나로 보면 보고 듣는 감각에 의지하는 분별이 없어지네. 마음은 진리와 함께하게 되니, 그런 사람은 만물의 조화를 보며 얻고 잃는 것에는 무감각해지네. 그래서 발이 잘려나갔어도 몸에 붙은 흙이 도로 땅에 떨어진 것처럼 여기는 것이지." 「장자·덕충부」[1]

다르다는 관점으로 보면 발이 있을 때와 없을 때는 다르다. 그러나 같다고 보면 아무것도 다를 게 없다. 다르다는 생각으로 보면 모든 사람이 다 다르지만, 같다고 생각하면 몸이 불편한 사람도 불편한 채로 다 정상이다. 우주 자연의 시각으로 보면 다 온전한 몸이다. 자연의 근원적인 흐름 속에서 형체와 육신이란 모두 정상이 아닌 것이 없다. 형벌을 받아 발이 잘려나갔지만 그것은 내게 떨어져 버릴 것이었으므로 떨어졌을 뿐이다.

역시 노나라에 발뒤꿈치가 잘린 숙산무지라는 사람이 다리를 절뚝거리면서 공자를 찾아갔다. 공자를 찾아가 무언가를 배우려 한 것이다. 그를 만난 공자는 그가 죄를 지어 발이 잘리는 형벌을 받은 일을 나무란다.

"자네는 전에 함부로 처신하다가 죄를 저질러 불구자가 된 걸세. 이

제 나를 찾아왔지만 이미 늦었네."

그러자 숙산무지는 공자가 그저 세간의 기준인 잘잘못 따위만 따지고 남을 가르치려 드는 것에 실망했다. 커다란 정신세계를 가진 사람에게는 육체의 불편함이란 사소한 일이다. 그는 그런 사실을 모르는 공자가 오히려 안타까웠다. 노담을 만난 숙산무지가 그 이야기를 꺼냈다.

"공자라는 이는 깨달음의 경지에 도달하려면 아직 멀었더군요. 그런데도 어째서 자꾸만 제자들을 가르치려 드는 것일까요? 그는 허황된 명성을 얻으려 하지만, 진리를 깨달은 사람은 명성 따위를 속박으로 여기는 줄 모르는 모양이지요."

이에 노담이 말한다.

"삶과 죽음이 하나이고 옳고 그름도 하나라는 사실을 왜 그에게 가르쳐주지 않았나? 왜 그를 고정관념의 얽매임에서 풀어주지 못했나?"

이에 무지가 대답했다.

"그것 역시 하늘이 내린 형벌인데 어찌 풀어줄 수 있겠습니까!"「장자·
덕충부」[2]

삶과 죽음이 하나인 것을 완전히 이해하는 사람은 발목 하나가
잘려나간 것을, 가지고 있던 연장 하나를 내려놓은 것처럼 여긴다.
불편하기는 하겠지만 없다고 해서 크게 문제될 일도 없다. 육신이란
영원 속에서 잠시 사용하는 도구에 불과한 것인 까닭이다. 사지와
육신이라는 것이 소중한 것임에는 틀림없다. 그러나 불가피하게 지
체를 잃었다고 해서 한 사람의 온전한 삶에 무슨 문제가 있겠는가.
이미 늦었다고 말하는 공자는 분명히 육신이라는 '잠시의 것'을 중
시하고 세속의 잘잘못을 가리고 있었다. 발이 하나 없는 숙산무지
가 보기에 공자야말로 생사가 하나의 원리인 줄 모르고 눈에 보이
는 것에만 매달려 사는 '하늘이 내린 형벌'을 받고 있는 사람이다.

발이 잘린 신도가는 정나라의 대신인 자산과 함께 백혼무인의
문하에서 공부하고 있었다. 자산은 불구자와 함께 공부하러 다니는
게 싫었고, 거리를 함께 걷는 게 싫어서 신도가에게 말했다.

"내가 먼저 나가면 자네는 남아 있게. 자네가 나가면 내가 남아 있을
테니."

그러나 그 다음 날 두 사람은 다시 한집에서 만나 함께 앉게 되었다. 그는 신도가에게 다시 말했다.

"내가 먼저 나가면 자네는 남아 있게. 자네가 나가면 내가 남아 있을 테니. 지금 내가 나가려는데, 자네는 남아 있어 주겠나? 아니면 못하겠나? 더군다나 자네는 대신을 보고도 멀찌감치 피하지도 않는군. 자네기 대신과 맞먹겠다는 건가?"

신도가가 대답한다.

"우리 스승님의 문하에 대신이니 아니니 하는 구별이 있었던가? 자네는 대신이라고 해서 남을 깔보는 모양이지만 이런 말이 있네. '거울이 맑은 것은 먼지가 앉지 않아서이고 먼지가 앉으면 흐려지는 법이다. 그러므로 오랫동안 현인과 함께하면 잘못도 없어진다.' 자네는 오랫동안 스승님의 가르침을 받았는데 아직도 그런 소리를 하다니 지나친 것 아닌가?"

자산이 되받아친다.

"자네는 아직도 불구자인 주제에 요임금처럼 훌륭해지겠다고 하는 건가? 자네는 벌로 발을 잘렸으면서 아직도 반성하지 못하나?"

신도가가 대답한다.

"자신의 잘못을 변명하면서 발이 잘리지 않았어야 한다고 말하는 자는 많아도, 자기의 잘못을 변명하지 않고 애초에 발이 있어서는 안 되었다고 하는 이는 적지. 이런 일은 어쩔 수 없었다는 것을 인정하고 그것을 편안히 받아들이며 운명을 따르는 지혜 있는 사람만이 할 수 있네."

발 잘리는 형벌은 피할 수 있었던 일일까? 아니면 불가피한 것이었을까. 신도가는 이쯤에서 하나의 비유를 든다.

"활 쏘는 것의 명수인 후예가 사정거리 안에 있는 것을 쏜다면 백발백중이지. 그런데도 명중시키지 못했다면 그것은 운명일세."

발목 하나가 잘린 일은 그에게 있어서 피할 수 없는 운명이었던 것이다. 그러면서 그는 말을 이어간다.

"세상 사람들은 자기의 두 다리가 멀쩡하니까 내 다리가 불구라면서 비웃는 경우가 많지. 나는 화를 내다가도 선생님 댁에 가면 모두 잊고 돌아온다네. 선생님께서 자신의 인품으로 나의 어리석음을 깨끗이 씻어주시는지도 모르지. 나는 선생님을 십구 년 동안이나 모셨지만, 선생님은 지금까지도 내가 다리 없는 사람인지 모르시네." 『장자·덕충부』[3]

있는 그대로 보고 그걸 온전히 받아들이는 일은 지혜가 충만한 사람에게는 자연스러운 일이다. 앞이 안 보이는 사람, 듣지 못하는 사람, 말을 못하는 사람은 다른 방식으로 보고 듣고 말한다. 육신의 감관이 제 기능을 못하기 때문에 어쩌면 다른 감각기관이 더욱 잘 작용할지도 모른다. 사지 육신의 멀쩡함보다 내면의 정신이 멀쩡한 사람이 오히려 삶의 진리와 지혜를 더 깊이 깨달을 수도 있는 것이다.

불구자인 인기·지리·무신 등과 진리에 관해서 이야기를 나눈 뒤 위나라 영공은 크게 기뻐했다. 그런 뒤로 영공은 몸이 온전한 사람을 보면 목이 가늘어 보였다. 옹앙대영이 제나라 환공에게 덕성에 관해서 말했다. 이에 환공은 크게 기뻐했고, 이후부터는 몸이 정상인 사람을 보면 목이 가늘어 보였다. 『장자·덕충부』[4]

이런 이야기는 비유가 아니라 하나의 좋은 사례다. 신체 불구자이지만 만약 그가 완전할 뿐 아니라 뛰어난 정신의 소유자라면, 그를 만나고 난 뒤 신체는 정상인데 정신적으로 완전하지 못한 사람을 보면 그 외모조차 부실해 보일 것이다. 예를 들어 선천적인 지체 장애자나 사고장애자들 중 일부의 건강한 삶의 모습은 미숙한 사람의 정상적인 지체가 오히려 군더더기로 보일 정도인 것이다. 육체적으로 불편하긴 하지만 그것은 그들이 보여주는 정신세계 그대로 아름다운 자연이다.

위의 이야기에서 왕들이 한 번이라도 그 신체 불구자들과 자연과 인생의 섭리에 관해서 대화를 하면 모두들 기쁨을 느낀 것은 완전히 살아있는 정신의 소유자를 만났기 때문이다. 여기서 장자가 전하고자 하는 것은 불구자가 낫다는 것이 아니라, 육신을 넘어서 자신의 정신을 완전히 활성화시킨 삶을 회복해야 한다는 말이다. 정신을 완전히 활성화시킨 사람이란 앞에서 말한 대로 맑은 영혼의 눈을 뜬 사람이며, 그리하여 '마음속 마음'이 주인이 된 사람이다.

노나라의 애공이 공자에게 물었다.

"위나라에 지독하게 못생긴 사람이 있는데 이름이 애태타입니다. 그와 함께 있게 되면 존경하는 나머지 아무도 떠나지를 못합니다. 한번 보면 남의 아내가 되느니 그의 첩이 되겠다고 부모에게 청하는 여자들이 수십 명도 넘습니다. 그는 앞장서서 뭘 주장하지 않고 언제나 주위의 견해에 따를 뿐입니다. 그는 임금 같은 지위에서 남의 죽음을 구해준 일도 없고, 재산을 모아 남의 배를 채워주지도 않았습니다. 게다가 천하를 놀라게 할 정도로 추악하게 생겼습니다. 그는 남의 입장을 존중할 뿐 자기주장을 내세우지 않습니다. 지식은 세상 사람들의 수준에서 벗어나지 못하지만, 어떠한 시비 다툼도 풀어줍니다. 그걸 보면 그는 필경 일반 사람과는 다릅니다."

외모가 지독하게 못생긴 것 외에도 애태타는 남과 다른 점이 있었다. 누구에게나 겸손하다. 욕심을 부리지 않는다. 굳이 남에게 은혜를 베풀려고 하지도 않는다. 그냥 마음을 '놓고' 무심히 사는 사람이다. 일반 사람과 다른 것은 바로 애태타가 그 무엇도 하려 들지 않는다는 점이다. 애공의 이야기는 이어진다.

"내가 그를 만나보았더니 과연 세상을 놀라게 할 정도로 못생겼습니다. 그렇지만 그와 함께 있은 지 몇 달이 되지도 않아 그의 사람됨에 끌리게 되었습니다. 또 일 년도 못 되어 나는 그를 완전히 신임하게 되었습니다. 마침 나라에 재상 자리가 비어 있어 그에게 맡기려 했습니다. 그는 꺼리는 듯하다가 승낙하기는 했으나 마음에 없는 것 같았습니다. 나는 미안해서 나랏일을 모두 그에게 일임했습니다. 그러자 얼마 안 있어 내 곁을 떠나더군요. 그가 떠나자 나는 허전해서 무언가를 잃은 것 같았습니다. 그는 나라를 다스리는 일에 도무지 흥미가 없었나 봅니다. 그 사람은 대체 어떤 인물입니까?" 「장자·덕충부」[5]

애태타는 무심하기 때문에 내면이 균형과 조화를 이루고 있다. 내면이 균형과 조화를 이루고 있으므로 남들의 어떤 시비 다툼도 그에게 오면 저절로 풀어진다. 그의 정신세계가 완전한 자연무위의 상태이기 때문이다. 애태타에 관한 이런 이야기를 듣고 공자가 대답한다.

"제가 언젠가 초나라에 사신으로 간 일이 있습니다. 마침 그때 새끼 돼지가 죽은 어미돼지의 젖을 빠는 광경을 목격하게 되었습니다. 조금 빨다가 어미돼지의 눈이 움직이지 않는 것을 본 새끼돼지들은 어미를 버리고 달아나더군요. 어미의 눈이 전과 같이 자기를 보아주지 않고 이전의 모습과도 달랐기 때문입니다. 그러하듯 자식이 부모를 사랑하는 것은 부모의 겉모습이 아니라 그 육신의 주인입니다." 「장자·덕충부」[6]

육신의 주인이란 다름 아닌 본질적 정신이다. 이를 장자는 '성명지정性命之情'이라고 한다. '성性'이란 타고난 품성이요, '명命'이란 하늘이 주는 운명이다. '성명지정'이란 한 사물의 내적이고 외적인 특성의 총체를 가리킨다. 인간의 참 성품을 온전히 회복한 사람은 자기 내면의 충만한 지혜로 세상의 변화를 인지한다. 그런 사람에게 육신의 작은 결함은 보잘것없는 것이다.

새끼돼지가 어미돼지를 따르고, 사람이 다른 사람을 사랑하는 것은 그 육신이 아니라 육신 속에 들어 있는 정신이다. 육신은 정신을 담고 있는 그릇이므로 육신의 결함이란 본질적인 것이 아니다.

있는 그대로

있는 그대로 본다는 것은 자연의 이치에 따르는 것

눈앞의 것만을 보고 세간의 기준에 얽매인 사람에게 이런 사람들
이 보여주는 삶의 모습은 이해가 되지 않는다. 사람들은 기존의 자
기 기준에 맞추고 남의 것과 비교한다. 비교하여 자신과 다른 모습
의 사람을 보면 이해하거나 받아들이지 못하는 것이다. 다른 외양
뿐 아니라 다른 성품, 다른 특징을 가진 사람을 얼마나 거부감 없이
받아들이는지는 그 사람의 인품의 크기를 보여준다. 장자는 사람이
든 사물이든 자연 그대로 받아들이라고 말한다. 자연스러운 모습만

추구해야 한다는 게 아니다. 자연스러운 성품도 있는 그대로 놓아둬야 한다. 바로잡겠다거나 올바르게 만들겠다고 하는 것은, 대칭이 아닌 소의 뿔을 '잘못된 것'이라고 하며 대칭이 되게 하려고 뒤트는 것과 다름이 없다.

태어나면서부터 엄지발가락과 검지발가락이 달라붙은 것을 억지로 갈라놓으려 하면 아파서 울 것이고, 육손이의 덧붙은 손가락을 뜯어내면 비명을 지를 것이다. 이 두 가지에서 어떤 것은 남고 어떤 것은 모자라지만 그걸 고치려면 고통스럽기는 마찬가지다. 그런데 지금 세상에 '어질다'는 사람들은 이리저리 세상의 우환을 근심하고 있고, '어질지 못하다'는 사람들은 태어날 때의 자연스러운 모습을 버리고 부귀를 탐하고 있다. 「장자·변무」[7]

태어난 육신 그대로 두면 그것이 정상인이다. 그것을 뜯어 고치면 그것이 비정상인이요, 그것이야말로 불구자다. 어떤 자연스러움도 자연스러움은 아름다운 법이다. 그러므로 올바른 길을 가는 사람은 태어난 그대로의 자연스러운 모습을 잃지 않는다. 그래서 발가락이 붙어 있어도 네 발가락이라고 생각지 않고, 손가락이 더 있어도 육손이라 여기지 않는다.[8]

장자가 말하는 육손이와 네 발가락의 이야기는 몸이 불편한 사람을 두고 하는 말이 아니라 고정관념이 되어버린 생각으로 사람의 정신을 뒤트는 억지를 경계한 것이다. 몸에 병이 나면 고쳐야 하고, 정신적으로 미숙하면 가르쳐서 성숙하게 해야겠지만, 장자는 '남들이 좋다는' 모습으로 '세상에서 좋다는' 인격으로 바꾸는 것을 경계한다.

사람들이 산수 경관을 찾아 좋아하는 것은 그것이 꾸밈이 없기 때문이다. 꾸밈없는 것은 있는 그대로 조화와 균형을 이루고 있으므로 아름답다. 꾸민 것은 본성으로부터도 멀어졌고 자연에서도 멀어졌으므로 아름답지 않다. 사람들이 입에 올리는 '사랑'이니 '정의'니 하는 개념은 꾸민 것이다. 그것은 본질을 담으려고 만든 그릇이지만 그것이 껍데기만의 빈 그릇으로 있거나 기형적인 모습으로 존재한다면 그릇은 버려져야 한다. 잘못된 그릇, 즉 '사랑'과 '정의'라고 지어진 것은 '인간의 자연스러운 참모습이 아니다'라고 하면서 장자는 다음과 같이 말한다.

자연스런 천성에 어짊이니 정의니 하는 것을 갖다 붙이는 자는 비록 증삼이나 사추만큼 인의에 대해 잘 안다고 해도 그것은 내가 말하는 선이 아니다. 그 본성을 갖가지 미각에 결부시키고 있는 자는 비록 유아라는 사람같이 미각에 능통하다 해도, 그것은 내가 말하는 선이 아니다. 그 본성을 갖가지 아름다운 음향에 묶어두고 있는 자는 비록 사광처럼 음감에 통달했다 해도 그것은 내가 말하는 귀 밝음이 아니다.

인의에 관한 한 제일인 학자 증삼과 사추, 맛을 감별하는 데 최고의 달인 유아, 절대 음감을 가진 음악 전문가 사광. 이런 사람들은 대단해 보이기는 하지만 진정한 최고는 아니다. 진정한 최고는 편안하고 고요한 상태로 자신의 감관을 온전히 작동하는 사람이다. 자동차를 운전하는데 현란하고 다채로운 기교를 뽐내는 운전의 기술자가 진정한 달인이 아니다. 진정한 달인이란 자동차와 운전자가 한 몸이 되어 물 흐르듯 자연스럽게 운전하는 사람이다. 장자의 말은 계속된다.

내가 말하는 선이란 세상에서 흔히 말하는 인의가 아니라, 본성의 덕에 순순히 따른다는 것이다. 내가 말하는 선이란 세상에서 흔히 말하는 인의가 아니라, 본래 그대로의 자연스런 성품에 맡긴다는 말이다. 내가 말하는 귀 밝음이란 음악의 형식에 정신을 빼앗기는 것이 아니라 스스로 자연스레 듣는 것이다. 내가 말하는 눈 밝음이란 색깔의 형식에 정신을 빼앗기는 것이 아니라 스스로 자연스레 보는 것이다. 「장자·변무」[10]

장자가 말하는 '본래 그대로의 자연스러운 성품'이란 각자 타고난 내면의 순수한 성품이다. 이는 위에서 말한 장자의 '마음속 마음'과 같은 본래의 순수한 자아인 '참모습'이다.[11] 이것에 모든 것을 맡길 때 귀와 눈뿐 아니라, 인의라는 고귀한 가치가 완연히 살아나는 것이다. 장자는 '본래 그대로의 자연스러운 성품'을 있는 그대로 두라고 한다. 있는 그대로 둠으로써 더욱 맑고 밝게 되기 때문이다. 맑고 밝은 본연의 것이 장자가 말하는 선이다.

당나라 문인 유종원의 유명한 문장은 꼽추의 나무 심는 비법을 비유하여 본래의 성품을 보전하는 것을 잘 설명한다. 등이 굽은 사람인 곽탁타는 누구보다 그가 심는 나무들을 잘 자라게 했다. 그 비결을 묻는 사람들에게 그는 말한다.

"내가 나무를 잘 키우는 것은 나무의 천성을 잘 알고, 나무가 그 본성대로 살게 하기 때문입니다. 나무의 본성이란, 뿌리는 뻗어나가기를 바라고 북돋움은 고르기를 바랍니다. 흙은 본래의 것이기를 바라고 다짐에는 빈틈이 없기를 바랍니다. 그렇게 하고 나면 건드려도 안 되며 걱정해도 안 됩니다. 거길 떠나서 다시 돌아보지 말아야 합니다. 처음에 심을 때는 자식을 돌보듯 하고 심고 나서는 내버린 듯이 합니다. 그러면 그 천성이 온전해지고 그 본성도 살아납니다."

나무가 가지고 있는 본래의 특성에 맞추어 심고 본성에 따라 자라도록 놓아두는 것이 그의 나무 심기 비법이다. 그러나 다른 사람들은 그렇게 하지 않는다. 다음은 다른 사람들이 나무 심는 것을 보고 곽탁타가 하는 말이다.

"그러나 남들은 나무를 심을 때 뿌리를 구부리고 흙은 다른 것으로 바꿉니다. 그것을 북돋울 때는 지나치지 않으면 모자랍니다. 이 반대로 하는 사람은 그것이 아까워 지나치게 보살피고, 걱정하다 보니 지나치게 부지런합니다. 아침에 보고 저녁에 어루만지며, 갔다가도 다시 와서 돌봅니다. 심한 자는 껍질을 긁어서 살았는지 죽었는지 시험해보고 줄기를 흔들어서 잘 심어졌는지 봅니다. 그래서 나무의 본성이 날로 쇠약해지는 것입니다. 말로는 그것을 사랑한다고 하지만 사실은 해치는 것이며, 염려한다고 하지만 사실은 나무와 원수가 되는 것입니다." 유종원
『종수곽탁타전』[12]

사람들은 자기가 좋다고 여기는 것으로 흙을 바꾸고 가지를 비튼다. 자기가 예쁘다고 여기는 모양으로 잘라내고 잡아당긴다. 그렇게 하면 나무는 죽고 만다. 그러나 위 문장의 관점에 따르면 훌륭한 조각가는 재료의 본성을 가장 잘 살리는 사람이다. 그 본성에 자기 영혼의 숨결을 스미게 한다. 뛰어난 연주가란 악기의 특징을 가장 잘

살리는 사람이다. 그 특징에 자신의 영혼의 울림을 불어넣는다. 학생들을 키우는 일이나 나라를 다스리는 일도 다름없다. 정치를 상징하는 글자인 '권權'이란 저울추다. 조화와 균형을 잡는 일이 정치의 기본이다. 이런 일이 중요함에도 어리석은 정치가는 자신의 주관적인 의도대로 무리한 정책을 추진하려고 한다. 장자는 "그대가 마음을 담담하게 지니고 기운을 고요하게 하여 자연의 흐름에 순응하고 사사로움을 버린다면, 천하는 저절로 다스려질 것"[13]이라고 한다. 나라를 다스리는 일이 작은 생선을 삶는 것처럼 자연스럽게 익도록 해야지 함부로 휘저으면 안 된다는 노자의 말[14]은 새삼스러운 것이 아니다. 장자 역시 같은 말을 남긴다.

"천하를 있는 그대로 방임해둔다는 말은 들었지만 천하를 다스린다는 말은 듣지 못했다. 본래의 그대로 있게 하는 것은 천하가 그 본성을 망치지 않도록 염려해서고 또 방임해두는 것은 천하가 그 덕을 바꾸지 않도록 생각해서다." 「장자·재유」[15]

자연스러운 정치하에서는 '상이 없어도 백성은 열심히 일을 하고, 벌이 없어도 백성은 두려워 삼가'[16]게 되는 법이다. 천하를 다스리는 법을 묻는 황제에게 목동이 같은 말을 남긴다.

"무릇 천하를 다스린다는 것은 말을 키우는 일과 다름이 없습니다. 그저 말을 해치는 요소를 제거하는 일일 뿐입니다." 「장자·서무귀」[17]

말을 해치는 요소를 제거한다는 것은 말의 생존에 필요한 조건을 보호하는 일이다. 그냥 되는 대로 놓아두는 것이 아니라 말의 본성에 맞춰 보살피는 것이다. 대자연 속에서 뛰노는 말을 잡아서 인위적으로 키우면 말의 본성이 죽고 정기가 사라진다. 그런 말을 잘 안다고 나서는 사람을 장자는 백락에 비유하고 있다. 앞에서 언급했지만 백락은 원래 춘추 시기의 말 전문가 손양이다. 손양의 말 고르는 솜씨가 탁월했기 때문에 사람들은 말의 신선이라는 의미로 그에게 백락이라는 이름을 붙였다. 장자가 그의 이야기를 비유로 든 것은 정치, 종교, 교육의 현장에서 사람들의 삶에 뒤집어 씌워진 인위적인 가치들을 부정하기 위한 것이다.

백락의 위 이야기를 요즘의 경우로 바꾸면 왜곡된 교육으로 자녀들의 건강한 성장을 가로막는 일부 부모들에 비유될 것이다. 가정교육의 주된 기능은 자녀들의 개성적 특징이 온전하고 왕성하게 성장하도록 하는 것이다. 위에서 목동이 말하는 대로라면 좋은 인재 육성이란 그저 '자녀의 성장을 해치는 요소를 제거하는 일'에 그쳐야 한다. 그러나 부모의 역할에 최선을 다한다는 사람들이 자녀들을 가장 '쓸모 있게' 키운다고 갖가지 왜곡된 틀에 경쟁적으로 구겨 넣는다면 자녀들은 아마 뭘 배우기도 전에 망가질 것이다. 본질적인 것에 치중하기보다는 인위적으로 꾸미고 만든다면 아무것도 제대로 작동할 리 없다.

물오리는 비록 다리가 짧지만 그것을 길게 늘려주면 괴로워한다. 두루미의 다리는 길지만 그것을 짧게 잘라주면 슬퍼한다. 때문에 본래부터 긴 것을 잘라서는 안 된다. 본래부터 짧은 것을 길게 늘려도 안 된다. 본래의 모습을 근심하고 두려워할 것 없다. '어짊'이니 '정의'라는 관념은 사람의 참된 모습의 것이 아니다. 저 인덕을 갖췄다고 하는 사람들은 얼마나 마음고생이 많은가! 「장자·변무」[18]

사회가 요구하는 대로 스스로 자기 자신을 '착한 사람'으로 만든 사람들은 그 사회가 요구하는 기준에 맞춰가며 '바른 생활'을 한다. 그 기준에 맞추기 위해 항상 마음을 쓴다. 그리고 자신들이 선함이라고 여기는 것에 맞지 않는 것을 받아들이지 못한다. 전통의 가르침이든 종교의 가르침이든 고정관념에 스스로 갇혀 있는 사람들이야말로 장자가 말하는 고생스러운 사람들이다.

본래 그대로의 자연스러운 심성이란 본래의 맑은 영혼이다. 착하게 사는 게 좋다거나 정의를 지킨다거나 하는 생각 없이 천진한 마음으로 사물을 대하는 것이다. 실제로 자유롭고 자연스럽게 살아가는 지구상의 많은 소수 민족은 내부에 생활의 규칙은 있지만 무엇이 좋다 무엇이 나쁘다고 하는 교육이 강조되지 않는다. 그런 것은 말하지 않아도 자연스럽게 터득되고 지켜지는 삶의 규칙일 뿐이다. 인위적으로 강조하고 조장할수록 오히려 잘못되기 쉽다. 오직 지혜의 눈이 뜨이고 본질에 충실할 때 비로소 진정한 삶이 있다. 맑은 영혼의 눈이 뜨였을 때 세상이 제 모습으로 보인다.

하백이 물었다.

"무엇을 하늘의 자연이라 하고 무엇을 사람의 작위라고 합니까?"

북해약이 대답했다.

"소와 말에게 네 개의 발이 있는 것, 이것이 하늘의 자연이오. 말 머리에 고삐를 달고 쇠코에 구멍을 뚫는 것, 이것이 사람의 작위요. 그래서 인위로 자연을 파멸시키지 말라, 본래의 덕을 명분 때문에 버리지 말라고 하오. 자연 그대로의 본성을 잃지 않도록 하는 것, 이것이야말로 참된 도로 돌아간다고 하는 거요." 「장자·추수」[19]

작위란 자연스러운 흐름을 거역해서 억지로 무엇인가를 하는 일이다. 이는 대개 자의적일 뿐만 아니라 자기가 올바르다고 믿는 대로 상황을 바꾸려 드는 일이다. 이는 자기의 이익을 위해서 하는 짓과 다름없다. 자신의 '믿음'대로 하는 것 역시 정신의 이익을 추구하는 것이다. 어느 것이든 본질을 훼손한다.

인위에 대한 부정은 부자연에 대한 부정이다. "내 마음대로 한다면 감정에 이끌리고, 감정에 이끌리면 탁해지지만, 사물의 법칙대로 하면 본성에 따르게 되고, 본성에 따르게 되면 맑아진다"[20]는 송대 소옹의 말에 주목할 만하다. 내 마음대로 한다는 것은 내 마음에 자리 잡은 고정관념에 따라 인위적으로 한다는 것이고 그것은 결국 불균형과 부조화를 불러온다. 사물의 이치대로 한다는 것은 내 마음속의 깊은 지혜에 의지해 일을 처리하므로 매사를 명철하게 한다는 말이다. 그러므로 작위를 하지 않고 있는 그대로 놓아둔다는 것은, 되는대로 방치한다는 것이 아니라 실제로는 사물의 이치대로 한다는 말이며 마음속의 지혜에 따른다는 말이다. 이처럼 마음속의 지혜에 따르며 사물의 이치대로 하려면 어떻게 해야 할까.

쓸모없는 나무의 쓸모

쓸모없음으로 있을 때 진정 쓸모 있음을 안다

장자가 강조하는 것은 앞서 말한 대로, 첫째 '있는 그대로 두라'는
것이고, 둘째 더 나아가 '자신을 쓸모없는 상태로 두라'는 것이다. 혜
자가 장자한테 말했다.

"내게 큰 나무가 있는데, 사람들은 그걸 가죽나무라고 하더군요. 줄
기는 울퉁불퉁해서 먹줄을 칠 수 없고, 가지는 비비 꼬여서 자로 젤 수
도 없어요. 길에 서 있지만 쓸모가 없어서 목수들이 거들떠보지도 않지

요. 선생의 말은 이 나무처럼 크기만 했지 모두 외면해버립디다."

장자가 말했다.

"선생은 너구리나 살쾡이를 아시죠? 몸을 웅크리고 있다가 닭이나 쥐를 잡으려고 이리저리 뛰지만, 결국 덫이나 그물에 걸려 죽지요. 그런 데 검은 소는 구름같이 커서 큰일을 하지만 쥐는 잡을 수 없습니다. 지 금 선생께 있는 큰 나무가 쓸모없어 걱정이군요. 어째서 넓은 들에 심고 곁에서 쉬며, 그 그늘에 유유히 누워보지는 못하나요. 도끼에 찍히거나 누가 해칠 일도 없을 겁니다. 왜 쓸모가 없다고 하십니까." 「장자·소요유」[21]

쓸모없이 보이는 나무는 도끼와 톱에 잘리지 않는다. 도끼와 톱 으로 잘라서 사용하려는 그 '쓸모'라는 것이 사실은 사람들이 생각 하는 작은 용도인 것이다. 사람들은 작은 용도만 쓸모라고 여길 뿐 큰 쓸모를 모른다. 큰 쓸모 있는 나무는 그러므로 천명을 다 누릴 수 있다. 이 말이 무슨 뜻인지 장자의 우화를 주목해보면 그 해답이 있 다. 목재 전문가인 장석이 제자와 함께 제나라로 가는 길에 엄청나 게 큰 나무를 본다. 그러나 그는 두 번 다시 쳐다보지도 않고 지나친 다. 제자가 이렇게 훌륭한 나무를 그냥 지나치는 까닭이 뭐냐고 묻 자 장석이 대답한다.

"그런 말은 하지도 말게. 저 큰 나무는 쓸모없는 나무라네. 그 나무로 배를 만들면 금방 가라앉고 널로 쓰면 곧 썩을 걸세. 그릇을 만들면 쉽게 부서지고 문으로 사용하면 진액이 흐르지. 기둥으로 쓴다 해도 좀이 생기네. 이 큰 나무는 이처럼 아무짝에도 쓸모가 없어서 이처럼 장수를 누리는 것이라네."

거대하게 자라도록 베이지 않은 까닭은 바로 아무 쓸모가 없었기 때문이다. 그날 밤 그 나무가 장석의 꿈에 나타나 한바탕 설교를 하는 대목이 이어진다.

"자네는 도대체 나를 무엇에 비교하는가. 아름다운 과일나무들은 과실이 익으면 잡아 뜯기고 욕을 당하게 되지. 큰 가지는 꺾이고 작은 가지는 끌어당겨지네. 이는 과실을 맺는 재주로 인해 괴로움을 받는 것일세. 그처럼 천수를 누리지 못하고 도중에 죽임을 당하는 것은 세속에서 스스로 해악을 자초했기 때문이지." 『장자·인간세』[22]

과일이 나뭇가지를 꺾게 만들고, 재주가 사람의 본모습을 왜곡시킨다. 하물며 재주 하나 없는 사람들이 재주 있기를 추구하는 것은 불행을 자초하는 일이다. 사람들은 쓸모 있는 사람이 되려고 노력하면서 그 쓸모의 크기는 그 사람의 삶의 크기가 된다고 믿는다. 예를 들어, 자신의 외모를 쓸모로 여기면 외모가 쓸모 있는 기간 동안만 그의 삶이 유지되는 셈이다.

너구리를 잡는 사냥개는 그 재능 때문에 줄에 묶이고, 민첩한 원숭이도 숲에서 사로잡혀 온다. 「장자·천지」[23]

사람들은 작은 재주에 묶임을 당하고, 작은 재주가 남보다 뛰어나기 때문에 몸을 곤경에 빠뜨린다. '곧은 나무는 베어지고, 단물이 나는 우물은 먼저 말라버리는 법'[24]이라는 것이 장자의 관점이다.

큰 나무가 있는데 아무 곳에도 쓸모가 없다는 혜자의 말을 듣고 장자는 왜 커다란 배를 만들어 그것을 타고 즐기지 않느냐고 묻는다.[25] 일반적으로 사람들은 어떤 대상을 보면 자기 기준으로 무엇을 만들려고 하고 그에 알맞지 않으면 쓸모없다고 여긴다. 엄청나게 큰 나무가 있으면 그것을 잘라서 무엇인가 필요한 것을 만들어야 한다고 생각한다. 장자는 그것을 그대로 두고 그 그늘 아래서 쉬는 것도 커다란 쓰임이라고 말한다. 그대로 두고 감상하는 것도 중요한 쓰임의 하나인 것이다. 예를 들어 돈을 벌어오는 일만 쓸모라고 여긴다면 가족은 흩어지고 말 것이다. 그러나 함께 있는 것만으로도 행복하다면 '돈을 버는 쓸모'란 보잘것없는 일이다. 눈앞의 쓸모만 추구하다 보면 커다란 쓸모를 보지 못한다. 그러므로 장자가 말하는 쓸모없음이란 전혀 쓸모없음이 아니라 작은 쓸모를 부정한 것이다.

겨울철 물에 솜을 빨면서도 손이 트지 않게 하는 약을 발명한 송나라 사람이 있었다. 그는 한 나그네에게 백금이라는 돈을 받고 이 기술을 팔았다. 그 나그네는 오나라 왕에게 가서 월나라와의 싸움에 이 약을 사용하도록 권해서 전쟁에 이기게 했다. 그 나그네는 단번에 한 지역을 하사받고 영주가 됐지만, 예전에 그 기술을 판 사람은 여전히 겨울철에 손이 트지 않게 하면서 솜을 빨고 있었다.[26] 이런 이야기를 전하는 장자는 작은 쓸모와 큰 쓸모의 차이를 말한다. 자기가 밟고 있는 땅만을 쓸모 있다고 여길 것이 아니라 오히려 밟고 있지 않은 땅이 더 쓸모가 있다는 장자의 말[27]을 주목해보자. 자기가 밟고 있는 땅에서 발을 떼지 못하고 그 땅만이 자기에게 쓸모 있다고 여기면 얼마나 어리석은가. 장자는 이처럼 스스로를 속박하는 지식이나, 자유를 구속하는 자질구레한 재능을 부정한다. 그러므로 장자의 쓸모없는 나무는 썩은 나무가 아니라 큰 나무다.

남백자기가 상구 지방에 갔다가 큰 나무를 보았는데 보통 나무와 전혀 달랐다. 엄청나게 커다란 그 나무를 보고는 좋은 재목이 될 것이라고 기대하면서 다가갔다. 그러나 가지를 올려다보니 구부러져서 대들보로는 쓸 수 없고, 굵은 밑동을 굽어보니 속이 갈라져서 널로 사용할 수도 없었다. 잎사귀를 핥아보면 입 안이 헐어 상처가 나고, 냄새를 맡으면 사람을 취하게 해 사흘이 지나도 깨어나지 못했다. 남백자기가 혼자서 중얼거렸다.

"이 나무는 분명 재목감이 아니어서 이처럼 커다랗게 자란 것이야. 아! 성인도 이 나무같이 쓸모없는 까닭에 성인이 되었구나." 「장자·인간세」[28]

쓸모란 인간의 작은 기준에 부합하는 재주를 말한다. 작은 재주로 무엇을 한다는 것은 곧 다른 것에는 쓰임새가 없다는 말이다. 쓰임새가 작으면 작을수록 그 수명은 짧을 수밖에 없다. 장자는 이런 작은 쓸모가 없어야 인간 세상에서 천부의 본성을 유지할 수 있다고 말한다.

송나라 형지라는 곳에 여러 가지 나무가 잘 자라고 있었다. 나무가 팔뚝 굵기로 자라자마자 원숭이를 매어둘 말뚝을 구하는 이가 베어갔다. 서너 아름으로 자란 것은 대들보를 필요로 하는 자가 잘라갔다. 일고여덟 아름으로 자란 것은 부잣집을 위해 널을 구하는 사람이 벌목했다. 천수를 누리지 못한 채 도끼에 찍히는 것은 쓸모가 있었기 때문이다. 제사를 지낼 때 이마가 흰 소, 코가 솟은 돼지, 그리고 치질을 앓는 사람은 강가로 끌고 가 제물로 바칠 수 없었다. 제사장이 그 쓸모없음을 알고 상서롭게 여기지 않기 때문이다. 그러나 신은 바로 이 쓸모없음을 아주 상서롭게 여긴다. 「장자·인간세」[29]

그 큰 나무는 구부러지고 냄새나는 몹쓸 나무의 모습이 천부다. 사실 개오동나무·잣나무·뽕나무도 열매 맺고 가지 뜯기는 그것이 천부의 모습이다. 쓰임새가 다르다. 하나는 '인간이 볼 때' 전혀 쓸모없는 나무이고 다른 것들은 쓸모 있는 나무다. 그러나 작은 쓸모에 모두들 꺾이고 잘려간다.

굵은 통나무로는 성벽을 쳐부술 수는 있어도 쥐구멍은 막을 수 없고, 준마는 하루에 천리를 달릴 수 있지만 쥐를 잡는 데는 너구리나 살쾡이만 못하다. 각기 다른 재주를 지니고 있기 때문이다. 부엉이는 밤중에 벼룩을 잡으며 털끝까지도 헤아려 보지만 낮에는 아무리 눈을 부릅떠도 산이나 언덕같이 큰 것조차 보지 못한다. 이는 각기 다른 성질을 갖고 있음을 말하는 것이다. 「장자·추수」[30]

쓸모없이 된다는 것은 우선 자기 자신이 원래의 모습으로 돌아가는 일이다. 쓸모없는 상태로 돌아갈 때 자기 자신에게 오히려 커다란 쓰임새가 있음을 알게 된다.

쓸모없게 됨으로써 오히려 커다란 쓸모를 발견한다

인간 세상에서 가장 쓸모없어 보이는 사람의 하나가 바로 지리소다.

지리소라는 사람은 턱이 배꼽 아래로 처졌고 어깨가 정수리보다 높다. 상투는 하늘을 가리키고 오장은 척추 위에 달렸으며, 두 넓적다리는 겨드랑이에 달린 불구자다. 그렇지만 그는 바느질과 빨래일로 먹고살기에 충분했고, 키질을 하는 일로 족히 열 명은 먹여 살릴 수 있었다.

온몸이 뒤틀려 있는 지리소는 불편한 그 상태의 몸으로 가족 열명을 먹여 살릴 수 있는 가장 역할을 하는 사람이었다.

또한 나라에서 병사를 징집해도 그는 팔을 걷어붙이고 큰 길을 활보했다. 국가에 큰 공사가 있어도 그는 소집이 면제되었다. 나라에서 병자에게 곡식을 하사할 때 그는 세 가지 곡식과 땔나무 열 묶음을 받았다. 이처럼 육신이 온전치 못한 이도 천수를 누리는데, 하물며 내면의 덕이 쓸모없는 사람이라면 얼마나 훌륭하겠는가! 「장자·인간세」[31]

지리소는 몸이 불구이기 때문에 병역이나 노역에서 면제되었다. 당시의 장애인 보조 혜택도 받았다. 나라와 사회는 쓸모 있는 육신만을 필요로 한다. 그러나 지리소는 군대나 노역이라고 하는 외부의 것에서 쓸모가 없었기 때문에 오히려 자신의 삶의 쓸모에 충실할 수 있었다. 외부의 쓸모에서 벗어나 삶의 쓸모에 충실한 것. 장자가 말하고자 하는 것은 불구자가 좋다는 것이 아니라 작은 쓸모에 휘둘리지 않음으로써 오히려 큰 쓸모인 삶의 본연의 모습을 회복하는 일이다.

지리소 같은 사람이 자신의 천수를 누린다는 것은 하늘이 준 신체의 수명을 다한다는 뜻만이 아니다. 중요한 점은 그가 천부의 참모습을 잃지 않는다는 말이다. 위의 마지막 구절에서 장자는 왜 내면의 덕마저 쓸모없는 사람을 훌륭하다고 했을까. 만약 내면의 덕이 쓸모 있다면 사람들이 원하는 쓸모대로 인품의 틀이 잡혀 '착한 사람'이 되어 있을 것이다. 이런 '착한 사람'은 한 번 한 약속은 반드시 지켜야 한다고 믿는다. 정직하고 성실해야 한다고 강조한다. 또 그런 것을 가지고 남과 맞춘다. 그러나 내면의 덕이 쓸모없는 사람은 이런 삶의 기준을 기계적으로 적용하지 않는다. 약속은 못 지킬 수도 있고, 진실이 아닌 말을 할 수도 있다. 더러움과 깨끗함을 나누지 않는다. 이런 사람은 내면의 정신이 자유로운 사람이다. 장자가 보기에 기계적인 생각이 아닌 자유로운 정신의 소유자가 오히려 순수한 사람의 모습이다. 이런 사람은 외부의 요구에 따라 틀에 박힌 모습을 갖추려고 하지 않기 때문에 외부의 어떤 일에도 쓸모없어 보인다. 그러나 실제로는 어떤 일에도 자연스럽게 반응한다. 자신의 참된 내면의 울림으로 정직함과 약속을 지킨다.

장자가 산길을 가다가 잎과 가지가 무성한 커다란 나무를 발견했다. 그 아래에는 한 나무꾼이 나무를 베지 못하고 멍하니 있었다. 왜 베지를 못하느냐고 장자가 물으니 나무꾼은 이 나무가 쓸모없기 때문이란다. 장자는 "이 나무는 쓸모없기 때문에 천수를 누리는구나"라고 하고 산을 내려가 옛 친구의 집에 머물렀다. 친구는 반가워하며 심부름하는 아이에게 거위를 잡아 대접하도록 했다. 아이가 묻는다.

"한 마리는 잘 울고 한 마리는 잘 울지 못합니다. 어떤 걸 잡을까요?"

"울지 못하는 것을 잡아라."

다음 날 제자가 장자에게 물었다.

"선생님은 어제 그 나무가 쓸모없기 때문에 오래 살 수 있었다고 했는데, 이 집의 거위는 쓸모없어서 죽었습니다. 선생님은 어느 편에 서시겠습니까?"

장자는 이렇게 대답한다.

　나는 쓸모없음과 쓸모 있음의 중간에 처하겠지만, 사실 그렇게 한다
해도 화를 면하기는 어렵다. 제일 좋은 것은 자연의 섭리에 의지하여 유
유히 노니는 것이다. ……너희들도 명심해라. 오직 자연의 섭리에 따라
야 한다. 『장자·산목』[32]

　전체적으로는 위 대답이 앞뒤의 이야기와 일관성은 있지만, 쓸모
없음과 쓸모 있음의 중간에 있겠다는 장자 대답의 첫머리는 다소
궁색해 보인다. 장자는 어디에 서시겠느냐는 질문에 중간에 서겠다
는 어중간한 대답을 한 뒤 자연의 섭리라는 말로 결론을 맺고 있다.

　사실 장자의 대답을 자세히 들어보면 장자가 요구하는 것은 사람
들이 따지는 '쓸모가 있다, 없다'는 작은 분별을 떠나는 것이다. 위
글에서는 "유유히 노니는 것"이라고 번역했지만 원문을 보면 "부유浮
遊"라고 한다. 한자 그대로는 '떠다닌다'는 뜻인데, 내용으로 보면 눈
앞에 보이는 것을 '떠나서' 만물의 본질적인 것과 함께한다는 뜻이
다. 다시 말하면 쓸모가 있다 없다는 눈에 보이는 구별이 아닌, 죽을
수밖에 없는 것은 죽고, 살 수밖에 없는 것은 사는 원천적인 섭리에
따르라는 말이다. 이런 관점으로 보면 울지 못하는 거위가 죽는 게

당연하다. 울지 못하는 거위에게는 '죽어야 거위고기를 맛보게 하는' 가장 작고 가장 기본적인 쓸모가 있기 때문이다. 그 순간 가장 적합한 쓸모란 바로 '음식이 되어줄 수 있는 쓸모'였던 것이다.

앞에서 말한 대로 아무짝에도 쓸모없는 나무는 잘리지 않았다. 그러나 땔나무라는 쓸모가 있었다면 가장 먼저 잘려나갔을 것이다. 쓸모없음이란 땔나무로도 쓸 수 없을 정도의 몹쓸 나무여야 하고, 요리를 하려고 해도 아예 잡아먹을 수 없을 정도의 몹쓸 거위여야 한다. 쓸모 있음과 쓸모없음이라는 기준은 어디에 속하든 인위적인 쓸모라는 것에 초점이 맞춰져 있다. 그런 기준을 벗어나서 자연의 섭리와 함께해야 한다고 장자는 말한다. 도에 따른다는 것은 자연의 섭리에 따르는 것이며, '유유히 노닌다'는 것은 아무것으로부터도 구애받지 않고, 쓸모없음이나 쓸모 있음이라는 구별의 테두리에 걸리지 않는다는 것이다.

쓸모없음이란 그 정신세계가 어떤 형태로도 고정되지 않았다는 말이다. 쓸모없는 큰 나무가 참모습을 잃지 않는 것은 그 크기에 걸맞은 역할을 하기 때문이다. 그 역할은 '아무것도 하지 않음'이다. 아무것도 '인위적으로' 하지 않지만 그러므로 오히려 '자연스럽게' 안 하는 게 없다. 예를 들어, 큰 조직이나 기업체의 총 책임자는 아무런 기술이 없어도 모든 부분의 조직을 움직이게 한다. 그의 기술은 눈에 보이는 기능적인 기술이 아니다. 그가 만약 한 부분의 기술에 묶여 있다면 그 조직의 총 책임자가 되지는 못했을 것이다. 또 그 총 책임자 역시 어떤 한 역할에 묶여 있다면 그 역할이 필요 없어지는 순간 그의 지위도 사라질 것이다. 기술에서든 경영에서든 더는 쓸모가 없다면 그는 해고될 것이다. 만약 직장에서 별 쓸모없다고 한 사람을 해고했다면 그는 그동안 어느 한 부분의 쓸모에 매달려 있었던 것이고, 위의 울지 못하는 거위처럼 이제 '해고를 당하여 비용을 절감하는 쓸모'로 바뀐 셈이다.

진정 쓸모없는 사람은 다른 사람들이 어떻게 할 수 없을 정도로 쓸모가 없다. 그러나 사실은 다른 사람들의 생각으로는 쓸모 있는지 없는지 감히 헤아릴 수 없을 정도로 다른 차원의 쓸모가 있는 사람이다. 장자의 쓸모없음이란 기술자가 되느냐 책임자가 되느냐, 또는 자신의 자리를 유지하느냐 못하느냐의 문제에 관한 것이 아니다. 사람의 정신이 남이 짜놓은 작은 부분의 용도에 맞춰지는 삶의 부속품이 되는 것을 경계한 것이다. 종의 삶이 아니라 주인의 삶이 되라고 말한다. 장자의 '쓸모없음'이란 하늘의 커다란 쓸모를 위해서 우물 속의 작은 쓸모를 부정하는 것이다.

제4장

맑은 영혼의 회복

텅 빔

진정 마음을 비운다는 것

송나라 원군이 화가들에게 그림을 그리게 하려고 공고를 했더니 수많은 화가들이 모여들었다. 그들은 그림을 그리라는 임무를 부여받자 절하고 일어나서는 곧 붓을 핥고 먹을 갈았다. 그런데 한 화가는 뒤늦게 도착해서 서두르는 기색 없이 임무를 받고 절을 한 뒤 그대로 자기 숙소로 돌아갔다. 원군이 사람을 보내 살펴보게 했더니 그는 옷을 벗고 두 다리를 내뻗은 벌거숭이인 채로 쉬고 있었다. 이런 보고를 받은 원군이 말했다. "됐다. 그 사람이야말로 진정한 화가다." 『장자·전자방』[1]

무엇을 해야겠다고 마음을 먹을 때 그런 '마음'이라는 것은 알고 보면 대부분 지어진 생각이다. 지어진 생각에는 주관적인 생각을 바탕으로 한 욕심이 깔려 있다. 욕심이 아니더라도 얕은 생각의 '불꽃과 연기'가 일고 있다. 욕심이나 생각이 그림을 그린다면 화가 자신의 순수한 영적 정신은 작용하지 않는다. 연기가 일어나듯 혼탁한 생각이 앞을 가린다면 그런 마음에서 좋은 그림이 나올 리 없다. 마음이 흔들리고 있는 상태이기 때문이다.

질그릇을 상품으로 걸고 내기 활쏘기를 하면 잘 맞는다. 허리띠 장식을 걸고 내기 활쏘기를 하면 잘 안 맞는다. 그러나 황금을 걸고 내기 활쏘기를 하면 거의 안 맞는다. 실력은 같지만 외부 사물에 마음이 흔들렸기 때문이다. 밖의 것에 신경을 쓰다 보면 내면의 정신을 망치고 만다. 『장자·달생』[2]

욕심에 마음이 흔들리는 것은 외부 사물에 영향을 받았기 때문이다. 약간의 금품을 걸기만 해도 영향을 받아 마음이 흔들리는데, 만약 더 중요한 것을 건다면 어떨까. 활을 쏘아 동물을 잡는다면 활을 쏘는 사람의 정신이 집중된다. 그러나 상금을 걸면 '놀이'가 아니라 '일'이 된다. 단순한 '놀이'로 하면 정신이 완전하게 살아 있지만 '일'로 하면 주체가 외부 요인에 의해 분산된다. 대가를 전제로 하는 일이 되면 효율이 일시적으로 높아지다가도 외부 요인이라고 하는 자극이 없어지면 효율은 원래보다 더 떨어지는 것이다.

열자가 백혼무인 앞에서 활 솜씨를 보였는데, 그 실력은 활시위를 당긴 팔뚝에 올려놓은 물이 쏟아지지 않은 채 화살을 연거푸 쏠 정도였다. 백혼무인이 말했다.

「자네가 활 쏘는 솜씨는 대단하기는 하지만 그건 의식적인 것이지 무심한 활쏘기는 아닐세. 어디 시험 삼아 높은 산에 올라가 백 길이 넘는 벼랑 끝에서 쏴도 잘 쏠 수 있을지 보세.」 열자를 데리고 천 길 낭떠러지에 올라간 백혼무인은 자신이 먼저 발뒤꿈치를 반 이상 벼랑 밖으로 내밀고 그를 오라고 불렀다. 그러자 두려움에 몸을 떠는 열자는 그 자리에 엎드렸고 흘리는 땀은 발뒤꿈치까지 흘러내렸다. 『장자·전자방』[3]

활쏘기에 최고의 실력을 가진 열자도 죽음의 두려움이 엄습해오니까 활을 쏘기는커녕 두려워 떨며 엉금엉금 기었다. 두려움이란 외부의 환경에 마음이 흔들린 결과다. 죽음을 두려워하지 않는다면 낭떠러지가 두려울 까닭이 없다. 감정이란 본성이 외부 사물에 감응하면서 나타난 반응이다. 그것은 잠시 나타나는 연기며 불꽃이다. 장자의 말을 빌어서 말하면 바람에 출렁이는 물결 같은 정신 상태다.[4] 그 상태로는 사태를 제대로 파악할 수 없다.

양궁을 하는 사람의 중요한 비결의 하나가 집중력이다. 집중이라는 것은 외부 사물에 마음이 흔들리지 않고 활을 쏘는 일에 몰입한 상태다. 만약 근심과 걱정이 머리를 휘감고 있다면 실력이 제대로 발휘될 리가 없다. 골프를 잘 치는 사람이 평소에는 좋은 실력을 보이다가도, 금품이 걸린 게임을 하면 대부분 실수를 많이 한다. 만약 거액의 상금을 걸고 골프를 하면 웬만한 사람이라도 손에 땀이 나고 몸이 뻣뻣해질 것이다. 자기 자신은 아무렇지도 않다고 여기지만, 실제로는 내기라는 것에 영향을 받아 마음이 안정되어 있지 않기 때문이다. 마치 고요한 물에 바람이 불어서 물결이 이는 것과 같다. 흔들리는 물결에는 사물을 맑게 비춰볼 수 없다.

마음을 비우면 고요해지고 고요하면 잘 움직일 수 있다. 움직일 수 있으면 모든 일이 뜻대로 된다. 「장자·천도」[5]

고요하려면 마음을 비워야 한다. 욕심을 제거하고 마음을 안정시키는 것이 첫 번째 열쇠다. 고요하지 않으면 긴장되고 긴장되면 자연스럽게 움직여지지 않는다.

양궁이든 골프든 힘을 빼라고 하는데 어떻게 해야 힘을 뺄 수 있을까. 바람이 불면 물결이 이는 것이 자연의 이치다. 어떻게 고요하란 말인가. 정신이 고요하게 안정되었을 때 비로소 자유롭게 움직일 수 있고, 마음먹은 대로 몸이 움직일 수 있다는 것은 이론적으로는 이해가 되지만 어떻게 해야 마음을 비운단 말인가.

마음을 바르게 하면 고요해지고, 고요해지면 밝아지며, 밝아지면 텅 비게 되고, 텅 비어 무위에 들어가면 자연의 도와 일치되어 하지 못하는 일이 없게 된다. 『장자·경상초』[6]

사물에 영향을 받지 않기 위해서는 마음을 바르게 해야 한다. 고요하게 하려면 먼저 생각을 균형 있게 해야 한다는 말이다. 마음을 텅 비게 하려면 바른 마음이 중요하다. 바르게 하여 고요한 마음이 되었을 때, 비로소 하려고 하는 일이 자연스럽게 이루어진다. 사물에 얽매이면 치우치고, 치우치면 흔들리며, 흔들리면 아무 일도 되지 않는다. 관중의 『관자』에서도 '욕심을 버리면 조화롭게 되고 조화롭게 되면 고요해지고 고요해지면 정수만 남고 정수만 남으면 홀로 있게 되며 홀로 있으면 밝아지고 밝아지면 정신이 살아난다'고 말한다.[7] 마음을 바르게 한다는 것은 우선 욕심을 버리는 일이다. '지식을 추구하는 사람은 나날이 쌓아가려고 하지만 도를 추구하는 사람은 나날이 덜어낸다'[8]고 노자는 말한다. 텅 빈 채 욕심이 없게 되면 맑은 영혼이 되살아나는 법이며, 더러운 것을 쓸어버리면 맑은 영혼이 깃들 자리가 생기는 법이기 때문이다.[9]

'마음 비움', 이를 장자는 '심재心齋'라고 했다. 공자의 제자 안회가 위나라 왕에게 올바른 정치를 권하러 가려고 했다. 공자가 안회의 말을 들으니 백성에 대한 사랑이니 정의니 하는 말을 왕에게 늘어놓으려는 것 같았다. 보지 않아도 왕은 잘못하고 자기는 올바르다고 훈계하는 모양이 될 것이었다. 외형상으로는 왕에게 충언을 올리려는 것 같지만 공자가 보기에 '남의 결점을 이용하여 안회 자신은 잘났음을 자랑하는' 일일 뿐이었다. 이는 위왕에게 도전이 될 테고 위왕은 당연히 능란한 말솜씨로 안회를 제압하려 할 것이다. 그렇다면 결국 사랑과 정의를 말하러 갔다가 죽게 될 것이라는 게 공자의 생각이었다. "마음을 바르게 하고 잡념을 없앤 순수한 마음으로 대하면 왕도 감화가 되지 않겠습니까?" 하고 안회가 말하자 공자는 고개를 젓는다. 아무리 몸과 마음을 깨끗이 하고, 공손하고 부드럽게 하며 세상의 이치와 도리를 들어 말해도 소용없다고 공자는 말한다. 이에 말문이 막힌 안회가 물었다.

"저는 더 이상 어떻게 해야 하는지 모르겠습니다. 그 방법을 가르쳐 주십시오."

그러자 공자가 말한다.

"너는 잡념을 없애고 마음을 통일하라. 귀로 듣지 말고 마음으로 들어라. 마음으로 듣지 말고 기氣로 들어라. 귀는 소리를 들을 뿐이고 마음은 기존의 생각에 맞추어 이해할 뿐이다. 그러나 기란 텅 빈 채로 사물을 대하는 것이다. 참된 도란 오직 빈 곳에 모인다. 이 텅 빈 상태가 바로 심재, 즉 마음의 재계다."

마음을 비워 텅 빈 상태가 된다는 것은 무엇인가. 단순히 잡념을 없앤 상태를 유지하는 일인가. 다음에 이어지는 대화에 그 일단의 해답이 있다. 안회가 묻는다.

"이제 알겠습니다. 제가 지금까지 심재를 못한 것은 제 마음속에 저 자신의 자아의식이 가득 차 있었기 때문이군요. 이제는 제 마음속에 '나라는 것'도 없어져버렸습니다. 이제는 진정 마음을 비웠다고 할 수 있습니까?"

이에 공자가 대답한다.

"이제 됐다."『장자·인간세』[10]

욕심과 분노 등의 감정을 없애는 것만으로는 안 된다. 이 대화는 장자가 공자의 입을 빌려 쓴 우화이긴 하지만, 공자가 주목한 것은 내 생각 속의 '나를 없애는 일'이다. 공자가 도에 관해서 묻자 노자가 말한다.

"그대는 재계하고 그 마음을 말끔히 씻어내야 하오. 정신을 맑고 깨끗하게 하며 지식을 깨부숴야 하오."『장자·지북유』[11]

'나'를 찾아내서 내 머릿속과 오장육부에서 그 '나라는 것'을 말끔히 씻어낼 때 '순수한 나'가 온전히 살아난다. 씻어내야 할 것은 마음속에 자리 잡은 '나라는 것'이 만드는 잡념에 휘둘리는 나다. 이 '나라는 것'이 깨끗이 사라지고 남은 맑은 정신에는 순수한 의식만 살아 움직인다.[12] 위의 문장을 조금 바꿔보면 그 의미가 좀 더 분명하다.

눈은 사물의 표면을 볼 뿐이고, 귀는 사물의 소리를 들을 뿐이다. 마음이라는 것 역시 기존의 생각에 맞추어 이해하는 것에 그친다. 그러나 진정한 사물을 보는 일은 마음이 텅 빈 채로 사물의 본모습을 받아들이는 것이다.

기로 보고 기로 듣는다는 것은 단순히 빈 마음으로 보고 듣는다는 말이 아니다. 마음에 욕심이나 분노가 사라지면 맑은 마음이 살아난다. 그러나 순수한 영적 정신이 작용하기 위해서는 '나라는 것'조차 없어져야 한다. 맑은 영혼이 되살아난다는 것은 선입관이나 욕망·사심·편견·분노·우울 등과 모든 오욕칠정이라는 출렁거리는 마음이 가라앉은 상태를 넘어 자기 자신조차 사라지는 일이다. 안회에게 심재를 설명한 끝에 공자는 다음과 같은 한마디를 남긴다.

"저 빈 곳을 보아라. 아무것도 없는 빈 방이 저리 밝지 않으냐? 기쁨도 고요하고 빈 곳에 머무는 것이다."『장자·인간세』[13]

스승인 공자의 지도를 받은 안회는 이제 위왕을 찾아가도 됐다. 먼저는 위왕에게 '사랑과 정의'를 말하려고 했지만 이제는 그런 의도적이거나 적어도 의식적인 설교를 하지 않게 된 것이다. '나라는 것'이 사라졌기 때문이다. 위왕을 만나서 그런 지어먹은 생각을 말하지 않아도 맑은 영혼의 울림은 상대에게 저절로 전달될 것이다.

앞서 원군이 칭찬한 화가는 포상의 혜택이나 원군의 위엄 등이 그의 마음을 움직이지 않았다. 그는 몸뿐만 아니라 마음에 걸친 것도 벗어놓으려고 한다. 고요하고 맑은 정신을 회복하고 싶었던 것이다. 벗은 것은 그러므로 욕심을 벗어놓는 일에 그치지 않고 '나라고 하는 것'인 자의식까지도 벗어놓는 것이다. 그렇게 되었을 때 비로소 참된 자아가 눈을 뜨고 커다란 주인이 자리를 잡는다. 원군이 칭찬한 것은 그의 텅 빈 정신이다. 외부의 것에 흔들리지 않고 진정한 예술혼을 살리려는 것을 보니 그야말로 진정한 화가였다. 그러나 이런 일화를 전하는 장자가 말하고 싶은 것은 활쏘기나 화가의 그림 그리기가 아니다. 삶의 문제다.

자연스러움

원래의 상태를 회복하라

자연스러움은 아름다움이다. 아름답다는 것은 눈을 현란하게 하고 귀를 즐겁게 하는 아름다움이 아니다. 참된 아름다움이란 있는 그대로의 모습이다. 내면에서 우러나서 밖으로 피어난 것이다. 내면의 것이 아닌, 꾸며진 것은 진정한 아름다움이 아니다. 진정한 아름다움이란 변하지 않는다. 노자가 재미있는 비유를 했다.

발뒤꿈치를 들으면 오래 서 있지 못한다. 보폭을 넓게 하면 오래 걷지 못한다. 「노자·24장」[14]

키가 작은 사람이 크게 보이려고 뒤꿈치를 들고 다니면 얼마 걷지 못한다. 빨리 걸으려고 보폭을 넓히면 몇 걸음 못 간다. 의도적이고 의식적인 행동은 부자연스럽고 힘들 뿐이다. 행동만이 아니다. 어떤 생각을 지어먹고 그대로 해야겠다고 생각하면 오래 가지 못한다. 잠시의 것이 아름다울 리 없다. 마음속의 근원적인 뿌리를 뽑지 않고 '앞으로 술을 안 마시겠다', '도박을 하지 않겠다'고 하는 생각은 자연스러운 마음속 마음의 발로가 아니다. 단지 생각상의 결의를 한 것이다. 부자연스런 생각은 부자연스런 행동만큼이나 무력하다.

자연스러움이란 내면의 본성에서 나오는 것이므로 자연스러움은 본성 그 자체다. 사랑이라는 것 역시 저 마음속 깊은 곳의 참된 마음이 움직여야 비로소 참된 사랑이다. 『논어』의 공자도 "교묘한 말과 가식적인 표정에는 어짊이란 없다"고 말한다.[15] 공자는 『논어』에 '자연自然'이라는 어휘를 남기지는 않았지만 위의 이 문구는 '자연'을 말한 것이다. 꾸며진 것은 거짓이다. 잠시의 것, 허상의 것으로부터 떠나서 본질을 찾아가는 일은 어렵다. 그것은 기존의 것에서 벗어나야 가능하다. 욕심을 버리고 마음을 고요하게 하는 것만이 전부가 아니라, 적극적인 탈출이며 능동적인 추구다.

장자가 종종 쓸모없는 커다란 나무를 가지고 커다란 삶을 비유한 것은 그것이 자연스러운 모습으로 컸기 때문이다. 자연스러움을 유지했기 때문에 크게 자란 것일 수도 있다. 사회생활을 하면서 자연스럽지 않은 언행을 하는 사람은 남과 어울리지 못한다. 무엇을 계획하지 않음, 의도하지 않음, 추구하지 않음, 과시하지 않음, 이런 것이 소박함의 본모습이다. 소박함이란 본질적 자연스러움으로 산다는 말이다. 본질적인 자연스러움으로 돌아가라는 말은 『노자』에서 다양하게 강조된다. 소박함으로 돌아가며, 어린아이로 돌아가며, 도로 돌아가며, 뿌리로 돌아가라고 한다. 돌아감이란 사물의 본질적인 자연스러움을 회복하라는 말이다. 중국의 고대 문인들이 '돌아감歸'을 노래한 것을 보면 표면상으로는 시정 세속으로부터 대자연으로 돌아감을 그린다. 그러나 내면적으로는 인위로부터 무위로 돌아감을 말한다. 부자연스러움으로부터 자연스러움으로 돌아가는 것이며, 껍데기의 나로부터 참된 나로 돌아가는 것이다. 노자가 말하는 '무위자연無爲自然'이란 꾸밈없는 자기 자신의 본연의 모습으로 돌아가 자연스러움에 삶을 맡기는 것이다.

사실 노자의 지향점은 여성성을 강조하고 낮은 것의 중요함에 맞춰져 있다. 수컷의 참모습을 잘 알면서도 암컷으로 처하라. 밝음을 알면서도 어둠으로 처하라. 어른의 삶을 알면서도 어린아이처럼 처하라. 이는 세속의 사람들이 남성성·밝음·나아감·높음·강함 등 '양陽'의 것에 치중된 것을 경계하는 말이다. 한쪽에 치우치면 반드시 다른 한쪽으로 쏠리는 힘을 다스려야 한다. 그러므로 높은 산으로 있을수록 낮은 계곡으로 처하라는 주문은 '양'에 치우친 세속의 편중성을 지적한 말이다.[16]

꾸며진 화려함이란 오래가지 않는다. 소박하게 사는 것은 자연의 섭리에 따르는 일이다. 소박하게 처한다는 것이란 본질에 맞지 않는 꾸밈·거짓·거품·껍질을 벗어던지는 일이다. 그러므로 노자는 말한다. '되돌아가는 것이 도의 움직임이다. 연약한 것이 도의 쓰임이다.'[17]

도는 본질을 추구한다. 그러므로 핵심·진실·참모습·본연의 것으로 돌아간다. 되돌아간다는 것은 본질을 찾아가는 일이다. 장자 역시 말한다.

사물이 극에 달하면 반드시 되돌아오며, 끝이 있으면 또한 시작이 되는 법이다. 이게 사물의 법칙이다. 『장자·즉양』[18]

이런 관점은 중국 고대 역사를 통하여 끊임없이 강조되어 왔다. 『역』이란 변화를 전제로 한 점술서다. 고대 사람들은 표상의 세계가 부단히 변하지만 그 변하는 모습에는 보이지 않는 질서가 있는 것을 알았다. 그들은 그 질서를 파악하고자 했다. 『주역』의 기본 관점은 '사물이 극단에 이르면 변하고, 변하면 새로운 길이 열린다'고 보았다. 현상은 부단히 순환하되 도는 영원하다. 도는 순환하는 힘의 핵심에 있다.

도는 균형을 이룬다. 그러므로 지혜를 가진 사람은 극단에 치우치지 않는다. 극단에 치우치면 반드시 되돌아가려는 반작용의 힘이 작용하기 때문이다. 진나라 때의 여불위가 그의 제자들과 써서 남긴 다음 글 역시 같은 맥락이다.

천자는 완전하려 하지 않고 극단에 치우치지 않으며 가득 채우려 하지 않는다. 완전하면 반드시 결함이 생기고 극단에 이르면 반드시 되돌아오게 되며, 가득 차면 반드시 부족하게 되기 때문이다. 『여씨춘추』[19]

순환하고 변화하는 것을 알면서도 사람들이 완전함, 극단, 가득함을 추구하는 것은 사물에 대한 집착 때문이다. 극단적인 생각은 절멸을 가져오고 완전함을 추구하는 사람들은 종국에 절망한다. 어떤 하나에 완전하려는 집착은 다른 손실을 불러온다. 완벽히 가득 채우면 마침내 무너지는 것처럼 사물은 일정 주기로 흥망을 거듭한다. 사물이든 정신이든 원리는 같다. 모든 추구는 인간의 욕망 때문이며, 또 이 모든 되돌아옴은 자연의 섭리가 작용한 결과다. 되돌아가는 일, 이것이 도의 본성이다.

노자가 말하는 돌아간다는 것은 반대 방향을 향한다는 말이 아니라 극단에서 중심으로 돌아감을 말한다. 표피에서 핵심으로 돌아감을 말한다. 화려함에서 질박함으로 돌아감을 말한다. 어짊이란 "자기를 이기고 예법을 회복하는 것"[20]이라는 공자의 말 '극기복례克己復禮'에서 '기己'란 자아집착이며 욕심이다.

일부 학자들은 이 문구를 정치적으로 해석해서, '예禮'를 공자가 회귀하고 싶은 주나라의 예법이라고 보기도 한다. 그러나 『논어』를 보면 '예'에 관한 공자의 많은 언급이 있다. 공자가 말하는 본질적인 '예禮'란 삶의 자연스러운 법도에 다름 아니다. 그러므로 『논어』에서 유자는 '예법이란 조화가 중요하다'고 한다.[21]

도는 조화를 추구한다. 조화를 위한 예법이란 넓은 의미로 말하자면 생활의 이치며 자연의 섭리다. 자기의 이욕을 버리고 삶의 질서와 자연의 섭리를 따르는 것이 본질적인 참 어짊을 회복하는 일이다. 돌아감이란 장자의 말대로 도의 중심축인 본연의 핵심으로 돌아

간다는 말이다. 돌아감이란 회복함이다. 노자와 장자 역시 강조하는
것은 어린아이의 순수함을 회복하는 일이다. 깎지 않은 질박한 나무
의 본질로 회복하는 것이다. 어린아이나 깎지 않은 나무에 숨 쉬는
생명의 힘은 더 강하다. 어린아이나 나무는 아름답다. 생명의 순수
한 힘이 넘치기 때문이다.

어린아이는 하루 종일 울어도 목이 쉬지 않는다. 자연의 조화로움
때문이다. 하루 종일 손아귀를 쥐고 있어도 힘줄이 당기지 않는다. 자연
의 덕이 함께 있기 때문이다. 종일 눈을 뜨고 보고 있어도 눈을 깜박이
지 않는다. 외물에 사로잡혀 있지 않기 때문이다. ……이런 경지의 어른
은 화도 미치지 않고 복도 찾아들지 않는다. 화나 복이 없으니 어찌 인
간 세상의 재앙을 입겠는가. 『장자·경상초』[22]

어린아이는 겉과 속이 일치되어 있다. 자연스러운 본성이 온전히
살아 있으므로 아름다울 뿐 아니라 강건하다. 겉과 속이 다르다면
부자연스러운 것이며 부조화인 것이므로 추하다.

겉과 다른 그 '속'이란 탐욕이나 성냄이나 고정관념 등으로 굳어
버린 속이다. 그러나 장자가 추구하는 속은 자신의 참된 성품이며,
맑은 영혼이다. 참된 자신의 맑은 영혼과 외양의 행동이 자연스럽게

똑같이 나타날 때 그것을 우리는 아름답다고 한다. 그러므로 자연은 아름답다. 대자연도 아름답다. 모든 자연의 발로, 모든 참된 것은 아름답다.

세상이 모두 아름답다는 것을 아름다워한다면 이는 추한 것이다. 모두 좋다는 것을 좋아한다면 이는 나쁜 것이다. 「노자 2장」[23]

세상이 아름답다, 좋다 하는 것은 모두 상대적인 것인데도 한쪽으로 치우친다면 아름답고 좋은 게 아니라는 말이다. 표현된 세계의 모든 것은 정면과 반면으로 이루어져 있다. 그리고 조화와 균형을 이루고 있다. 꽃이 아름답다고 잎사귀를 모두 떼어버린다면 꽃의 아름다움은 없다. 장미가 아름답다고 모든 꽃을 장미의 모양으로 변형한다면 세상의 진정한 아름다움은 사라진다. 사람들이 모두 아름답다고 여기는 미인의 모습으로 성형을 한다면 거기에는 어떤 아름다움도 없다. 장미, 백합이 아름다운 것처럼 지렁이나 거미도 아름답다. 진정한 아름다움은 원래의 자연스러움에 있는 것이지 '꾸밈'에 있는 것이 아니다. 화장은 요염하게 한다고 했지만 표정을 천박하게 한다면 더욱 추해 보일 뿐이다. 더구나 남의 껍질을 흉내 내어서는 말할 나위도 없다.

상대적인 세계를 보는 사람들의 문제는 표면만 보고 내면을 보는 일에 서투르다는 점이다. 알맹이가 아닌 껍데기에 눈길이 멈춘다. 서시는 중국의 사대 미인의 한 사람이다. 그는 밝게 웃는 모습보다 미간을 찌푸린 모습이 지나칠 정도로 매혹적이었다.

서시는 심장병이 있어서 항상 눈썹을 찌푸리고 다녔다. 그랬더니 그 마을에 사는 추녀가 그것을 흉내 내서 가슴을 쓰다듬으며 눈썹을 찌푸리고 다녔다. 그러자 마을의 부자는 문을 닫아걸었고 가난한 사람은 가족을 데리고 이사를 가버렸다. 「장자·천운」[24]

그 추녀가 본 것은 내면의 참모습이 아니라, 표면의 껍데기뿐이었다. 자연을 본받아 산다는 것은 내면의 참모습에 따라 소박하게 사는 것을 이른다. 보통 사람의 눈에는 껍데기의 예의나 거짓의 사랑이 진정한 것으로 보이기 쉬운 법이다. 짐승은 먹이를 먹을 때 배부르면 그친다. 나무는 열매를 맺고 꽃을 피우면 잎을 떨어뜨린다. 소박함이란 지나침, 욕심 등의 껍데기를 버리는 것이다. 장자에 따르면 욕심 없음이 바로 소박함이다.[25] 순수한 자연스러움으로 돌아가는 일이다.[26]

꾸밈없는 상태로 돌아가라

장자가 말한다.

> 깎고 또 다듬어 다시 질박함樸으로 돌아가라. 『장자·산목』[27]

'박樸'은 손질을 가하지 않은 나무다. 깎고 다듬으며 손질을 가하지만 진정한 손질이란 가장 자연스러운 모습으로 만드는 것이다. 본질을 유지하여 그 아름다움을 보존한다. 원래의 나무 그대로 두는 것이 아니다. 조탁의 과정을 충분히 거친다. '박'으로 돌아간다는 것은 원래의 통나무 그대로 두는 것이 아니라 자연스러운 이치를 온전히 살린다는 뜻이다.

『장자』에 다음과 같은 이야기가 있다. 열자는 점을 기막히게 잘치는 계함을 보고 크게 놀랐다. 계함은 사람의 살고 죽는 날, 화가 미치는 날과 복이 들어오는 날의 날짜까지 눈앞에 펼치듯 보여주었다. 그는 계함이 대단한 사람이라고 생각하고 자신의 스승인 호자에게 소개했다. 계함을 부른 스승 호자는 점쟁이 계함에게 세 번에 걸쳐 자신의 다른 모습을 보여준다. 처음에 스승 호자가 죽음이 다다른 듯한 모습을 보여주니 계함은 그가 곧 죽을 것이라고 점을 친다. 두 번째 만났을 때 그 스승은 생기가 돌아온 듯한 모습을 보여주었다. 계함은 그 스승이 살아날 것이라고 점을 친다. 세 번째 그 스승이 보여준 자신의 모습은 '어떤 모습'도 없는 모습이었다. 이는 점치는 일이라는 작은 재주가 헤아릴 수 없는 경지였다. 이날 계함은 호자의 관상을 다시 보러 왔다가 앉지도 못하고 도망쳤다. 그 이야기를 듣고 깜짝 놀란 열자가 그 까닭을 물으니 스승 호자가 말한다.

"조금 전 나는 그에게 '나라는 것'이 완전히 사라진 모습을 보여줬네. 텅 빈 채로 자연의 흐름과 함께하니까 그는 어찌된 영문인지 알지 못했네. 바람 부는 대로 흔들리고 흐름에 따라 흐르고 있으므로 그가 달아난 것이지."

열자는 큰 깨달음을 얻는다. 진리를 위해서 공부를 한다고 했지만 자질구레한 지식이나 점치는 기술을 '도'라고 알았던 자신이 부끄러웠다.

그 뒤 열자는 자신의 수양이 부족함을 절감하고 집으로 돌아갔다. 삼 년 동안 문 밖으로 나가지 않으면서 아내를 위해 밥을 지었다. 돼지를 사람처럼 먹여 키우며, 다른 아무 일에도 몰두하지 않았다. 온갖 꾸밈을 버리고 본래의 소박한 생활로 돌아갔다. 속세의 밖에 서서 온갖 분란을 벗어났다. 그는 그렇게 일생을 마쳤다. 「장자·응제왕」[28]

문헌 『열자』에서의 열자 역시 '깎고 다듬어서 결국은 질박함으로 돌아가는 것'[29]이 중요하다고 말한다. 수양을 하고 도를 닦는다는 것은 세속적 재주나 기술을 추구하는 일이 아니다. 소박한 삶으로 돌아가 자연의 섭리에 따라 사는 것이다. 그게 도를 이루는 것이다. 사주를 보고 운명을 기막히게 맞춘다 해도 그것은 겉껍데기를 가지고 속껍데기를 엿보는 재주를 부리는 일이다. 얼굴이나 신체에 나타난 변화를 가지고 건강을 헤아리는 것처럼 기술적인 것에 불과하다. 느닷없이 습기가 많은 바람이 불면 곧 비가 오는 법이다. 일정 기간 동안 몹시 추우면 머지않아 따뜻한 날씨가 된다. 이는 자연 변화에 따른 기상의 예측이다. 일부 사람들은 눈앞의 생각에 빠져 이런 변화를 못 읽을 뿐이다. 아무리 대단한 재주를 가지고 있어도 밥 먹고 잠자는 육신을 가지고 있는 인간의 삶이란 자연의 커다란 섭리 앞에 유한한 생명체다.

『논어』에서 공자는 욕심을 버림, 뜻을 지켜나감, 나무처럼 질박함, 말을 잘 못하는 듯 어눌함, 이런 것들이 바로 진정한 어짊의 표지라고 말한다.[30] 무욕의 심경을 유지하는 일, 겸손하고 소박하게 사는 일. 이를 공자 역시 진정한 삶의 진솔한 모습이라고 여긴 것이다.

양자거가 노자를 찾아가 가르침을 청했다. 노자는 길을 걸으며 탄식하듯이 말했다.

"처음에는 너를 가르칠 만하다고 생각했지만 이제는 안 되겠구나."

꾸중을 들은 양자거는 아무 말도 못하고 걷다가 함께 여관에 묵었다. 여느 때처럼 양자거는 대야·양칫물·수건·빗 등을 준비해서 노자의 시중을 들었다. 그러나 그날은 마음이 편치 못했다. 밖에서 신을 벗고 무릎걸음으로 노자에게 다가가 자신의 잘못을 지적해달라고 말했다. 노자가 말한다.

"너는 눈을 치켜뜨고 오만한 모습을 하고 있다. 누가 너와 함께 있으려 하겠느냐? 정말 깨끗한 사람은 더러워 보이고, 진정 덕을 갖춘 사람은 모자란 듯이 보이는 법이다." 「장자·우언」[31]

그동안 양자거가 노자와 여관에 머물면 그는 훌륭한 스승의 제자라는 생각으로 거만한 태도를 보였다. 그 기세에 눌려 여관 주인은 서둘러 방석을 들고 맞이했고, 주인의 아내는 수건이나 빗을 준비해서 바쳤다. 다른 손님들이나 여관의 일꾼들도 양자거를 위해 자리를 피했다. 그러나 노자의 지적을 받은 뒤 양자거는 크게 깨닫고 다른 사람이 되었다. 얼마 뒤 그 여관에서는 서로 양자거와 함께 자리를 다툴 정도로 편하게 대한다.

양자거는 노자를 스승으로 모시는 수행자였다. 수행자는 수행자임을 자부한 나머지 오만함에 빠져 수행의 본질을 잊는다. 진정한 주인은 오만하지 않다. 오만한 사람은 누군가의 '종'이다. 자연의 섭리라는 진짜 주인의 '종'이며, 자기가 무엇이 된 것처럼 착각하는 허상의 '종'이다. 세상의 주인으로 산다는 것은 겸손하고 참된 모습으로 자연의 섭리와 함께하는 것이다. 이런 경지를 노래로 부른 방온 거사의 게송이 있다.

날마다 하는 일 별것이 없네 / 오로지 자신으로 벗을 삼나니 / 취할 것 버릴 것 아무것 없고 / 옳은 것 그른 것 어디도 없지 / 붉다 빨갛다 왜 따지리오 / 언덕과 산들은 티끌 없는데 / 신통이니 도술이란 다름 아니라 / 물 길어 밥하고 나무 하는 일. 『오등회원』[32]

아무리 수행을 하고 도를 닦는다 하더라도 일상사가 기본이다. 외부의 명예나 권력이나 금전을 벗하는 게 아니라 자기 자신을 벗한다. 도를 닦는다, 수행을 한다지만 진정한 득도-진리를 깨닫는 것은 물 길어다가 밥을 하는 일, 산에 가서 나무 하는 일이다. 진정한 깨달음이란 병을 고치고 미래를 내다보는 게 아니라, 외부의 것에 휘둘리는 마음을 걷어내고 자신에게 충실한 삶을 사는 것이다. 자신과 남이 하나라는 것을 깨닫고 남의 몸을 내 몸처럼 위하는 것이 신통이다. 산에서 도를 터득하면 무엇을 하겠다는 것인가. 자연의 섭리가 자신과 함께하는 삶의 주재자로 산다면, 수행을 마치고 산에서 내려와 시장에서 생선을 토막 쳐 팔면서 내 육신을 봉양하고 남에게 밥을 먹이는 일이 도의 완성이다. 인생의 참 가치 역시 그 가운

데에 있다. 현명하고 지혜로운 생활이란 주어진 현실을 받아들이며
진정으로 소박하게 사는 일이다. 종교적 수행자의 길을 간다 해도,
아무리 경건한 삶을 산다 해도 그 모든 것은 비바람을 마주하는 현
실이 바탕이 되어야 한다.

어떤 사람이 장자에게 중책을 맡기려 했다. 장자는 부름을 전하
러 온 사람에게 말한다.

"당신은 제물로 쓰이는 소를 본 적이 있습니까? 아름다운 비단을 입
히고 좋은 먹이를 주지요. 그러나 막상 끌려가서 제사상에 올리어질 때
아무리 살아있는 송아지가 되고 싶다 한들 무슨 소용이 있겠습니까?"
『장자·열어구』[33]

명예와 권력에 목이 매달려 사는 정치인, 영혼을 교단에 맡긴 성
직자, 삶을 산속에 숨긴 수행자들 모두 비단을 두른 채 제단에 올려
진 소와 다름없다. 장자는 부단히 묻는다. 죽은 영혼을 선택할 것인
가. 참된 삶을 선택할 것인가.

어떤 아름다운 새가 날아와 노나라의 교외에 앉자 노나라 왕은
이 새를 귀하게 여긴 나머지 산 채로 잡아다가 소·돼지·양고기를

주고 멋진 음악을 연주해줬지만 사흘 만에 죽어버렸다. 유가를 따르
는 무리들은 사람들로 하여금 모두들 이런 새가 되기를 원하는 것
아닌가.[34] 이것이 장자의 물음이다.

장자가 복수에서 낚시를 하고 있었다. 초왕이 보낸 두 신하가 와
서 그에게 왕의 뜻을 전한다.

"왕께서 선생님께 나라의 일을 맡기고 싶다고 하십니다."

장자는 낚싯대를 쥔 채 돌아보지도 않고 말했다.

"내가 듣기에 초나라에는 죽은 지 삼천 년 된 신령스런 거북이가 있
다더군요. 왕께선 그것을 헝겊에 싸서 상자에 넣고 제단에 모신답니다.
이 거북은 죽어서 소중하게 받들어지기를 바랐을까요, 아니면 진흙에
서 꼬리를 끌며 다니기를 바랐을까요?"

두 신하가 대답했다.

"그야 살아서 진흙 속에서 꼬리를 끌며 다니고 싶었을 테죠."

그러자 장자가 말했다.

"그러니 돌아들 가시오. 나도 진흙 속에서 꼬리를 끌며 다니고 싶소."「장자·추수」[35]

대답은 명확하다. 육체의 목숨을 부지하겠다는 것이 아니다. 참된 마음의 생명인 영혼의 자유를 잃지 않겠다는 말이다. 세속은 진흙처럼 더럽지만 제단은 깨끗하다. 그러나 맑은 영혼을 살리는 곳인 까닭에 세속이야말로 진정 깨끗한 곳이다. 중국 선종 조사들의 대화를 들어보자.

조주가 남천에게 물었다.

"무엇이 도입니까?"

"평상심이 도이다."

"그럼 수행할 필요가 없겠군요?"

"네가 무엇인가를 도라고 생각하는 순간 도는 없다."

"아무것도 없는데 도가 있습니까?"

"도란 생각으로 헤아리는 게 아니다. 분별과 시비가 없어지고 모든
의심이 풀리며 사물과 하나가 될 때 그것이 도에 이른 것이다." 「중국선조
사전」[36]

'평상심'이란 일상의 마음이 아니라 순수한 '본래 마음'이다. 이
평상심을 선가에서는 '직심直心'이라고도 한다. 마음속 깊은 곳의 참
마음이다. 마조 역시 제자들에게 말한다.

"평상심이 도이다. '평상심'이란 무엇을 억지로 하지 않고, 무엇을 추
구하지도 않는다. 옳다 그르다 시비를 가리지 않고, 소유하겠다 버리겠
다 따지지 않는다. 길다 짧다거나 속되다 성스럽다 가리는 일도 없다.
…… 그 마음으로 생활 속에서 자연스럽게 사물을 대하는 게 모두 도
이다." 「경덕전등록」[37]

시비·취사·장단·성속을 가리고 따지는 생각을 마조는 '오염된
마음'이라고 한다. 오염되지 않은 순수한 마음이 '평상심'이다. 노자
나 장자의 말로는 어린아이 같은 마음이 평상심이며, 조탁을 가하지
않은 통나무 같은 마음이 평상심이다. 순수한 본연의 마음을 회복

하는 일. 그리고 껍데기 사랑이 아닌 진정한 사랑을 실천하는 일. 그
것이 소박한 자연으로 돌아가는 길이다.

제5장

창조적인 삶

하
나
됨

'나'와 '나라는 것'의 하나 됨

참된 삶을 구현하기 위해서는 제일 먼저 자신의 참모습을 되살려야 한다. 자신의 참모습을 되살리면 나와 사물이 하나가 되기 때문이다. 그러나 사물과 내가 하나가 되기 위해서는 우선 내가 나를 하나로 해야 한다. 다시 말하면 세상의 기준에 맞춰진 '나라는 것'을 벗어버리고 순수한 나의 모습으로 돌아오는 일이다.

안회가 말했다.

"저는 다소 터득한 게 있습니다."

공자가 물었다.

"그게 무엇인가?"

"저는 인의를 잊었습니다."

"좋지. 그러나 아직은 부족하네."

얼마 뒤 안회가 다시 말했다.

"저는 터득한 게 더 있습니다."

"그게 뭔가?"

"저는 예악을 잊었습니다."

"좋긴 하지만 아직은 미흡하네."

"저는 '좌망坐忘'하게 되었습니다."

공자가 놀라서 물었다.

"'좌망'이 뭔가?"

안회가 대답한다.

"손발이나 몸을 잊고 귀와 눈의 작용을 멈추며, 형체를 떠나 지식을 버리고 저 자연의 기운과 하나가 되는 것, 이를 좌망이라 합니다."

"도와 하나가 되면 좋고 싫음이라는 분별이 없어지고 어디에도 집착하지 않게 된다. 너는 정말 훌륭하구나. 나도 네 뒤를 따라야겠다." 「장자·대종사」[1]

감관의 작용을 멈추고 자기 자신의 존재조차 잊는 경지가 '좌망'이다. 사랑이나 정의 등은 인간이 설정한 일정한 기준이다. 이런 기준은 그보다 더 큰 기준으로 넘어설 수 있지만 내 육신의 존재를 잊고 감관의 작용을 넘어서는 일은 어려운 일이다. 더구나 '나'라고 하는 자의식과 지식까지 버리고 자연의 기운과 하나가 된다는 것은 지고의 경지다.

사물을 잊고 세상을 잊는 일, 그것을 '자신을 잊는다'고 하며, 자신
을 잊은 사람을 하늘에 들어간 사람이라고 한다. 「장자·천지」²

하늘은 나와 다른 곳에 있는 것이 아니다. 사물에 대한 집착·소
유·편견·아집을 잊으면 나를 잊는다. 나를 잊으면 하늘과 함께하는
사람이다. 그렇다면 어떻게 해야 '나'를 잊을 수 있을까.

열자가 제나라로 가다가 말고 허둥지둥 돌아왔다. 백혼무인이 그
를 보고 떠난 지 얼마 되지도 않았는데 어째서 돌아오느냐고 물었
다. 그러자 열자가 대답한다.

"가는 길에 제가 음식점에서 음식을 시키니 열 집 중 다섯 집의 주
인이 음식 값을 받을 생각도 하지 않고 음식을 가져다줍니다."

"그런 일로 자네가 놀랄 게 뭐 있는가?"

"저의 인품이라는 것이 녹아서 퍼지지 않은 채 겉으로 드러나고 있
습니다. 저의 외모가 남에게 '훌륭한 사람'으로 보이고 있는 것입니다.

음식점 주인들은 다른 노인 어른들이 많은데도 제게 그러는 걸 보면 제게 불행이 따를 수밖에 없습니다."

음식점 주인들이 보기에 인품과 지식이 있어 보이고 지위가 높아 보이는 그에게는 묻지도 않고 음식을 가져다줬다. 그처럼 대단해 보이는 것이 왜 문제란 말인가. 열자가 염려한 불행이란 그의 이어지는 말처럼 그가 어설프게 잘난 사람처럼 보이기 때문에 결국은 마구간에 끌려 들어가듯 세속의 소용돌이에 빠지는 두려운 일이다. 내면의 성실함이 녹아서 퍼졌다면 그저 소박한 사람으로 보일 뿐 어떤 대단해 보이는 모습이 외모에 드러나지 않았을 것이다. 열자는 말을 이어간다.

"주인이란 음식을 팔아 이익을 남기는데 그 이익은 박하고 아무런 권력도 없습니다. 그런 그들이 제게 그런다면 한 나라의 제왕은 더할 것입니다. 만나보지 않아도 정사에 심신이 지칠 대로 지친 그들은 제게 높은 직위를 주고 무엇을 이루어내도록 할 것이 뻔합니다. 그래서 가던 길을 멈추고 돌아왔습니다."

이런 열자의 말을 들은 백혼무인은 그를 칭찬하면서 집에서 조용히 머물도록 했다. 그런데 얼마 지나지 않아 그의 집을 가보니 집 안에 손님들의 신발이 가득했다. 아무 말 없이 돌아 나오는 백혼무인을 발견한 열자는 맨발로 뛰어나와 그에게 뭔가 잘못한 게 있음을 지적해달라고 말한다. 백혼무인은 열자에게 스스로는 깨닫기 힘든 문제라고 하면서 다음과 같이 말한다.

> "자네가 사람들을 끌어들이려 하지 않아도 사람들이 몰려드는 것은 자네가 아직도 남을 감동시키거나 기쁘게 만드는 뭔가 남다른 대단한 점을 계속해서 드러내고 있기 때문이네." 「장자·열어구」[3]

열자는 먼저 자신의 수양이 부족함을 깨닫고, 또 그 때문에 세속적 성공이 가져올 속박이 싫어서 가던 길을 돌아온 사람이다. 세속적 성공의 길은 가지 않았지만 그에게는 여전히 세속 사람들이 계속해서 모여들고 있다. 그것은 결국 백혼무인의 말대로 남을 끌어들이는 '대단하게 보이는 무엇'인가가 근본적으로 곁에 드러나기 때문이다. 그것이 아직도 가슴속으로, 생활 속으로 녹아 퍼지지 않았던 것이다. 자신의 문제점이 무엇인지 열자가 이해하지 못한 이유는, 백혼무인이 지적하는 것이 세속적인 부귀영화 등 외부의 것이 아니라 정신적인 부귀영화라는 내면의 것인 까닭이다. 이 부분의 의미는 장자가 들려주는 노담의 문상 중에 있었던 일화와 같은 맥락이다.

노담이 죽자 친구 진일이 가서 문상을 했다. 그런데 진일은 간단히 곡만 세 번 하고 나왔다. 상례에서 '곡'이란 소리 내어 우는 형식적인 예법이었다. 제자가 이상하게 여기며 그분은 선생님의 친구인데 어떻게 그렇게 간단한 예의만 차리고 돌아 나오느냐고 물었다. 그러자 진일은 노담이 '뭔가 훌륭하게 드러나는' 삶을 살다가 죽은 보잘것없는 사람임을 알았기 때문이라고 말한다.

"처음 나는 그를 훌륭한 인물이라고 보았지만 지금은 아닐세. 아까 내가 들어가 보니 마을 늙은이는 제 자식을 잃은 듯이 곡을 하고 있고, 젊은이들은 제 어버이를 잃은 듯이 곡을 하고 있더군. 사람들이 그렇게 모여 우는 것은 그가 의도하지는 않았어도 남들에게 훌륭하게 보여서 울게 만든 뭔가가 있었기 때문이지. 이것은 자연의 도리에서 벗어나 진실을 거역하고 하늘로부터 받은 본분을 잃은 까닭이네." 「장자·양생주」[4]

진일의 이야기는 위의 백혼무인이 말한 것처럼 노담도 무엇인가 뛰어나 보였기 때문에 남들로부터 대단한 사람이라고 여겨졌다는 것이다. 대단한 사람으로 남의 마음에 자리 잡은 것은 무엇인가 훌륭한 점이 드러나 보였기 때문이고, 많은 사람들이 몰려들 정도로 드러나 보였다는 것은 그 훌륭한 점이 그의 정신 속에 아직 녹아 퍼지지 않았다는 말이다.

위의 열자의 이야기를 이해하기 위해서는 다음과 같은 비유가 필요하다. 대단히 훌륭하다고 알려진 인품의 사람이 있다. 사람들은 그를 만나면 항상 웃음꽃이 피고 좋은 말과 덕이 될 만한 말을 나눈다. 그는 항상 깨끗하고 점잖은 모습으로 생활하며 고결하고 아름다운 모습을 잃지 않는다. 행동을 하면 모두 경전에 맞고, 말을 하면 모두 책에 있는 훌륭한 말씀이다. 그러나 백혼무인이 볼 때 이런 모습은 사람들이 서로 추구하는 어떤 것을 위해 저도 모르게 연출하는 정경이다. 정신적인 부귀영화를 탐하고 있는 모습일 뿐이다. 진정한 인품이란 그처럼 '훌륭한 사람'으로 보이지 않는다. 남의 눈에 '훌륭한 사람'으로 보이는 까닭은 그가 무엇인가 '훌륭하다는 모양'을 계속해서 지어내고 있기 때문이다. 진정 훌륭한 사람은 마음 창고에 '고상한 것들'조차 채워놓지 않는다. 예수의 가르침처럼 마음을 '가난하게' 하여 그 텅 빈 곳간에 하늘의 섭리가 임하게 할 뿐이다.

진일의 이야기를 들으면 백혼무인의 관점을 좀 더 이해하기 쉽다. 진일이 지적하는 것은 노담이 자신의 내면에 있는 덕성을 남에게 베풀 때 드러나게 베풂으로써 남들이 그것을 감사하게 느끼지 않을 수 없게 한 점이다. 의도적인 것은 아니지만 은혜가 녹아들 듯이 베풀어진 게 아니라 상대방이 감사하게 느끼도록 베풀었다. 은혜를 받은 사람들은 그것을 은혜로 여기고 크게 감사한 나머지 제 부모를 잃은 듯이 운다. 은혜로 여기게 됐다는 것은 그들의 마음에 '빚'으로 남아 있다는 말이다. 은혜를 녹여서 은혜인지도 모르게 주지는 않은 것이다. 진일이 노담에게 실망한 것은, 예를 들자면 그가 많은 돈을 많은 어려운 사람들 손에 일일이 쥐여주고 간 것처럼 덕을 드러나게 베풀었기 때문이다. 그러나 진일이 기대한 것은 마치 길거리의 구세군 냄비에 아무 이름 없이 많은 돈을 던져주고 가듯 완전한 베풂이었다. "'내'가 '너'에게 '사랑'을 준다"는 의식적인 베풂이 아니라, 주는 사람이 누군지 모르고, 받는 사람이 누군지 알려고 하지 않는 사랑이다. 사랑을 베푸는 과정에서 '나라는 것'을 지웠어야 했다.

백혼무인이 열자에게 지적한 중요한 점은 유형의 것이 아니라 무형의 것, 즉 인품도 그처럼 녹아 있어야 한다는 점이다. 어떤 사람에게 사랑과 정이 넘치고 옳은 말씀만 하므로 배울 것이 많다고 하면 그것은 사랑과 정, 또는 옳은 말씀이 완전히 자기 자신 속으로 녹아서 삶이 되지 않은 것이다. 사람들이 몰려드는 것은 인덕이 넘치기 때문이 아니라 인덕이라는 것이 남을 기쁘게 하는 '선물' 정도에 그치고 있기 때문이다. 장자가 유가의 가르침을 부정하는 것은 바로 이런 까닭이다.

진정 훌륭한 음악은 세속 사람들의 귀에 특별히 좋게 들리지 않는다. 그러나 절양이니 황화니 하는 세속적 노래는 환성을 지르며 반긴다.
『장자·천지』[5]

　세속적인 유행가는 많은 사람이 환호하는 반면 예술성이 뛰어난 고전 음악은 아는 사람만 좋아한다. 진정 고상한 음악은 언뜻 들으면 별로 대단해 보이지 않는다. 그러나 일시적으로 유행하는 것은 오히려 많은 사람들이 좋아한다. 많은 사람이 환성을 지르며 반기는 까닭은 위의 일화에서 열자나 노담이 한 것처럼 '사랑'과 '정의'가 사람들의 껍데기 마음에 부합하는 천박한 수준의 것이었기 때문이다. 번지르르한 말은 믿음직하지 않다고 노자가 말한 대로,[6] 사랑이나 정의라고 부각되어 드러난 가치는 녹아서 피와 살이 된 것이 아니다. 진정한 정신은 믿음직한 말뿐 아니라 성실·사랑·정의·어짊 등의 덕성이 완전히 녹아서 전혀 흔적조차 없을 때 비로소 회복된다.

　위와 같은 논의를 통해서 보면 결국 진정한 마음을 찾아가는 과정에서 중요한 것은 기존의 관념으로 우리의 머릿속에 자리 잡고 있는 껍데기를 벗겨버리는 일이다. 관념의 덩어리들이 문자의 옷을 입고 지식이라는 이름으로 이욕의 덫에 걸려 머릿속을 채우고 있었다. 사람들은 진정한 사랑, 진정한 정의, 진정한 믿음을 알지 못한 채 '사랑', '정의', '믿음' 등 훌륭한 가치라는 관념의 옷을 장식처럼 잠시 걸쳐 입고 있는 것이다. 그것을 버리는 일은 사실 머릿속의 작은 주인인 '나라는 것'을 버리는 일이다. 그것을 버리는 순간 커다란 주인인 자연의 섭리가 순수한 나의 영혼으로 살아난다. 나를 내어주고 하늘을 들여오는 것이다.

'나'와 '사물'의 하나 됨

나라는 것을 버리고 참된 나의 상태가 되면 '나'와 '내가 아닌 것'의 분별이 없어진다. 가정생활 같은 일상생활에서도 식구들 간에 지나치게 자신을 의식한다면 정신적으로 문제가 생길 것이다. 그러나 정서적으로 안정된 혈육 간에는 거리감이 거의 없다. 그처럼 분별심이 없는 상태를 장자는 다음과 같이 비유했다.

> 시장 거리에서 남의 발을 밟으면 미안하다고 사과해야 하지만, 형이 동생의 발을 밟으면 부드러운 눈길만 줘도 되고, 부모가 밟았을 때는 아무 말도 필요 없다. 「장자·경상초」[7]

형제와 부모는 교감에 있어서 거리를 느끼지 않는다. 일체감의 사례를 말하는 장자의 생생한 비유다.

남과 친하게 사귀면서 선물 따위를 하지 않는 것은 남과 자기의 구별을 잊었기 때문이다. 나와 남을 하나로 보는 사람을 하늘 사람이라고 한다. 『장자·경상초』[8]

아무리 개인 중심적인 사회에서라도 이런 장자의 말은 다를 수 없다. 매일 보는 친구에게 공손하게 인사하지 않는다. 늘 선물을 하지도 않는다. 거리감이 없는 온전한 관계이기 때문이다.

발이 신을 잊는 것은 신이 발에 꼭 맞기 때문이며, 허리가 허리띠를 잊는 것은 허리띠가 허리에 꼭 맞기 때문이다. 『장자·달생』[9]

외부의 사물과 온전한 관계가 되었다는 것은 사물과 내가 자연스럽게 하나가 되었기 때문이다. 이는 사물에 대한 부자연스러움과 집착으로부터 자유로워졌음을 의미한다. 사물에 대한 부자연스러움과 집착이 없어졌으므로 의식적인 언행이 없어진다. 의식적인 언행이 없으므로 의식되는 것이 없다. 의식되는 것이 없으므로 온전한 자아로써 사물을 본다. 집착이 없으면 의식됨도 없다. 반면에 집착이 있으므로 사물이 있다. 의식하므로 내가 있다. 잘하겠다는 생각이나 잘못되면 안 된다는 불안이 의식을 강화시킨다. 의식적인 언행은 부조화를 일으킨다.

집착을 없애면 의식함이 사라지고 의식함이 사라지면 조화와 균형을 회복하게 된다. 자전거를 오래 타다 보면 나와 자전거가 한몸인 것처럼 느껴진다. 나중에는 내 정신과 하나가 된다. 초보자가 그림을 그리면 붓이 의식되지만 입신의 경지에 이르면 붓은 물론 나도 잊어버린다. 평생 악기를 연주하다 보면 종종 내가 악기를 연주하는 것이 아니라 나의 음악적 영혼이 내 손을 이끌고 간다. 시를 지어도 시구가 저절로 아름다울 뿐 시인 자신의 감정이입이 없다. 청나라의 학자 왕국유는 이를 '무아지경無我之境'이라고 한다.[10] 사물과 내가 하나가 되는 상태다. 사물과 내가 괴리를 느끼는 것을 그는 '격隔'이라고 했다. '격'이란 막힘이며 나뉨이다. 소통이 안 되므로 이질감을 느끼는 것이다. 생활에 '격'을 많이 느끼면 편안한 삶을 유지할 수 없다. 작가가 대상과 '격'이 있으면 예술성 높은 작품을 만들지 못한다. 표피만 그려낼 뿐이다. 무아지경에서는 나와 사물이 하나다.

내 안에 진정한 가치들을 완전히 녹여서 맑고 고요한 영혼의 눈이 뜨이면 새로운 세상을 만난다. 맑고 고요한 의식으로 사물을 대하면 사물의 모습이 선명하게 드러난다. 그때 보이는 모습이 사물의 본질이다. 그 본질은 나의 맑고 고요한 정신세계와 교유하고 소통한다. '나의 참'과 '사물의 참'이 만난 것이다. 이것이 물아일체物我一體다. 일체를 이루었다는 것은 서로를 완전히 받아들임으로써 서로를 잊었다는 것이다. 중국문학사에서 잘 알려진 도연명의 시구가 있다.

採菊東籬下, 悠然見南山。

동쪽 울타리에서 국화를 따다 / 한가로이 남산을 바라다본다. 도연명

「飮酒」[11]

　　역대 문인들이 이 구절에 주목한 이유는 이 시구가 보여주는 경지가 남달랐기 때문이다. 이 번역 시구를 읽어보면 평범한 산문처럼 읽히지만 한자 원문으로 낭송하면 마치 득도한 사람처럼 초연하고 아름다운 정신의 경지가 느껴진다. 도연명이 남산을 바라다보는 것은 유심히 쳐다보는 것이 아니다. 무엇인가를 보기 위해 건너다보는 것도 아니다. 아무 생각 없이 보는 것이다. 이 시구에서 중요한 글자는 울타리·국화·한가로이·남산 등이 아니다. 아무 생각 없이 보는 '견見'이다. 그러므로 '견'은 건너다보는 '망望'으로 대체될 수 없다. 살핀다는 의미의 '찰察'이나, 응시한다는 '시視'나, 잠깐 보는 '간看' 등의 글자로는 더더욱 대신할 수 없다. 이 글자들에는 모두 주체인 나 '아我'가 있다. 나의 생각이 작용한다. 그러나 '견'은 무심히 보는 것이다. '현現'과 같다. '현'이란 무단히 나타난 것이다. 무심히 보는 '견'에는 나만 일방적으로 산을 보는 것이 아니다. 산도 나를 본다. 나와 산이 서로를 보고 있다. 두 사물이 만난 것이다. 교감하고

대화하는 가운데 산이 나이며 내가 산이다.

> 산에는 꽃 피네 / 꽃이 피네 / 갈 봄 여름 없이 / 꽃이 피네.
> 산에 / 산에 / 피는 꽃은 / 저만치 혼자서 피어 있네.
> 산에서 우는 작은 새여 / 꽃이 좋아 / 산에서 사노라네.
> 산에는 꽃 지네 / 꽃이 지네 / 갈 봄 여름 없이 꽃이 지네.
>
> 김소월 「산유화」

김소월은 시 '산유화'에서 '저만치 혼자서 피어 있는 꽃'을 노래한다. 이 '저만치'를 가지고 김동리 등 한국의 학자들이 다양한 해석을 하고 있지만,[12] 이는 그들이 설명하는 것처럼 거리감이나 소외감을 말한 것이 아니라 '자재自在'를 말한 것이다. 자재함이란 자유이며 스스로 완전함이다. 갈 봄 여름 없이 산에서 피고 지는 꽃, 그 꽃이 좋아 산에서 사는 작은 새 모두 완연한 자재함 아닌가. 사실은 그런 사물들을 발견하고 노래한 시인이야말로 스스로 자재함을 꽃과 새에 기탁한 것이다. 자재란 중국의 서복관이 말한 대로 자유며, 자연이다. 노래로 불리어지는 이 순간 시인과 새와 꽃은 함께 '자연으로 하나'가 되고 있다. 대상과 나의 괴리가 없어지고 나면 김춘수의 시구처럼 그는 나에게 와서 꽃이 되고 나는 그에게 가서 꽃이 된다.

다음은 일본의 승려 시인 바쇼오의 하이쿠 시 전문이다.

山路來て何やら床しすみれ草。[13]

산길 오다가 / 무언가 그윽해라 / 작은 제비꽃

   제비꽃은 원래 그 자리에 홀로 있었다. 그런 그 꽃에 우연히 시인의 맑은 눈길이 머문다. 시인은 육안으로 보는 것을 넘어 마음의 눈으로 본다. 이 순간 시인만 제비꽃을 보는 게 아니라 제비꽃도 시인을 보고 있다. 제비꽃이 하나의 그림처럼 시인의 가슴에 피어난다. 이런 소통이란 바로 장자가 말하는 대로 "자신의 몸을 잊어버리고 귀나 눈의 작용을 막아버리며 세상 사람들이나 사물을 잊은 채 자연의 도와 하나가 되는"[14] 경지에서 열리는 세계다. 이런 경지에 이르면 남과 친하게 지내려고 노력하지 않아도 무심하게 친해지고, 모든 주변 사물들과 하나처럼 느낀다. 장자가 친구 혜시와 호수라는 강물을 내려다보며 나누는 다음의 대화를 주목해보자. 장자가 말한다.

   "물고기들이 한가롭게 헤엄을 치고 있네. 이것이 바로 물고기의 즐거움일세."

   "자네는 물고기가 아닌데 어떻게 물고기의 즐거움을 안다고 하나?"

"자네는 내가 아닌데 내가 물고기의 즐거움을 아는지 모르는지 어떻게 아나?"

"나는 자네가 아니니까 자네의 마음은 모르네. 마찬가지로 자네도 물고기가 아니니까 물고기의 마음을 모르는 게 확실한 거 아닌가?"

그러자 장자가 대답한다.

"처음 문제로 돌아가 말해보세. 자네는 내게 어떻게 물고기의 즐거움을 아느냐고 물었는데, 그건 내가 이미 물고기의 즐거움을 안다는 걸 알고 물은 거지. 그처럼 나도 물고기의 즐거움을 안단 말일세." 『장자·추수』[15]

혜시의 말은 논리적인 듯 보이지만 장자와 커다란 입장의 차이를 드러낸다. 그의 말은 사물과 나의 괴리를 인정하고 소통이 불가능함을 지적한다. 반면 장자는 '혜시 자네와 내가 소통하는 것처럼 나는 물고기와도 소통하고 있다'고 말한다. 혜시가 장자의 마음을 알고 물은 것은 첫 번째 한 장자의 '말'을 통해서인 것처럼, 장자는 자신이 물고기의 마음을 아는 것 역시 물고기의 '한가로이 헤엄치는出游從容' 모습을 보는 소통 속에 있다는 것이다. 이 순간 나는 물고기가 되며 물고기는 내가 된다.

이렇게 나와 사물이 하나 되는 정신 상태가 되면 "그 지혜는 모든 오묘한 것과 소통하고, 그 정신은 모든 사물과 교유한다"고 소동파는 말한다.[16] 유협은 『문심조룡』에서 "깊은 사색으로 이치를 깨닫고 나면 나의 정신은 사물의 정신과 완전히 소통한다"고 했다.[17] 개체와 만물이 하나가 되는 것이다. '나'라고 하는 아집·고정관념·경험화의 속박을 벗어나면 '참된 나'를 회복한다. 사물을 향한 욕망·멍에·틀에서 벗어나면 사물의 참 정신을 보게 된다. 나의 참 정신으로 사물의 참 정신과 교유하는 것, 이것이 나와 남, 나와 세상이 하나가 되는 경지다. 모습과 형체까지도 커다란 하나의 세계에 융합되고, 그렇게 하나가 되었으므로 자기라는 것이 없다. '자기가 없는데 소통하지 못할 사물이 어디 있겠는가!'[18]라는 게 장자의 말이다.

기술과 「도」

나와 사물이 하나가 되고 나서

나와 사물이 하나가 되면 그것이 어떤 경지를 보여주는지 장자는 여러 가지 우화를 들어 설명한다.

한 요리사가 문혜군을 위해 소를 잡아 해체하는 시범을 보였다. 그런데 자그마한 칼을 들고 소의 가죽과 뼈에 붙은 살을 가르는 그의 솜씨가 기막힐 정도로 완벽했다. 마치 리듬에 맞게 춤을 추고, 노래에 따라 악기를 연주하는 듯했다. 얼마 지나지 않아 소의 가죽은 가죽대로 뼈는 뼈대로 가지런했고, 피를 흘리지 않고서도 살과 내장은 부위별로 깨끗하게 진열되었다. 그야말로 완벽하게 소를 해체한 요리사는 조용히 칼을 칼집에 꽂았다. 문혜군은 이를 보고 묻는다.

"대단하구나. 기술이 어떻게 그런 경지에까지 이를 수 있느냐?"

그러자 요리사는 이렇게 말한다.

"이것은 사실 기술을 넘어서서 도의 경지에 이른 것입니다. 제가 처음 소를 잡을 때는 온통 소밖에 보이는 게 없었습니다. 삼 년이 지나자 소가 소로 안 보이더니, 이제는 깊은 마음의 눈으로 소를 대할 뿐 육안으로 소를 보지 않습니다. 감관의 작용을 멈추니 깊은 마음의 눈이 뜨였습니다. 이렇게 하여 뼈와 살 사이의 커다란 틈새로 칼을 놀리는데, 결코 뼈와 살을 상하게 하는 일 없이 발라내기 때문에 십구 년이 되어도 칼은 마치 방금 간 듯 날카롭습니다. 간혹 뼈와 살이 뒤엉킨 곳을 만나는 경우 긴장하고 정신을 집중하여 깨끗이 해결하고 나면 만족스러운 기쁨을 맛봅니다."

문혜군이 말했다.

"정말 훌륭하구나. 나는 요리사의 말을 듣고 세상 사는 법을 터득했다." 『장자·양생주』[19]

어떤 기술의 최고의 경지에 이르면 자연의 섭리에 맞게 된다. 여기서 요리사의 말에 주목할 필요가 있다. 처음 단계에는 보는 것마다 모두 소로 보인다. 돼지나 사람을 보아도 모두 소로 보였을 것이다. 삼 년이 지난 두 번째 단계에는 소를 보면 온전한 소로 보이지 않는다. 오장육부와 뼈, 살을 모두 발라놓은 것처럼 속속들이 꿰뚫어 봤을 것이다. 마지막 단계에는 육안이 아닌 정신으로 소를 대한다. 이제 이 단계는 '소'라는 사물을 '육안으로 보는目視' 것이 아니라 '마음의 눈으로 만나는神遇' 경지다. 여기서 중요한 것은 '감관의 작용을 멈추는 순간 깊은 마음의 눈이 뜨인다'는 부분이다. 이는 저 앞에서 논의한 대로 맑은 영혼의 눈이 뜨여 '참된 주재자眞宰'가 살아나는 순간이다.

보통의 요리사 같으면 소의 상태를 보지도 않은 채 자기의 실력만 믿고 해체할 것이다. 상대 소에 대한 이해 없이 무리하게 가죽을 찢기도 하고 살점을 뜯어낼 것이다. 자신의 주관적 생각에만 의지하기 때문이다. 요리사 포정도 처음에는 그랬다. 그런데 그렇게 삼 년이 지나자 실력이 붙어 병든 소와 건강한 소, 살찐 소와 마른 소, 어

246

린 소와 늙은 소, 어떤 소든 소를 보는 순간 더 이상 살펴볼 필요도 없이 오장육부까지 훤히 보였던 것이다. 그 당시 소를 한 마리 보면 온전한 소로 보이지 않고 해체된 채로 보였다. 그렇게 또 오랜 세월이 흐르자 이제는 소가 '있는 그대로' 보인다. 어떤 소든 소의 모든 것이 나의 정신과 하나가 되고 나의 손길이 가는 대로 해체된다. 이제 요리사는 소를 죽여서 가죽을 벗기고 살을 발라낼 때 불필요한 힘을 억지로 쓰지 않는다. 가죽을 찢거나 살점을 뜯거나 하지 않는다. 그의 말대로 뼈를 발라낼 때, 살과 뼈가 서로 붙어 있는 부분이 커다란 틈새처럼 널찍하게 보이기 때문에 자유자재로 칼이 나아간다. 내장을 제거할 때면 애써 뜯어내는 일 없이 저절로 떨어지듯 떼어내서 부위별로 가지런히 늘어놓을 뿐이다. 이것이 바로 그가 보여주는 '마음의 눈으로 만나는' 경지의 것이다. 그러므로 요리사는 이것이 "기술을 넘어서서 도의 경지에 이른 것"이라고 말한다. 요리사에게 새로운 눈이 뜨인 것이다. 그가 이렇게 새로운 눈이 뜨인 비결은 어디 있을까.『장자』의 다음 글에서 일말의 단서를 찾을 수 있다.

초나라에 허리띠 걸쇠를 만드는 기술자가 있었다. 그 일은 굉장히 정교한 작업이었지만 그는 나이 팔십이 되어도 조금의 실수가 없었다. 대사마가 그 기술의 비결을 물으니 그는 이렇게 대답한다.

"저는 다만 전통적인 원칙에 따를 뿐입니다. 저는 스무 살 때부터 걸쇠 만드는 일을 좋아하여 다른 일은 거들떠보지도 않았고 걸쇠가 아니면 쳐다보지도 않았습니다."「장자·지북유」[20]

이런 대답을 전하는 장자는 이어서 "쓸모없는 쇠붙이를 두드려 유용한 물건을 만드는 데도 이렇게 집중하여 노력하거늘, 하물며 어디에든지 필요한 '깨달음'이란 더 말할 것도 없다. 일상적인 일을 통해서도 깨달음을 터득할 수 있는 것이다"라고 한다.

요리사가 수년 동안 소를 잡아 경지에 이르기까지에는 '원칙과 기술'이 필요했다. 허리띠 걸쇠를 만드는 사람이 터득한 것도 그 원칙에 따른 기술이다. 거기에서 중요한 점은 평생 동안 다른 일은 거들떠보지도 않고 한 가지 일의 이치를 파악하는 데 온 정열을 쏟은 것이다. 전통적인 방법을 무시하지도 않고 그렇다고 낡은 방법에 매달리지도 않으며, 대상의 원리와 자연의 이치를 파악하고 자신의 정신을 쏟아붓는다. 서두르지도 않고 태만하지도 않게 모든 이치와 섭리가 종합적으로 터득되는 수준에 이르렀을 때 비로소 '기술'을 깨친다.

그러나 장자가 말하고 있는 것은 소 잡고 걸쇠 만드는 기술 그 자체가 아니다. 장자가 주목한 것은 삶의 도다. 그것은 위의 요리사가 말한 대로 '기술'을 넘어선 경지의 것인 '도'다. 어떻게 기술을 넘어 삶의 도를 깨칠 것인가. 위의 요리사 이야기에서 문혜군이 추구하고 자 하는 것은 도를 터득한 요리사의 말을 거울삼아 세상 사는 법을 터득하고 싶다는 말이다. 그 말의 이해를 돕기 위해서 요리사의 경 험을 다음과 같이 바꿀 수 있다.

어떤 회사의 노직원이 퇴임을 하게 됐다. 사장은 그를 위해 송별 의 회식 자리를 마련했다. 그 자리에는 많은 임직원들이 참석했는데 위아래 할 것 없이 그 노직원에게 스스럼없었고 그 역시 모두에게 형제처럼 대했다. 그런 모습을 발견한 사장은 그에게 회사에서 그처 럼 원만하게 지낼 수 있었던 비결이 뭔지 물었다. 그러자 그는 이렇 게 말한다.

"그건 사실 처세술이 아니라 순수한 마음이 빚어낸 생활입니다. 제 가 처음 입사했을 때는 모든 직원들이 다 좋은 사람으로 보였습니다. 삼 년이 지나자 사람마다 좋고 나쁜 점이 뒤섞여 있다는 걸 알게 되더니, 이제 저는 깊은 마음의 눈으로 사람들을 대할 뿐 눈이나 귀로 그들을 대하지 않습니다. 눈이나 귀로만 보고 듣거나 내 구미에 맞는 대로만 생 각하는 것을 멈추니 깊은 마음의 눈을 뜨게 된 것입니다. 이렇게 해서 위아래 사람들과 지내는 데 결코 남과 불편한 일 없이 처신하기 때문에 십구 년이 지나도록 저는 회사 생활이 마치 방금 입사한 사람처럼 신선합니다. 간혹 직원 간에 마찰이라도 생기면 긴장하고 정신을 집중하여 깨끗이 해결하고 나서 만족스러운 기쁨을 맛봅니다."

앞의 요리사와 걸쇠장이의 이야기를 통한 비결의 하나는 바로 수십 년간 한 가지에 집중하고 그 이치에 통달해 최고의 기술을 터득하는 일이다. 이처럼 오랜 기간 한 가지 일에 집중하고 그 이치를 헤아리다 보면 무언가 사물의 섭리를 파악할 수 있을 것이다. 그렇다면 그것으로 도를 얻을 수 있을까? 평생 동안 자동차 정비를 한 사람이 그 정비 기술을 통해서 인생의 도를 깨달을 수 있을까? 수십 년간 산을 오른 사람이 등산이라는 기술로 삶에 대해서 도를 터득할 수 있을까? 기술은 터득할 수 있을지 모르지만 기술이 도는 아니다. 도는 어떻게 터득할 수 있는가. 바로 요리사가 말한 대로 "감관의 작용을 멈추니 깊은 마음속 마음이 움직이기 시작합니다官知止而神欲行"라는 부분에 해답이 있다. 눈이나 귀로만 보고 듣거나 자기 마음에 맞는 대로만 생각하는 것을 멈추면 깊은 마음의 눈이 뜨인다. 문혜군이 바랐던 도를 위해서 『장자』의 다른 이야기를 더 들을 필요가 있다.

공자가 초나라로 가다가 숲속을 지나는데 한 꼽추가 마치 물건을 줍듯이 쉽게 매미를 잡고 있는 광경을 보았다. 공자가 물었다.

"무슨 특별한 비결이라도 있습니까?"

꼽추는 이렇게 말한다.

"대여섯 달 동안 대나무 장대 끝에 작은 돌을 두 개 올려놓고 떨어지지 않게 하는 연습을 합니다. 그러면 매미 잡을 때의 실수는 열 번 중에 서너 번 합니다. 그러다가 돌을 세 개 올려놓고 연습을 하면 매미를 놓치는 실수를 한 번 정도 합니다. 돌을 다섯 개 올려놓고 연습을 한 뒤에는 마치 줍듯이 쉽게 매미를 잡게 됩니다."

꼽추의 비결은 단순하다. 몇 달 동안이고 훈련을 해서 단계를 높여가는 것이다. 양궁선수들이 활을 쏘는 연습을 하면 처음에는 날씨 좋고 바람 없는 날 하루에 삼백 발씩 쏘는 훈련을 한다. 다음에는 몇 달 동안 흐리고 바람이 약간 부는 날 오백 발씩 쏘는 연습을 한다. 다음에는 어둡고 바람이 센 날 천 발씩 쏘는 연습을 한다. 그때쯤 되어 날씨 좋은 날에 활을 쏘면 모두 백발백중일까? 그렇지는 않을 것이다. 매미를 줍듯이 잡는 것처럼 화살을 손으로 꽂듯이 하려면 어떻게 해야 하는지, 진정한 비결의 관건은 이어지는 꼽추의 다음 말에 있다.

"내 몸은 마치 말뚝처럼 꼼짝도 하지 않고 팔은 마치 마른 나뭇가지처럼 움직이지 않지요. 이 세상의 어떤 잡념도 다 잊고 매미의 날개에만 정신을 집중합니다. 그런데 어떻게 매미를 잡지 못하겠습니까?"

몸은 마치 말뚝처럼 꼼짝도 하지 않고 서 있고 두 팔은 마른 나뭇가지처럼 움직이지 않는다. 이때 움직이지 않는 것은 몸이 아니다. 마음이 움직이지 않는 것이다. 고요하고 맑은 마음으로 집중된 정신은 오직 매미에게만 가 있다. 이제 매미는 잡는 것이 아니라 줍는 것이다. 그러자 공자가 제자에게 말했다.

"정신을 한데 모아 마음이 흩어지지 않게 한다는 것은 바로 저분의 말씀을 가리키는 것이다." 「장자·달생」[21]

중국인들의 매미 잡는 도구는 단순하다. 그 도구란 기다란 나무나 대나무 끝에 거미줄을 둘둘 말아 뭉쳐놓은 것이다. 사람들은 장대를 들고 매미에게 다가가 거미줄 부분으로 매미의 날개 부분을 콕 찍어 붙인다. 이 꼽추의 경우 충분한 연습이 구체적으로 묘사된다. 작은 조약돌을 장대 끝에 올려놓고 떨어뜨리지 않는 연습을 단계적으로 한다. 장대 끝에 작은 돌을 다섯 개나 올려놓고 조금의 흔들림도 없이 장시간 동안 있게 되면 고도의 정신 집중 속에서 자기 자신도 잊게 된다. 이런 실력이 유지된 상태에서 매미에게 다가갈 때 꼽추에게는 이미 '잡는다'는 생각이 없다. 나는 나무줄기가 되고 대나무는 나뭇가지가 되어 있는 것이다.

꼽추가 가르쳐주는 이야기에서 기본적인 것은 단계적인 훈련이다. 처음부터 욕심을 내지 않고 오랜 기간 차근차근 단계를 밟아간다. 그런데 결론은 그 단계가 정신을 집중하여 자신을 잊는 경지에까지 다다랐다는 점이다. 앞의 글을 보면 공자가 주목한 것은 바로 이 부분이다. 내가 들고 있는 장대는 나의 팔이 되어 있다. 나는 선 채로 나무가 되었다. 매미를 잡는다는 마음이 사라졌다. 매미는 누가 자기를 잡으려고 한다는 기미를 느끼지 못한다. 꼽추의 장대는 마치 한 그루 나무의 가지처럼 서 있을 뿐이다. 이제 꼽추는 매미를 줍는 것처럼 잡을 수 있게 됐다.

양궁선수가 훈련을 단계적으로 하는 것은 단지 쏘는 기술의 훈련만을 위한 것이 아니라 마음을 집중하는 단계적인 훈련을 하는 것이다.[22] 위 이야기에서 중요한 내용은 최고의 기술이 궁극적으로는 맑고 고요한 무심의 정신적인 경지와 만나야 한다는 점이다. 앞에서 우리는 요리사의 이야기 중에 그가 소를 눈으로 보지 않고 '깊은 마음의 눈'으로 본다는 부분에 주목할 필요가 있다. 이에 관해서 장자가 좋은 비유를 들려준다.

재경이라는 목수가 나무로 악기걸이용 기구를 만들었다.

"저는 이 기구를 만들 때 우선 마음을 고요하고 깨끗하게 합니다. 삼일을 재계하면 상이나 벼슬에 대한 욕망이 없어집니다. 오 일을 재계하면 세상의 비난이나 칭찬을 잊게 되고 칠 일을 재계하면 나의 사지와 육체를 잊게 됩니다. ……이렇게 해서 숲으로 들어가면 좋은 나무를 발견하게 됩니다. 이 기구를 만들기 시작하면 나무의 본성과 나의 자연스런 본성이 하나가 됩니다." 『장자·달생』[23]

앞에서 허리띠의 걸쇠를 만드는 사람이 들려준 것은 한 가지 일에 집중하고 원칙을 지키며 장기간 동안 훈련하는 것이었지만, 여기서는 자기 자신의 명상이 강조된다. 마음을 고요하고 깨끗하게 하며 세상의 비난과 칭찬을 모두 잊는다. 나중에는 자기 자신도 완전히 잊음으로써 나와 나무가 하나가 된다. 기구를 만드는 일을 하면서 지킨 원칙과 훈련 못지않게 자신의 마음을 깨끗이 비우는 것이 중요한 과정이다. 세상의 칭찬이나 비난을 잊게 되기까지는 분명 시간과 노력이 필요했다.

악기 기구를 만드는 데 필요한 이 과정은 다른 어느 것에도 적용된다. 골프 연습을 하는데 하루에 천 번씩 스윙을 한다면 수개월이 지난 뒤 거의 스윙의 달인이 되어 있을 것이다. 이 과정에서 외부의 자극으로부터 무심한 경지에 이르고, 나 자신의 마음속 흔들림도 사라진 상태를 유지하면 외부 조건과 내가 하나가 된다. 내가 쥐고 있는 채의 특성과 나의 본성이 하나가 된 나는 내가 친다는 생각도 없으니 힘이 들어가지 않고, 힘이 들어가지 않으니 그저 하나의 춤사위처럼 움직일 것이다. 날아가는 골프공은 내가 의도한 것이 아니라 그 순간 나의 정신을 반영할 뿐이다.

나무의 본성과 나의 본성이 하나가 되면 내가 만든 '기구'도 나의 정신을 반영한다. 나무도 본성을 잃지 않는다. 흙을 빚어 도자기를 만들면 도자기에 흙의 본성과 나의 영혼이 함께 살아 있다. 도자기는 흙의 본성을 잃지 않는다. 사람을 잘 키우는 사람은 상대방의 본성과 나의 본성이 하나임을 느낀다. 그렇게 키워진 사람은 키워진 사람과 키운 사람의 영혼이 함께한다. 표현된 나와 너는 다르지만 내면의 본성에서 나와 너는 소통한다. 모두 자기의 개성과 천부의 자질을 잃는 일이 없다.

　여기에서 우리는 두 번째 비결을 확인할 수 있다. 앞에서 확인한 비결의 하나가 바로 수십 년간 한 가지에 집중하고 그 이치를 헤아려 최고의 기술을 터득하는 일이다. 이제 그 두 번째 비결이란 다름 아니라 나의 마음을 깨끗하게 해서 외부의 유혹은 물론 내면의 감정도 모두 맑고 고요해진 상태를 유지하는 일이다. 다시 말하면 앞의 것은 최고의 기술이며, 뒤의 것은 맑은 영혼의 되살아남이다. 순수하고 맑은 상태의 정신이 구비되었을 때 비로소 기술이 최고의 절정에 다다른다. 만약 앞의 것에만 치중하면 세속의 기술자로 그칠 것이요, 뒤의 것만을 제일이라고 하면 공허한 이상주의자에 불과할 것이다. 원만한 노직원의 회사 내 인간관계를 단지 기술이라고 본다면 그것은 처세를 위한 처세 기술자의 눈이다. 그러나 그는 머리가 아닌 가슴으로 사는 사람이다. 이처럼 문혜군이 추구한 것은 기술자의 것을 넘어서 맑은 영혼의 눈이 뜨인 경지다. 기술자의 단계를 지나 도를 깨닫는 이상을 실현시키는 것이 왜 필요한지 다음 『장자』의 이야기를 보자.

　왕이 자신의 싸움닭을 기성자에게 맡겨 훈련시키도록 했다. 열흘이 되어 왕이 물었다.

"내 닭이 이제는 싸울 만한가?"

기성자가 대답했다.

"아직 안 됩니다. 지금은 공연히 허세만 부리고 제 기운만 믿습니다."

열흘이 지나자 왕은 다시 물었다.

"아직 안 됩니다. 다른 닭의 소리가 들리거나 모습만 보아도 당장 덤벼들려고 합니다."

열흘이 지나 또 물었다.

"아직도 안 됩니다. 상대를 노려보며 불같이 성을 냅니다."

열흘 후에 또 물었다.

"이젠 됐습니다. 상대가 나타나도 태도에 아무런 변화가 없습니다. 멀리서 바라보면 마치 나무로 만든 닭 같습니다. 그의 정신이 완전해진 겁니다. 다른 닭들은 이 닭을 쳐다보지도 못하고 도망칩니다." 「장자·달생」[24]

상대방 닭의 모습만 보아도 불같이 성을 내며 당장 덤벼들려고 하는 수준이라면 싸움닭으로서 충분하지 않을까? 기운이 넘치고 실력이 최고에 이른 단계라면 이미 더 이상의 훈련은 필요 없는 게 아닐까? 최고의 싸움닭이 되면 가장 사납게 되어야 할 듯하지만 사실은 우리가 이 책의 맨 앞에서 논의한 대로 사나움이 사라진 상태다. 나무로 만든 닭같이 되었다는 말은 그 싸움닭의 의식이 고요하고 맑아 정신이 완전히 안정되어 있고 활성화되어 있다는 것이다.

처음에는 자기 자신의 힘만 믿는다. 두 번째 단계에서는 넘치는 힘을 쓰려고 한다. 세 번째 단계에서는 격정이 움직인다. 여기까지는 모두 기술자의 기술 쌓기다. 그러나 네 번째 단계에 이르러 이 닭은 감정과 생각을 멈추고 심신의 완전한 자유와 안정을 유지한다. 자신의 내면에 깊이 침잠한 것이다. 이때에 이르러야 참 정신은 완전히 자유롭게 살아난다. 외부의 사물이 그의 정신을 흔들지 못한다. 감정의 흐름만 잦아든 게 아니다. 자신의 존재조차 잊는다. 마치 정신이 나간 듯 보인다.[25] 이런 경지에 이르면 껍데기의 자신은 사라지고 순수한 본연의 자아만 남아서 숨 쉰다. 고요한 듯 보이지만 실은 완전히 살아 있는 것이다. 삶의 기운이 완전히 활성화된 상태다. 싸움닭이 다다른 경지를 다음과 같이 바꿀 수 있다.

한 어머니가 자신의 아들을 노스님에게 맡기며 훌륭한 스님으로 키워달라고 말했다. 일 년이 지나자 어머니가 찾아와 물었다.

"제 아들이 이제는 스님이 될 만한가요?"

노스님이 대답했다.

"아직 안 됩니다. 지금은 예전 학교에서 배운 지식만 믿습니다."

일 년이 지나자 어머니가 다시 물었다.

"아직 안 됩니다. 다른 종교는 쳐다보지도 않고 불경만 줄줄이 이야기합니다."

일 년이 지나 또 물었다.

"아직도 안 됩니다. 이제는 아래를 내려다보며 거룩한 모습으로 지냅니다."

일 년 후에 또 물었다.

"이젠 됐습니다. 어떤 일이 닥쳐도 편안하고 부드럽게 응합니다. 멀리서 바라보면 그는 자신이 중인 줄도 모르고 사는 듯합니다. 그의 정신이 완전해진 겁니다. 다른 종교인들이든 신도들이든 모두 친구로 지냅니다."

삶의 기운이 활성화된 상태

삶의 생기가 완전히 활성화되어 있는 것이 무엇인지에 관해서 『장자』 서무귀의 말을 들어보자. 서무귀가 위나라의 무후를 찾아갔다. 무후는 서무귀 선생이 산속에서 도를 닦는다고 고생하다가 오셨으니 위로를 해드리겠다고 말한다. 그러자 서무귀는 부귀영화를 쌓고 지키느라 수고한 당신 무후야말로 위로받아야 할 사람이라면서 다음과 같이 말한다.

"제가 개의 관상을 좀 볼 줄 압니다마는, 품종이 좋지 않은 개는 먹기가 싫을 때까지 먹어야 그칩니다. 좀 나은 개는 먹이에 그다지 마음이 없는 듯합니다. 아주 좋은 품종의 개는 자기 자신을 잊은 듯 정신이 움직이지 않습니다."

최고 품종의 개는 눈앞의 먹이에 덤벼들지 않는다. 먹이는커녕 스스로를 잊은 듯하다. 정신이 고요히 안정되어 있는 것이다. 비유하자면 불이 없는 게 아니라 마치 숯불처럼 불꽃이 드러나지 않는 것이다. 보통 사람들에게는 불꽃이 타오른다. 직업의 불꽃, 사랑의 불꽃, 신앙의 불꽃, 권력과 명예의 불꽃, 어떤 종류의 불꽃이든 빛을 내며 타오른다. 먹기가 싫을 때까지 먹을 것처럼 몰두한다. 그러나 불꽃이란 바람에 흔들리고 눈비에 잦아든다. 불꽃이란 외부의 것에 반응하여 머릿속에서 타오르는 것이다. 진정한 불덩어리는 머릿속에서 타는 게 아니라 숯불처럼 가슴에 있다. 강하게 타고는 있지만 불꽃을 드러내지는 않는다. 최고 품종의 개가 스스로를 잊은 것 같다고 했지만 실은 잊은 게 아니다. 불꽃 없이 타고 있을 뿐이다. 무후 당신이야말로 권력과 부귀 속에서 애증의 감정에 시달리며 머릿속으로만 사는 게 아니냐면서 서무귀의 말은 계속된다.

"저는 개의 관상을 보지만 말의 관상은 더 잘 봅니다. 말을 보면 앞니가 고르고 목덜미가 둥글며, 머리가 곧고 눈이 둥근 것이 제후국에서 최고의 말로 여겨집니다. 그러나 이런 말은 실제로 천하의 명마는 아닙니다. 천하의 명마는 천부의 재질을 갖추고 조용히 안정되어 있어 스스로를 잊은 듯합니다. 이런 말은 다른 말들을 앞질러 질풍처럼 달려도 먼지조차 일으키지 않으며, 어디서 멈출지 모를 정도입니다." 『장자·서무귀』[26]

모양이 좋다고 모두 품종 좋은 개가 아닌 것처럼 멋진 모습의 말이라고 다 잘 달리지 않는다. 외양이 아무리 훌륭해도 정신이 누추하면 그 외양은 머지않아 누추하게 변한다. 관상을 본다는 것은 얼굴이나 몸의 형상을 보는 것이 아니라 내적 기운의 흐름을 보는 것이다. 내면에 크고 뜨거운 숯불이 이글거리고 있는 한, 겉으로 보기에는 얼이 빠져 있는 듯하고 스스로를 잊은 듯하지만 한 번 달리면 질풍처럼 달리고 끝없이 달린다. 무후는 서무귀의 말을 듣고 크게 기뻐한다. 진정한 삶의 모습이 어떤 것인지 깨달은 것이다.

나무로 만든 것처럼 보이는 닭이나 스스로를 잊은 듯이 보이는 말은, 실은 내적 에너지를 가장 충만한 상태로 유지하고 있는 것이다. 고도의 경지이지만 겉으로 보기에 오히려 '불 꺼진 재'처럼 보이는 상태다. 백혼무인이 열자에게 말한 것처럼 둥둥 떠다니듯이 무심하게 소요하는 '묶이지 않은 배'의 경지다. 묶이지 않았으면서 가장 완전하게 정신이 살아 있고 그런 정신으로 외부의 천지만물과 소통한다.

공자가 노담을 만나러 가보니 노담은 머리를 감고 풀어헤친 채 햇빛에 말리고 있었다. 꼼짝도 않고 앉아 있는 그 모습은 마치 사람이 아닌 듯했다. 공자는 멀찌감치 피해 있다가 이윽고 다가가 말했다.

"제가 눈이 먼 걸까요? 아니면 본 그대로가 사실일까요? 조금 전에 선생님은 마치 마른 나무 등걸처럼 꼼짝도 하지 않고 계셔서 세상을 벗어나 홀로 계신 듯했습니다."

그것이 어떤 경지인지 묻는 공자에게 노자는 마음이 '만물의 근원物之初'과 함께하는 경지라고 하면서 말한다.

"그 경지에 들어가면 지극한 아름다움과 지극한 즐거움을 맛보게 되오. 지극한 아름다움을 얻어 지극한 즐거움의 경지에 노니는 사람을 지인至人이라고 하오."

육체는 마른 등걸처럼 정신이 나간 듯 보이지만 내면의 정신은 오히려 지극한 즐거움의 세계를 소요하고 있다. 진정한 삶의 기운이 활성화된 사람의 모습이다. 공자가 그 경지가 어떤 것인지 묻자 노자가 말한다.

"풀을 먹는 짐승들은 풀밭이 바뀌었다고 싫어하지 않고, 물에 사는 벌레들은 물이 바뀌는 것을 싫어하지 않습니다. 생활에 작은 변화가 일어났을 뿐이지 큰 법도大常를 잃은 것은 아니기 때문입니다. 그래서 희노애락 같은 감정들이 가슴속에 스며들지 않는 것입니다. 천하란 만물이 운행하는 장소입니다. 거기에 하나로 동화될 수만 있다면 사지나 육체는 먼지나 때와 같은 것이 될 것이며, 삶과 죽음, 시작과 끝을 밤이나 낮과 같은 것으로 여기게 될 것입니다. 그렇게 되면 아무것도 그를 어지럽게 할 수가 없습니다. 그런데 하물며 세상의 이해득실이나 화복 같은 작은 일들이야 어떻겠습니까? 삶에 예속된 것들을 흙처럼 버릴 수 있는 것은 자신이 그보다 귀하기 때문입니다. 귀한 도는 나에게 있으므로, 변화에 의해 잃게 되지 않으며, 또한 만물은 끊임없이 변화합니다. 무엇이 내 마음에 걱정을 끼칠 수 있겠습니까? 이미 도를 터득한 사람이라면 이것을 이해할 수 있을 것입니다."

이런 이야기를 들은 공자는 예전 사람들도 수양을 했지만 그런 경지에 이르기는 쉽지 않았다고 한다. 그러자 노자가 말한다.

"그렇지 않습니다. 물이 솟으면 맑게 흐르는데 그건 저절로 그런 것입니다. 지인이 덕을 지니고 있는 것도 의식적인 수양을 하지 않지만 만물과 조화롭습니다. 하늘은 자연히 높고, 땅은 자연히 두터우며, 해와 달은 저절로 밝은데 그것들이 무슨 수양을 했겠습니까?" 「장자·전자방」[27]

특별한 수양을 해야 지인의 경지에 이르는 것이 아니다. 사람은 본래부터 생기를 갖고 태어난다. 자기 내면에 맑은 기운이 있다는 사실을 깨달은 사람은 외부의 변화에 흔들리지 않는다. 무엇을 잃는다고 슬퍼하지 않고 무엇을 얻는다고 기뻐하지 않는다. 삶의 주재자가 되었으므로 자신은 주인이며 외부의 사물은 잠시 걸친 옷처럼 여길 뿐이다. 그러므로 흔들리지 않을 뿐 아니라 천지 자연 속 또 하나의 주재자가 되어 기쁨의 상태를 즐긴다. 깨닫는다는 것의 첫 단계는 그러므로 자기 내면에 있는 그 어떤 실체를 발견하는 일이다.

남곽자기가 책상에 기대앉아 하늘을 향해 길게 숨을 내쉬는데, 그 모습을 보니 완전히 자기 자신을 잊은 모습이었다. 제자 자유가 그 앞에 모시고 있다가 물었다.

"어떻게 되신 일입니까? 선생님 육체가 마른 나무 등걸처럼 보이는데, 마음도 불 꺼진 재처럼 될 수 있습니까? 지금 책상에 기대앉으신 모습은 예전에 기대고 계시던 모습과 완전히 다릅니다."

남곽자기가 대답했다.

"자유야, 너 참 좋은 질문을 했다. 지금 나吾는 나라는 것我을 잊어버렸다. 너는 그걸 아느냐. 너는 사람의 피리소리는 들었어도 땅의 피리소리를 듣지 못했겠지. 또 땅의 피리소리를 듣는다 해도 아직 하늘의 피리소리를 듣지 못했을 것이다."

자유가 그 말씀의 깊은 의미가 무엇인지 가르쳐달라고 묻자 남곽자기는 다음과 같이 대답한다.

"말하자면 대지가 내쉬는 숨결을 바람이라고 하지. 바람이 일지 않으면 그뿐이지만 일단 일었다 하면 온갖 구멍이 다 요란하게 울린다. 너도 저 윙윙 울리는 바람소리를 들어봤겠지.…… 바람이 불어 수많은 소리를 내고 있지만 사실은 각기 스스로가 소리를 내는 거야. 모두 각자가 제 소리를 낸다고 하는데 과연 진정 커다란 소리를 내는 건 누구일까?"
『장자·제물론』[28]

남곽자기의 말 중에 주목해야 하는 것은 바로 '나吾'가 '나라는 것我'을 잊었다는 부분이다. 앞의 나는 본질적인 자아인 반면, 뒤의 나는 세상을 살면서 만들어진 나이다. 만들어진 나는 껍데기라면, 본질적인 나는 하늘이 준 나이며 주재자와 함께하는 나이다. 이는 장자가 말하듯 '위로는 조물주와 함께하고 아래로는 생사를 초월한 사람들과 벗을 하는'[29] 경지의 것이다. '나라는 것我'은 감정에 흔들리고 욕망에 매달리는 나인 반면 '나吾'는 맑고 텅 빈 상태의 본연의 나이다. 그러므로 여기에서 나는 불꽃 없이 숯이나 재처럼 존재하지만, 사실은 자기가 자기 자신의 주인이 되고 자기 삶의 주재자가 된 것이다.

이 단계에 이르면 들리는 것이 다르다. 사람이나 땅에서 울리는 세속의 피리소리를 넘어서 하늘의 피리소리를 듣는다. 진정 커다란 피리소리를 내는 것은 하늘이다. 보통 사람의 귀에는 잘 들리지 않지만 그 하늘의 피리소리란 이어지는 설명에 나오는 '도'의 음률이기도 하다. 불 꺼진 재처럼 보이는 남곽자기가 자유에게 가르쳐주려고 한 것은 하늘의 피리소리였다. 이 우주 자연을 조화롭게 하는 힘이며 참된 주재자의 노래다.

남백자규가 여우에게 수행하는 것에 대하여 묻자 여우는 복량의를 가르친 경험을 다음과 같이 말한다.

"내가 조심스럽게 그를 가르쳐보니 삼 일이 지나자 그는 천하를 잊었네. 이미 천하를 놓아버린 그를 다시 조심스레 가르쳤더니 칠 일 만에 그는 만물을 잊었네. 이미 만물을 버렸으므로 또다시 가르쳤지. 구일이 지나자 삶을 잊었네. 삶을 잊어버리게 되자 그는 아침의 태양 같은 빛나는 깨달음을 얻게 되었네. 깨달은 뒤에는 자기의 본래 성품이 육신에 속하지 않음을 알게 되었네. 본성이 자유 자재함을 보게 된 다음에는 과거라든가, 현재라든가 하는 시간의 굴레를 벗어나게 됐네. 시간의 변화를 넘어서게 되면 생사를 초월한 경지에 들어가네. 삶의 구속에서 벗어나면 죽음이 사라지고, 생명을 살리려 하면 육신의 삶은 소멸되네. 그 경지가 되면 만물이 가는 대로 보내고 오는 대로 받아들이고, 만물을 죽이기도 하고 살려내기도 하지. 이를 '영녕'이라 하는데 영녕이란 온갖 변화를 겪은 뒤에 성취되는 것이네." 『장자·대종사』[30]

깨달음은 아침에 떠오르는 햇빛 같다. 그가 깨달은 뒤에 찾은 것은 밖으로 사물에 의존하지 않고 안으로 육신에 기대지 않는 완전하고 자유로운 자기 본연의 참모습이다. 이 단계에서는 시공과 생사의 문을 넘어선다. 시공과 생사를 잊고 나니 만물이 나와 함께 존재하고 나와 함께 사라진다. 이 자유는 절대의 자유다. 중국 학자 서복관은 정신의 자유를 추구한 장자에 대해 언급하는 글에서 "이른바 '자연'이란 완전한 정신의 자유를 획득함으로써 자기가 자신의 주인이 됨과 동시에 자기 이외의 사물과도 완전한 조화를 이루는 것"이라고 강조한다. 이는 『장자』를 풀이한 곽상이 말한 대로 "밖으로 사물에 구함이 없고 안으로 자기에게 기대지 않는"[31]-완전한 경지의 "자연"이다. 서복관은 이어 장자의 "하늘 피리-천뢰天籟"를 설명하면서 "천뢰는 모두 억만 가지 다른 소리를 내지만 각기 스스로는 완전한 것"이니 "스스로 완전함이란 스스로 취함自取이요, 스스로 존재함

自然이며, 스스로 말미암는 것自由"이라고 말한다.[32] 자연은 절대적 자유와 다름없는 것이다.

　이런 절대적 자유를 장자는 '현해縣解'라고 한다.[33] '현해'란 묶임으로부터 풀려났다는 뜻이다. 삶과 죽음의 분별을 이미 떠나서 득과 실을 따지지 않으며 자연의 섭리에 따르므로 기쁨이나 슬픔이 끼어들 수 없는 상태, 이것이 '현해'다. 여기서 '현'이란 하늘의 운명에 구속되어 있음을 말한다. '해'란 그것으로부터 풀려남이다. 위 문장의 '영녕攖寧'에서도 '영'이란 묶임이고 '녕'은 편안함이다.[34] 이 두 가지 모두 구속에서 풀려남이며 벗어남이다. 세상을 잊고, 만물을 잊고, 삶도 잊으니 태양처럼 빛나는 깨달음을 얻는다. 그 단계에 이르면 자연의 흐름과 함께할 뿐 아니라 그 흐름의 주재자가 된다. 만물을 보내기도 하고 받아들이기도 하며, 죽이기도 하고 살리기도 한다. 육신의 한계를 넘어서 참된 자연의 섭리와 함께하므로 장자가 말한 것처럼 "손가락이 장작 지피는 일을 다 하면 불은 꺼지는 일 없이 영원히 탄다."[35] 불교의 용어로 말하면 '해탈'한 것이다.

　'산은 산, 물은 물'이라는 말은 송나라 선승 청원 유신이 법상에서 한 말이다.

"내가 참선이라는 것을 모르던 삼십 년 전에는 산을 보면 그대로 산이었고 물을 보면 그대로 물이었다. 나중에 참선을 하고 도를 깨달은 다음에는 산을 보면 온전한 산이 아니었고 물을 보면 온전한 물이 아니었다. 그러나 이제는 모든 것을 떠나고 다시 보니, 산은 그대로 산이고 물은 그대로 물이다." 「오등회원」[36]

산을 처음 오를 때는 내 눈과 내 생각으로 산을 본다. 수년간 산을 오르다 보면 내가 아는 것과는 다른 산의 많은 모습을 발견하게 된다. 그러나 수십 년간 산을 오르다 보면 산은 온전한 모습으로 거기에 있다. 나도 순수하고 온전한 나로서 산과 교감한다. 이제 산은 그대로 완전한 산이요, 나는 또 그대로 완전한 나이다. 여기서 중요한 점은 단순히 오랫동안 접했기 때문에 산이 제대로 보인 게 아니다. 실은 산을 수십 년간 오르고 오르다 보니 나의 선입관, 나의 편견, 나의 무지가 다 벗겨졌던 것이다. 다시 말하면 산이 변한 게 아니라 내가 바뀌었다. 내 마음이 맑고 고요해졌으므로 산을 제대로 보게 되었다. 마침내 맑은 영혼의 눈이 뜨인 것이다.

'무위'의 경지를 넘어 '참나'가 살아난 경지로

일반적으로 노자와 장자를 말하면 대부분 '무위'라는 단어를 떠올린다. 무위란 인위적인 생각과 조작을 멈추는 것이다. 억지로 하지 않고 일부러 하지 않는다. 무심하고 텅 빈 마음으로 어떤 일을 하면 그 일은 자연스럽고 저절로 이루어진다. 여기까지 말하면 얼핏 이해할 만한 내용이다. 그러나 진정한 무위란 가장 합리적이고 적합하며 이치에 맞는 상태에 이른 뒤에 이를 수 있는 경지다. 자동차를 운전할 때 모든 기계적인 장치와 그 기능이 운전자의 마음과 몸에 완전히 일치되었을 때, 운전자는 운전한다는 생각을 잊게 된다. 나의 마음이 가는 대로 차도 같이 갈 뿐이다. 이 경지가 무위의 경지다. 그러므로 무위란 유위의 극점을 넘어서야 다다를 수 있는 것이다. 그것이 자연이다. 삶도 이와 같다.

'순수한 나'가 완전하게 존재하는 단계에서는 사물과 나 사이에 아무런 괴리가 없다. '순수한 나'는 독립되어 있지만 모든 만물과 소통한다. '순수한 나'가 자의식이 가득한 '나라는 것'을 잊었기 때문이다. 이 '나라는 것'은 바로 우리가 앞에서 줄곧 주목해온 관념으로 형성된 나, 언어 문자를 통한 작은 지식으로 가득한 나, 자기 스스로 만들어서 들어간 우물 속의 나이다. 이제 그런 '나라는 것'이 없는 참된 나만이 살아서 사물을 대한다. 산은 여전히 예전의 그 산이지만 처음 오를 때의 '괴리가 느껴지던' 그 산이 아니다. 삼십 년 전에 오른 산은 육안으로 보고 마음으로 걸러 들인 산이었다. 그 산은 온전한 산 자체가 아니라 내 생각 속의 산이었다. 그러나 삼십 년이 지난 이제, 산은 내가 변형시키고 왜곡시킨 피상적인 산이 아니라 순수하고 온전한 산이다. 이제는 산의 본질적인 기운을 그대로 느낀다. 그 기운은 나의 기운과 소통한다. 개인의 정신과 사물의 정신이 교유한다. 자의식이 가득한 '나라는 것'이 사라졌기 때문이다.

여기서 우리는 요리사 포정의 소 잡는 과정, 꼽추의 매미 잡기, 기성자의 싸움닭 훈련과정에서 한 가지 소홀히 할 수 없는 공통점을 발견할 수 있다. 앞서 말한 대로 도를 깨달은 것은 일정한 과정을 통해서라는 것이다. 과정이란 인위적이고 의도적이며 주관이 작용했던 '기술' 쌓기를 지나 '나라는 것我'을 잊는 과정이다. 요리사가 소가 소로 보이지 않았던 삼 년 동안의 기술 쌓기, 꼽추가 대여섯 달 동안씩 돌멩이를 단계적으로 쌓아갔던 훈련, 기성자가 싸움닭을 만들기 위해 거친 한 달 동안의 단계적 훈련, 이 모든 노력의 끝에는 '기술'적인 것을 넘어 새로운 과정이 기다리고 있었다. 그것은 버려가는 과정이고, 허물어가는 과정이며, 비워가는 과정이다. 그러고 보면 쓸모없음이라는 '무위'의 경지란 그것에 이르기까지 해야 하는, 즉 '비워감'이라는 적극적인 '유위'의 과정이 있었다. 그 과정을 지나 '나라는 것我'을 잊고 '진정한 순수한 나吾'를 회복한 것이다.

앞에서 말한 대로 "산은 산, 물은 물"이라는 말은 처음 '아무것도 모르고' 보던 그 산과 그 물로 '되돌아간 것'이 아니다. '산은 산이 아니고, 물은 물이 아닌' 단계의 전환점을 거치고 난 다음 '한 바퀴 돌아서 귀착한' 경지의 것이다. '떠남'과 '돌아옴'은 같은 곳이며, 요리사가 소를 보는 행위는 같지만 실은 전혀 다른 차원이다. 기교와 채움으로 가득한 예술작품이 절정의 단계에 이르자 저절로 질박하고 단조로운 분위기의 작품으로 넘어가는 과정처럼, 기교를 떨쳐내고 재주를 감췄지만 실은 그것이 최고의 기교를 보여주는 단계다. 기교가 없어 보이는 것은 실제로는 기교가 녹아 배였기 때문이며, 그것이 바로 새로운 차원의 '자연'이다. 녹지 않은 채 머리를 채우고, 그 드러난 빛이 사람의 눈을 따갑게 하던[37] '사랑'·'정의'·'믿음'이 가슴에 녹아서 진정한 새로운 피로 흐르는 경지다.

노자가 어린아이처럼 되라고 한 것은 철모르고 유치한 '병아리'의 상태가 아니라, 세상 물정과 삶의 이치를 다 체득하는 치열한 '싸움닭'의 과정을 다 겪고 난 뒤 다다른 맑고 순수한 정신의 '나무로 된 닭' 같은 상태를 의미한다. 외부의 조건에 휘둘리지 않고, 내면의 감정에 흔들리지 않는 나무로 된 닭은 사실은 진정으로 살아 있는 닭이다. 문혜군이 추구한 삶의 지혜는 세상 사람들이 모두 지식과 분별 등 기술의 정점을 향해 치달을 때, 오히려 참다운 나를 찾아가는 일이었다. 자신을 비운 채 소박하고 자연스러운 삶을 회복하는 일이었다. 그 회복의 관건은 맑은 영혼의 눈을 뜨는 일이다.

'나무로 만든 닭'이 추구해온 과정이란 가득 채움이며, 노력의 최고점이며, 기교의 절정이다. 사람이 세상에 살면서 해야 할 많은 것들 중 나날이 배워가고 익혀가며 애써야 할 것들이다. 진정한 어짊이란 무엇이며, 진정한 정의란 어떻게 지켜야 하는지 분간해야 한다. 진정한 예법을 지키고 진정한 지식을 담아가며 진정한 믿음을 실천해야 한다. 그러므로 진정한 색깔, 진정한 소리, 진정한 맛 등을 찾기 위해 이들을 다섯 가지로 나누는 일은 필요했다. 진정한 기술을 발휘하기 위해서 도공이나 목수가 연장을 사용하는 것도 필요했고, 말의 진정한 생기를 살리기 위해 백락의 기술도 필요했다. 장자가 도·덕·인·의 등의 가치를 부정하는 것은 사실은 인위적이고 정형화된 껍데기의 그것들을 버리고 진정한 그것들을 찾아가는 과정을 위한 부정이다. 장자가 말하는 진정한 가치란 어떤 것인가.

'덕성'이란 화합이며 '도'란 이치다. '덕성'으로 모든 것을 감싸 안는 것이 '어짊'이고, '도'로써 모든 것에 이치가 있게 하는 것이 '정의'다. '정의'가 제대로 실행되어 서로 친해지는 것이 '충성'이다. 마음속이 순수하여 본래의 모습으로 돌아가는 것이 '음악'이다. 성실한 행동이 겉으로 나타나 질서를 따르는 것이 '예법'이다. 『장자·선성』[38]

장자의 위 이야기는 거짓의 가치가 아닌 진정한 가치를 추구해야
한다는 말이다. 진정한 가치란 그러므로 자연의 섭리에 맞는 일체의
가치를 말한다. 자연으로 돌아간다는 것은 말할 것도 없이 산과 강
이 있는 대자연으로 돌아가라는 게 아니다. 지언스러운 상태로 그
냥 두거나 원래의 자리로 돌아가라는 것도 아니다. 실제로는 깎고
또 다듬는 부단한 노력과 현란한 기교의 끝에서 전환점을 돌아온
경지다. 그러므로 장자가 제시하는 '참사람'의 경지란 치열한 '유위'
의 노력 끝에 고도의 정신세계가 삶 속에 녹아 있는 상태다.

옛날 참사람은…… 형벌로 몸을 삼고 예의를 날개로 하며, 지혜로
시절의 변화를 알고 덕으로 자연 변화에 순응한다. 형벌로 몸을 삼는다
는 것은 욕구를 여유 있게 원리대로 다스린다는 뜻이고, 예의를 날개로
단 것은 이미 세속에 처한 까닭에 예법을 벗어날 수 없기 때문이다. 지
혜로 시절의 변화를 읽는다는 것은 부득이한 자연의 흐름에 순응하기
위함이고, 덕으로 자연의 변화에 따른다는 것은 모든 세상 사람들과 함
께 저 높은 곳에 도달하려 하기 때문이다. 『장자·대종사』[39]

참사람이 되기 위해서 진정한 예의, 진정한 지혜를 쌓아가는 과

정은 소중하며 값지다. 문제는 그 쌓아감이 목적이 아니라는 점이다. 극단은 왜곡을 불러오고 본질을 망가트린다. 삶의 기술은 반드시 도와 함께해야 한다. 기술이 없이 도를 추구하면 공허하고, 도를 모르고 기술만 추구하면 속되다. 삶에 기술이 필요하다면 그것은 궁극적으로 도를 위해서다. 진리를 깨닫고 그것을 자신의 삶 속에서 구현하기 위한 것이다. 만약 진리에 대한 추구가 없다면 동물들의 생존의 기술과 무엇이 다르겠는가.

인생의 절정에 오른 상태에서는 '도'를 향한 전환이 필요하다. 전환을 할 줄 모르는 사람은 앞만 보고 달리는 동물과 다름이 없다. 사람이 동물과 다른 것은 자기 성찰의 힘이다. 돌아보고 보다 더 숭고한 가치를 위하여 새로운 길을 찾는다. 기교의 극에 달한 조각 작품에는 기술만 보이고 사람의 영혼은 보이지 않는다. 그러나 그 전환점을 지나 '돌아온' 단계는 그냥 본래의 어린아이 같은 모습이 아니라 사실은 어린아이처럼 보이는 모습일 뿐이다. 깎고 또 다듬는 과정을 거쳐서 만들어낸 통나무다. 통나무이긴 하지만 원래의 것이 아니라 새롭게 빚어낸 창조의 결정이다. 앞에서 예를 든 방온거사의 게송 "물 길어 밥하고 나무 하는 일"이라는 일상의 일 자체는 도가 아니다. 산을 넘지도 않고 움막에서 밥을 하는 게 아니라 높고 험한 산을 넘은 뒤 새로운 움막에 들어가 밥을 하는 것처럼, 수도의 모든 계율을 지키고 고행의 정점에 다다른 다음에 돌아온 일상의 일이다. 우리가 보는 것은 여전히 밥하고 나무 하는 일이지만 그러나 사실은 전혀 새로운 움막의 일이다. 이상적인 예술 작품이 기교의 절정에서 자연스러운 소박함으로 돌아오는 것은 인생에서도 마찬가지다. '사랑'과 '정의'를 놓아버릴 때 진정한 사랑과 정의가 살아난다.

그 돌아온 곳에 비로소 새로운 삶이 있다. 자연이 있다. 그러므로 여기서의 자연은 그냥 예전 그대로 두고 간 원래의 그 자연이 아니라 진정한 것과 무한한 노력이 합쳐져서 열린 새로운 자연이다. 소를 잡을 때 춤을 추듯이 자연스럽게 나가는 요리사의 칼 솜씨는 그냥 되는대로 자연스럽게 해서 된 게 아니라 기교의 극점에 이른 결과다. 자연의 섭리와 함께하게 된다는 것은 그 섭리를 자기와 일체화시켰다는 것이고, 그것은 곧 주재자이며 창조자가 됐다는 의미이기도 하다. 요리를 하는데 최고의 기술을 가진 사람은 모든 재료와 기술적 원리를 완전히 자신의 것으로 한다. 그 상태에 이르면 자유자재한 새로운 맛을 만들어내게 된다. 만들어내지만 자연의 섭리에 전혀 어긋나지 않는다. 그것이 창조된 자연이다.

창조적 자연에 따른 삶이란 어떤 것인가. 홍수가 나면 새로운 물길이 생긴다. 그냥 두는 게 아니라 그 새로운 길로 물이 잘 흘러가도록 물길을 내어주는 것이 창조적 자연이다. 사람들이 자주 다녀서 길이 난 잔디밭에 그 길을 터주는 게 창조적 자연이다. 대자연이 소중하다고 무조건 그냥 두지 않고 사람들의 삶과 어울리게 새로운 자연으로 창조하는 것이 창조적 자연이다. 인류사회나 대자연은 끊임없는 창조를 요구한다. 자연스러운 게 좋다고 어린아이를 그냥 두는 게 아니라 자연의 섭리에 맞게 키우는 창조적 자연의 육성이 필요하다. 앞에서 말한 불구자들의 도 높은 경지는 사실 그냥 되는대로 내버려 둔 상태가 아니라 실제로는 고도의 수행 과정을 통해서 육신의 장애를 넘어선 경지다. 욕심이나 억지로 하는 것은 머지않아 사라지지만 자연의 이치에 맞는 좋은 길은 영원히 그대로 자연이 된다. 인체 공학에 맞게 설계된 디자인, 사람의 필요에 어울리게 만들어지는 많은 과학적 제품이나 건축물들, 인류의 필요에 의해 꾸며지는 제도와 문화는 반자연이 아니라 창조된 자연이다.

우리가 이 책의 맨 앞에서 언급한 대로 청렴·충성·믿음·지조·어짊·정의·예법 등 장자가 부정한 많은 가치들이 사실은 그것의 진정함을 찾아가고자 하는 부정이었다. 머릿속의 신념이나 이론상의 구호가 아니라 가슴속에서 울려나오는 영혼의 목소리여야 한다는 말이다. 초보적인 단계를 지나 부정을 거쳐 진정한 삶의 세계를 구현하고자 하는 장자의 노력과 그 궁극적인 원칙은 지극히 현실적이다.

그러므로 '도'를 잃은 뒤 '덕'이 나오고, '덕'을 잃은 뒤 '인'이 나오고, '인'을 잃은 뒤 '의'가 나오고, '의'를 잃은 뒤 '예'가 나온다. '예'란 '도'의 열매 없는 꽃과 같은 것이며, 혼란의 근원이다. 그러므로 도를 닦는 사람은 쓸데없는 군더더기를 매일같이 버려야 하며, 그것을 버리고 또 버림으로써 무위에 이른다. 『장자·지북유』[40]

도를 바탕으로 하지 않는 사랑과 정의는 거짓이라는 말이다. 인의를 지극한 원칙으로만 알고 있는 공자가 노자를 찾아갔다.

공자가 노자에게 물었다.

"오늘은 한가해 보이시니 감히 지극한 도에 대해 묻습니다."

노자가 말했다.

"그대는 재계하고 그 마음을 말끔히 씻어내야 하오. 정신을 맑고 깨끗하게 하며 지식을 깨부숴야 지극한 도를 알게 될 것이오. 『장자·지북유』[41]

도를 바탕으로 하는 진정한 가치를 확인하기 위해 여기서 다시 원초적인 의문을 제시해보자. 이상적인 인간의 여러 가지 가치는 왜 필요할까. 추악·간사·불신·변절·사악·불의·무례 등의 것은 무가치한가? 어쩌면 이런 것들이 유한한 인생에 득이 될지도 모른다. 부귀를 탐하고 영화를 추구하는 세속적인 삶이 왜 나쁘단 말인가. 증오와 불의의 힘이 더 강한데 군이 이상을 추구하는 까닭은 무엇인가.

이상적인 가치는 그것이 마음속 마음, 즉 도에서 우러나올 때 자연의 섭리와 하나가 된다. 인간이 작위적인 고정된 신념을 휘두른다면 자연의 섭리에 어긋난다. 신념이나 관념으로 자리 잡은 사랑과 정의는 마치 사악한 생각과 언행처럼 스스로 지어놓은 감옥이다. 그것이 설령 대궐처럼 화려하고 아름다워 보여도 그것은 아집이라는 우물 안의 것이며 곧 무너질 것이다. 그러므로 장자의 위와 같은 사상을 파악하고 나면 그가 '좋은 것'을 찾아가기 위해서 '나쁜 것'을 부정하는 것이 아니라, 그 모든 인간 중심의 좋고 나쁜 것을 넘어선 경지를 추구하고 있음을 알 수 있다.

인간 중심적 사고를 넘어서서 영혼의 울림에 맡기고 따르는 일의 핵심은 마음을 비우는 일이다. 장자는 이것을 '심재'라고 했다. 심재가 무엇인지는 저 앞에서 장자가 공자의 입을 빌려서 말했지만 그것의 실천 방법은 '좌망'이다. 앞에서 한 안회의 말을 그대로 인용하면 "손발이나 몸을 잊고 귀와 눈의 작용을 멈추며, 형체를 떠나 지식을 버리고 저 자연의 흐름과 하나가 되는 것", 이를 '좌망'이라고 한다. 이러한 실제적인 수행법은 『장자·재유』에서 홍몽과 운장의 대화에도 등장한다.

네가 오직 무위에 살면 만물은 스스로 변화한다. 네 육신을 놓아버리고 네 눈과 귀의 작용을 멈춰라. 자아와 사물을 함께 잊어버리면 자연의 기운과 한몸이 될 것이다. 마음의 집착을 풀어버리고 정신의 속박을 벗어버려라. 아집의 기운을 거두어버리면 만물은 제각기 그 근본으로 돌아간다. 「장자·재유」[42]

장자가 말한 '좌망'의 구체적인 과정의 첫째는 팔과 다리 그리고 몸뚱어리의 느낌을 잊어버리는 경지에 드는 것墮肢體이고, 둘째는 귀로 들리는 것과 눈으로 보이는 것 등의 감관 작용을 멈추는 것黜聰明이다. 이것은 오늘날 불교에서 말하는 '삼매'의 경지에 드는 과정과 똑같다. '삼매Samādhi'란 오늘날 우리에게는 정신을 집중해서 대상과 일체화된 상태를 말하는 것으로 이해되지만 실제로는 그보다 더 깊은 정신적 경지다. 정확히 말하면 육신의 작용을 멈추고 이분법적인 분별이나 고정관념을 버린 채, 순수한 정신만이 남아서 천지자연의 기운과 하나가 되는 일이다. 한마디로 '좌망'은 몸을 잊어버리고 마음을 비운 채 '천인합일'이 된 상태다.

여기서 우리는 저 앞에서의 남곽자기가 책상에 기대어 하늘을 향해 숨을 내쉬는 장면으로 돌아가 보자. 그 장면의 핵심은 "숨을 쉬는" 동작이다.

남곽자기가 책상에 기대어 앉은 채 하늘을 향해 고개를 들고 길게 숨을 내쉬었다. 멍하니 앉아있는 모습이 마치 몸이라는 짝을 버린 듯했다. 『장자·제물론』[43]

여기서 숨을 내쉬었다는 뜻의 '허嘘(중국어 발음으로는 쉬xū)'라는 글자는 호흡법에서 길고 천천히 내쉬는 숨을 말한다. 남곽자기는 몸을 책상에 기대어 늘어뜨리고 마음을 비운 채 호흡의 명상을 하고 있었다. 그 모습을 지켜본 제자 안성자유는 그의 몸이 '마른 나무' 같았고 그의 마음이 '불 꺼진 재'와 같아 보였다고 한다. 이것이 바로 장자가 말하는 '좌망'이며 불교 교리 중의 '삼매'의 실연이다. 중국에 불교가 공식적으로 전래된 것이 서기 64년 한나라 명제 시기로 알려져 있으니, 중국 고유의 천인합일 명상 수행법은 이미 그보다 수백 년 전부터 전래되고 있었다는 말이다. 천인합일의 수련법을 터득한 사람들은 어떤 삶의 모습을 보였을까.

공자가 여량이라는 곳을 여행하고 있었다. 거기에는 삼십 길이나 되는 폭포와 사십 리나 되는 급류가 있었는데, 물고기나 자라도 헤엄칠 수 없을 정도로 험한 곳이었다. 그런데 그 급류에서 한 남자가 헤엄을 치고 있는 것이 아닌가. 이를 본 공자는 그가 자살하려는 줄 알고 제자를 시켜 그를 따라가 구해주라고 했다. 한참을 따라가 보니 그 남자는 물에서 나와 머리를 풀어헤친 채 밭둑에 앉아 노래를 부르고 있었다. 공자가 다가가서 물었다.

"귀신인가 했는데 자세히 보니 사람이군요. 당신이 헤엄치는 데 무슨 비결이라도 있나요?"

"내게 비결 같은 것은 없습니다. 그저 평소의 생활을 향상시키고 내 천성에 맞춰 자연스럽게 이룬 것입니다. 저는 소용돌이를 따라 물속으로 들어가고 솟는 물결을 따라 나올 뿐, 전혀 힘을 쓰지 않습니다. 이게 저의 헤엄치는 방법입니다."

공자가 다시 물었다.

"평소의 생활을 향상시키고 천성에 맞춰 자연스럽게 이룬다는 것은 무슨 뜻인가요?"

"육지에서 태어나 육지에 적응해 사는 것을 일상적인 생활이라 하고, 물에서 놀며 자라 물에 적응하는 것을 자기의 자질을 숙련시키는 것이라 하며, 어째서 물속을 헤엄치는지 모르는 채 헤엄치는 것을 천명이라 합니다." 『장자·달생』[44]

진정 수영을 잘하는 사람은 물속에서 거친 숨을 쉬지 않는다. 수영하는 중에도 평상시의 호흡과 다름이 없는 까닭이다. 어떻게 그게 가능할까. 여기서 우리가 주목해야 하는 것은 물에 대한 무수한 적응 훈련을 거쳐 저도 모르게 물과 하나가 되었다는 대목이다. 한 마디로 수많은 연습 과정이 있었다는 것이다. 그것은 오랜 시간이 필요한 것이었으며, 그 세월 동안 물의 성질을 완전히 터득하는 과정이 필요했다. 물의 성질을 터득하게 되면 물의 흐름이 거칠면 거친 대로 고요하면 고요한 대로 나와 하나처럼 흐를 수 있는 것이다.

공자는 그 경지를 터득하고 싶었다. 그의 물음에 돌아온 대답은 지극히 단순하지만 물에 적응하고 물의 성질에 따라 수영을 익히는 과정은 실로 매우 중요한 부분이다. 결국 연습이 완벽을 이룬 것이다. 장자는 이런 모든 예화에서 그 연습 과정을 거의 한두 마디로 그치고 만다. 이것이 『장자』를 읽을 때 소홀하기 쉬운 부분이기는 하지만 여하튼 그런 경지가 되면 물이란 마치 우리가 숨을 쉬는 공기처럼 자연스럽게 되고, 물속에서 헤엄치는 것은 마치 땅에서 걷거나 달리는 것처럼 자유자재할 것이다. 물이 이물질로 느껴지는 것이 아니라 나와 하나가 된 것이다. 물이란 우리 삶의 '현실'이다. 이것이 바로 자연에 참여하는 경지다. '참된 주재자'가 된 것이다.

최고의 무술인은 상대를 공격할 때든 고난도 동작을 구사할 때든 숨이 거칠지 않다. 공격이건 방어건 그게 모두 평소의 움직임처럼 자연적인 기의 흐름과 같이 하기 때문이다. 나라의 훌륭한 지도자나 조직의 좋은 리더는 억지로 무엇을 하려고 하지도 않고 자기 자신도 있는지 없는지 모른다. 나라나 조직의 자연스런 섭리와 함께하기 때문이다. 그러므로 모든 일은 순리대로 진행된다. 진정한 사장은 종업원들에게 사장이라는 느낌을 주지 않는다. 좋은 부모는 자식에게 부모라는 느낌을 주지 않는다. 좋은 배우자, 좋은 친구는 있는지 없는지 모른다. 나의 분신처럼 하나가 됐기 때문이다. 최고의 연기자는 연기 중에 자신이 배우라는 걸 모른다. 완전히 배역의 사람이 되어서 울고 웃는다. 뛰어난 기술자는 재주를 의식하지 않는다. 기술과 자기 자신이 하나가 되었기 때문이다. 자연의 섭리와 함께하는 사람은 생활 중에 흐트러지지 않고 한결같으며 부자연스런 언행을 하지 않는다. 생각과 마음이 하나이기 때문이다. 마음과 몸이 함께하기 때문이다. 진정 자신이 자기 삶의 주인이 된 사람은 나무로 된 닭처럼 가만히 있다. 가만히 있지만 완전히 살아 있다.

그러한 사람은 그 마음이 모든 것을 잊고 그 모습이 호젓하며 그 이
마가 널찍하다. 시원하기가 가을 같고 아늑하기는 봄과 같다. 기쁨이나
노여움의 감정이 사시와 통하고 외계의 사물과 조화되어 그 끝을 알 수
없다. 『장자·대종사』[45]

사물과 나를 잊으면 사물과 내가 하나가 된다. 그 하나가 된 세
계를 산다는 것은 어떤 것일까. 어떤 사람을 참사람眞人이라 하는가!
『장자』 대종사편은 참사람의 정신세계와 그들의 삶의 모습을 묘사
했다. 참사람은 사랑이니 정의니 하는 것을 의식하지 않고, 잘나고
못났다는 세속의 가치를 마음에 두지 않는다. 그러나 세상에 살기
때문에 세상의 원칙과 예의는 지킨다. 그 모두 마음속 마음에서 나
온 것이다. 그러면서 마음을 고요하게 가져 근심하는 일이 없이 검
소하게 먹고 입는다. 사람들과는 겸손하고 화기 넘치게 지내지만 결
코 무리를 짓지는 않는다. 언제나 남에게 너그럽고 사물에 집착하
지 않는다. 말없이 깊이 있게 처신하면서 마음속에 감추는 게 없다.
삶과 죽음을 하나로 보고 하늘과 사람이 서로 다투지 않는다. 이런
인물을 참사람이라고 일컫는다. 참사람은 '오묘한 어둠 속에서 홀
로 밝은 빛을 보고 소리 없는 고요 속에서 홀로 조화의 소리를 듣는

다.' 자기 내면의 참된 자아와 대화를 하며 그것에 충성하는 일이 진정한 참사람이다.

삶과 죽음은 천명이고 아침과 밤이 있는 것은 하늘의 섭리다. 사람의 힘으로 어쩔 수 없는 이런 것이 바로 만물의 실상이다. 사람들은 하늘을 자기 부모로 여기고 거기서 나온 자신의 몸을 아낀다. 그렇다면 하늘보다 훌륭한 것이야 말할 나위가 없지 않은가. 사람들은 왕을 자신보다 존중해 자기 몸마저 던지면서 충성을 바치거늘 하물며 이보다 참된 것에 있어서임에랴. 「장자·대종사」[46]

진정으로 충성해야 할 대상은 자신의 육신이나 권력자가 아니다. 자기 내면의 참된 그 어떤 것이다.

마음속에는 무엇인가가 있지만 그것이 무엇인지는 알 수 없고 파악할 수도 없다. 「장자·경상초」[47]

앞의 논의에서 우리는 그것을 '마음속 마음'이라고 했지만 어쩌면 그것은 불교의 '불성'일 수도 있고 다른 종교에서 말하는 '신성'이나 '성령'일 수도 있다. 그것의 이름이 무엇이든 가릴 필요는 없다. 그동안 나를 차지하고 있던 작은 주인을 제거하고, 나라고 여겼던 껍데기를 녹여 없애는 순간 그것이 되살아난다. 되살아난 그 '마음 속 마음'은 진정한 나의 주인이 되어 나를 영원한 진리의 세계로 이끌고 간다. 그 세계에서 나는 삶의 주재자가 된다. 자유인이 된다.

마음속 기품이 태연하고 조용하게 된 사람은 자연 그대로의 빛을 발한다. 빛을 발하는 인간 본래의 참된 자아로 산다. 남과 하나가 되는 지혜를 갖춘 사람은 마음이 고요하다. 남들도 그 마음에 들어와 함께한다. 하늘도 그를 돕는다. 이처럼 남과 하나가 된 사람을 '하늘 사람'이라고 하며, 하늘이 돕는 사람을 '하늘의 자식'이라고 한다. 『장자·경상초』[48]

맑은 영혼이 회복되었을 때, 나는 남과 하나이며 나와 온 우주가 하나임을 깨닫는다. 온 세상의 참 진리와 나의 참 정신이 소통하기 때문이다. 여기서 우리는 우리가 그처럼 추구해온 진리의 문, 깨달음의 문, 대자유로 통하는 문이란 원래 없었음을 알게 된다. 천리 길 만리 길 달려가 문을 열려고 보니 문이란 거기 있는 것이 아니라 나의 생각 속에 있었다. '나라는 것'을 깨부수었을 때 문도 없어진다. 문이란 원래 없었던 것이다. 그럼에도 불구하고 문이란 원래부터 없었다는 사실을 알기 위해서는 천리 길 만리 길 달려갔어야 했다. 고난의 현실을 꿰뚫고 진정한 사랑과 정의, 진정한 삶을 구현하기 위해 오랜 세월 동안 수행의 과정을 거쳐왔기 때문에 비로소 문 없는

문에 다다른 것이다. 문이 없다는 것을 아는 순간 나는 대자유의 사람으로 다시 태어난다. 그리고 나는 이미 하늘의 자식이었으며 본래부터 하늘 사람이었음을 홀연히 깨닫는다.

주석

제1장 거짓이 되기 쉬운 가치관

1 "生我者父母, 知我者鮑叔牙也!"(司馬遷 『史記』 卷六十二 〈管晏列傳〉) 中華書局, 北京. p.2132. 그 외에도 劉向의 『說苑』 卷六 〈複恩〉에서 이들에 관한 고사를 볼 수 있다. 역사상에서는 '관포지교(管鮑之交)'라는 성어로 잘 알려졌다.

2 管仲有病, 桓公問之曰:「仲父之病病矣, 可不諱云, 至於大病, 則寡人惡乎屬國而可?」管仲曰:「公誰欲與?」公曰:「鮑叔牙。」曰:「不可。其爲人絜廉, 善士也: 其於不己若者不比之, 又一聞人之過, 終身不忘。使之治國, 上且鉤乎君, 下且逆乎民。其得罪於君也, 將弗久矣!」公曰:「然則孰可?」對曰:「勿已, 則隰朋可。其爲人也, 上忘而下畔, 愧不若黃帝而哀不己若者。以德分人謂之聖, 以財分人謂之賢。以賢臨人, 未有得人者也。以賢下人, 未有不得人者也。其於國有不聞也, 其於家有不見也。勿已, 則隰朋可。」(『莊子 · 徐无鬼』) 안동림 역주 『다시 읽는 원전 장자』. 현암사. 1996. p.603. 이하 『장자』 인용문은 독자의 이해를 돕기 위하여 문장을 다듬기도 하면서 모두 이 책을 저본으로 하였다. 이와 동일한 내용이 『열자』에도 보인다.

3 夫孝悌仁義, 忠信貞廉, 此皆自勉以役其德者也, 不足多也。(『莊子 · 天運』) p.372.

4 자공과 자하 중 누가 더 낫습니까? 자공은 지나치고 자하는 부족하다. 그럼 자공이 낫군요? 지나친 것은 부족함과 다름없다. 子貢問:「師與商也孰賢?」子曰:「師也過, 商也不及。」曰:「然則師愈與?」子曰:「過猶不及。」(『論語 · 先進』) 新譯四書讀本. 三民書局 p.151.

5 廉則挫(『莊子 · 山木』) 청렴의 '렴(廉)'이란 '깨끗하다'는 뜻 외에도 '곧음', '모서리'의 의미를 갖고 있다. 둥글지 못하고 곧고 각이 있는 것이다. 곧고 각이 있으면 틀이 지어진 것이며 굳은 것이다. 옛날 책들은 이 '렴'을 해석하면서 곧으면 꺾이고 각이 있으면 깎인다고 설명하고 있다. 成玄英은 '廉'은 '廉隅', 즉 곧음, 모서리이다. '廉隅'는 挫傷을 당할 수 있다고 한다. '挫'는 '剉'의 와전이다. '挫'와 '剉'는 모두 '꺾이다'의 뜻이다. 『莊子集解』 三民書局 p.111 『莊子集釋』 民國63, 河洛圖書出版社 p.669 참조. 그러나 '廉'은 '淸廉'이 아니라 삣족하다는 의미의 '銳'라고 하면서 王叔岷은 '날카로우면 꺾인다'라고 해석하고 있다. 王叔岷

『莊子校詮』下, 北京 中華書局, 2007. p.722.

6 大仁不仁, 大廉不嗛。(『莊子·齊物論』) p.73.

7 포초는 주나라 때의 선비였다. 자신을 숨기고 세상의 비리와 부정을 비웃으며 도토리를 주워 끼니를 때웠다. 그래서 자녀도 없이 위로는 천자를 섬기지 않았고 아래로는 제후들과도 왕래를 하지 않았다. 자공이 그를 보자 모욕적인 질문을 했다. "내가 듣기로는 나라의 정치를 비난한다면 그 나라의 땅을 밟지 않고, 나라의 왕을 욕하면 그 나라에서 배를 채우지 않는다고 합니다. 그런데 당신은 그 땅을 밟으며 그 뱃속을 채우고 있으니 말이 됩니까?" "내가 듣기로 청렴한 선비는 신중하게 나아가고 신속히 물러난다고 합니다. 또 현명한 사람은 부끄러움을 알고 죽음을 가벼이 여긴다고 합니다." 그렇게 말하고는 그 뒤로 산에 들어가 나무를 껴안고 굶어, 선 채로 말라 죽었다. 賴炎元『韓詩外傳考徵』臺灣省立師範大學 民國52年. p.218. 正義韓詩外傳云:「姓鮑, 名焦, 周時隱者也. 飾行非世, 廉潔而守, 荷擔採樵, 拾橡充食, 故無子胤, 不臣天子, 不友諸侯。子貢遇之, 謂之曰:『吾聞非其政者不履其地, 汙其君者不受其利。今子履其地, 食其利, 其可乎?』鮑焦曰:『吾聞廉士重進而輕退, 賢人易愧而輕死。』遂抱木立枯焉。」(『史記卷八十三魯仲連鄒陽列傳』) p.2478.

8 신도적이 자살하려 하자 친구 최가가 달려가서 말리며 말했다. "지혜 있는 사람은 세상을 살면서 남의 부모 노릇도 해야 하네. 그런데 자네는 지금 더러운 속세에 자신의 발이 더러워질까 봐, 그 물에 빠진 것 같은 가족마저 저버리겠다는 것인가?" 新序曰:「申徒狄非時, 將自投河, 崔嘉聞而止之曰:『吾聞聖人從事於天地之間, 人之父母也。今爲濡足之故, 不救溺人乎?』」『後漢書卷五十三』의 주석에서 인용. 中華書局 p.1739.

9 장자가 도척의 입을 빌어 비웃은 개자추 역시 중국 역사에서 유명한 충신이었다. 진헌공의 비였던 여희는 자신의 아들이 왕위를 계승할 수 있도록 전 부인의 아들들을 죽이려 했다. 이에 후계자이자 전부인의 아들인 태자 신생은 모함을 받아 자살을 했고, 둘째인 중이는 부하들과 도망쳤다. 도망 중에 부하들은 모두 살길을 찾아 흩어졌지만 개자추만은 끝까지 남아 중이를 보호했다. 중이가 어느 날 굶주림에 지쳐 쓰러지자 개자추는 자신의 넓적다리를 베어 구워서 먹임으로써 죽어가는 중이를 살려낸다. 그러나 중이가 나중에 진나라의 왕 문공이 된 뒤 개자추를 멀리하자 그는 자신의 어머니와 함께 산으로 숨어들었다. 뒤늦게 잘못을 뉘우친 문공이 부하들과 함께 산으로 그를 찾아갔으나 그는 나타나지 않았다. 할 수 없이 문공은 나올 곳을 남겨놓고 산에 불을 질러 그들이 나오도록 했다.

그러나 불이 다 타도록 나오지 않았고 모자는 숲에서 불에 타 죽은 채 발견되었다. 이 일로 진문공은 크게 비통해하며 자신의 과오를 뉘우친다. 그 뒤로 개자추가 죽은 날에는 불을 지피지 말도록 해서 '한식일(寒食日)'로 전해지고, 문공이 이듬해 그 산에서 발견한 버드나무를 기리면서 '청명절(淸明節)'이 되었다고 전해진다. 중국 역사에서는 넓적다리를 베어서 충성을 다한 것을 '割股奉君(할고봉군)'이라고 전한다.

10 미생은 여자와 다리 아래에서 만나기로 했지만 여자는 오지 않았다. 그는 약속과 신의를 지키기 위해 물이 불어나도 끝까지 기다리다가 익사한다. 미생은 역사상 신의를 소중히 여기고 목숨을 저버리면서 믿음을 지킨 대단한 지조의 인물로 전해진다. 송대 이학의 대표적인 인물인 정이 정호 형제가 쓴 글에도 미생을 언급하며 본질적인 것의 중요성을 강조하는 부분이 있다. "좋아하고 싫어함이 본질을 잃게 하고, 옳고 그름을 따지는 일이 진실을 혼란스럽게 한다. 그렇다면 비록 미생 같은 믿음이나 증삼 같은 효자라도 별것 아니다." 好惡失其宜, 是非亂其宜, 雖有尾生之信, 曾子之孝, 吾弗貴也.(『二程全書·粹言二』)

11 世之所謂賢士, 伯夷叔齊. 伯夷叔齊辭孤竹之君而餓死於首陽之山, 骨肉不葬. 鮑焦飾行非世, 抱木而死. 申徒狄諫而不聽, 負石自投於河, 爲魚鱉所食. 介子推至忠也, 自割其股以食文公, 文公後背之, 子推怒而去, 抱木而燔死. 尾生與女子期於梁下, 女子不來, 水至不去, 抱梁柱而死. 此六子者, 无異於磔犬流豕操瓢而乞者, 皆離名輕死, 不念本養壽命者也.(『莊子·盜跖』) p.718.

12 비간은 상나라 폭군 주왕의 숙부였다. 왕의 잔혹한 정치에 근신들이 죽임을 당하거나 모두 도망하자 그는 "신하라면 죽음을 무릅쓰고라도 충언을 올려야 한다"면서 찾아가 충언의 말을 올렸다. 주왕은 "비간처럼 '훌륭한 성인'에게는 심장에 구멍이 일곱 개 있다는데 비간의 심장을 들여다보는 게 어떨까?"라고 하며 그의 가슴을 갈라 심장을 살펴보았다. 紂愈淫亂不止. 微子數諫不聽, 乃與大師, 少師謀, 遂去. 比干曰:「爲人臣者, 不得不以死爭.」迺強諫紂. 紂怒曰:「吾聞聖人心有七竅.」剖比干, 觀其心.(『史記』卷三〈殷本紀〉) p.108.

13 『史記·伍子胥列傳第六』 p.2180.

14 比干剖心, 子胥抉眼, 忠之禍也; 直躬證父, 尾生溺死, 信之患也; 鮑子立乾, 申子不自理, 廉之害也; 孔子不見母, 匡子不見父, 義之失也. 此上世之所傳, 下世之所語, 以爲士者正其言, 必其行, 故服其殃, 離其患也.(『莊子·盜跖』) p.725.

15 "名不正, 則言不順; 言不順則事不成."(『論語·子路』) p.196. 이 말을 어원으로 해서 "名正言順"(명분이 있으면 하는 말도 순조롭다)이라는 성어가 쓰인다.

16 名者, 實之賓也。(『莊子 · 逍遙遊』) p.35.

17 대만학자 왕숙민은 장자의 이 부분이 "옳다고 여기고 하는 바른 말과 바른 행위의 문제점을 지적한 것"이라고 한다. "正言必行之害。" 王叔岷『莊子校詮』中華書局, 2007. p.1203.

18 武侯曰:「欲見先生久矣! 吾欲愛民而為義偃兵, 其可乎?」 徐无鬼曰:「不可。愛民, 害民之始也華義偃兵, 造兵之本也。君自此爲之, 則殆不成。凡成美, 惡器也。君雖為仁義, 幾且為哉! 形固造形, 成固有伐, 變固外戰。(『莊子 · 徐无鬼』) p.598.

19 想으로도 쓰임, 빨리어 Sanna, 산스크리트어 samjna. 吳汝鈞著『佛教大辭典』北京商務印書館 p.128.

20 요한복음 8장 1-11절『新舊約全書』南京愛德印刷有限公司 p.138.

21 그동안 왕필 주석본을 저본으로 하면서 '대기만성'이라고 와전되어왔다. 최진석『노자의 목소리로 듣는 도덕경』서울, 소나무, 2001. p.332.

22 大方無隅, 大器晚成, 大音希聲, 大象無形。(『老子 · 四十一章』)『新譯老子』三民書局 p.74.

23 有始也者, 有未始有始也者, 有未始有夫未始有始也者。有有也者, 有有也者, 有未始有无也者, 有未始夫未始有无也者。俄而有无矣, 而未知有无之果孰有孰无也。今我則已有謂矣, 而未知吾所謂之果有謂乎? 其果无謂乎?(『莊子 · 齊物論』) p.69.

24 大直若屈, 大巧若拙, 大辯若訥。(『老子 · 四十五章』) p.80.

25 "믿음직한 말은 번지르르하지 않으며 번지르르한 말은 믿음직하지 못하다. 선한 사람은 변설에 능하지 않고 변설에 능한 사람은 선하지 않다. 제대로 아는 사람은 박식하지 않고 박식한 듯한 사람은 제대로 아는 사람이 아니다." 信言不美, 美言不信。善者不辯, 辯者不善。知者不博, 博者不知。(『老子 · 八十一章』) p.119.『노자』의 이 마지막 구절들은 그 자신이 앞서 말한 오천 여 문자로 된 책 내용에 대한 맺음말이다. 참된 어떤 것을 말하기는 했지만 현란하지도 않고 매끈하지도 않은 자신의 글에 대한 겸손의 표현이다. 노자는 그러나 그 어떤 참된 것을 자기만 알 수 없어서 말을 남긴다고 한다. 어쨌든 이 문장에서 노자가 하는 말 역시 사람들이 인식하는 것의 한계다. 그럴싸하게 들리는 말은 진실되지 못하고, 모든 것 다 아는 듯 보이는 사람은 사실은 제대로 아는 게 없다는 것이다. 사람들의 인식에 한계가 있기 때문에 표면적인 것을 진정한 것이라고 보면 안 된다는 기본적인 관점이 드러난다.

26 이는 뒤에 수식되는 글자가 일반적인 것이 아니라 본질적이고 진정한 것이라는 의미다. 노
    자가 말한 것처럼 진정 깨끗한 것은 마치 더러운 듯 보인다는 뜻의 '대백약욕(大白若辱)'
    이나, 진정 가득한 것은 마치 뭔가 빠진 것 같다는 뜻의 '대영약충(大盈若沖)'에서처럼 '대
    (大)'자에는 '진정한'이라는 의미가 강조되어 있다. 이뿐만 아니라 진정한 선함이란 물과
    같다는 『노자』 '상선약수(上善若水)'의 '상(上)'이나, 진정한 즐거움은 즐거움이 없는 것이
    라는 '지락무락(至樂無樂)' 등 『장자』에서 자주 쓰인 '지(至)' 역시 '진정한'이라는 뜻이다.

27 眞悲无聲而哀, 眞怒未發而威, 眞親未笑而和。(『莊子·漁父』) p.751.

28 絶聖棄智, 民利百倍; 絶民棄義, 民復孝慈; 絶巧棄利, 盜賊無有。(『老子·十九章』) p.44.

29 上德不德, 是以有德。下德不失德, 是以無德。(『老子·三十八章』) p.69.

30 陽子之宋, 宿於逆旅。逆旅人有妾二人, 其一人美, 其一人惡。惡者貴而美者賤。陽子問其故, 逆旅
    小子對曰:「其美者自美, 吾不知其美也; 其惡者自惡, 吾不知其惡也。」陽子曰:「弟子記之: 行賢而
    去自賢之行, 安往而不愛哉!」(『莊子·山木』) p.505.

31 夫大道不稱, 大辯不言, 大仁不仁, 大廉不嗛, 大勇不忮。道昭而不道, 言辯而不及, 仁常而不成,
    廉淸而不信, 勇忮而不成, 五者圓而幾向方矣。(『莊子·齊物論』) p.73.

32 孫子又云: 是故, 百戰百勝, 非善之善者也; 不戰而勝, 善之善者也。(『孫子·作戰』)

33 全勝不鬪, 大兵無創, ……大智不智, 大謀不謀, 大勇不勇, 大利不利。(『六韜·武韜』)『太公六韜
    今註今譯』臺灣商務印書館 民國七十三 p.79.

34 故其就義若渴者, 其去義若熱。(『莊子·列禦寇』) p.768.

35 孔子曰:「善。」往見老聃, 而老聃不許, 於是繙十二經以說。老聃中其說, 曰:「大謾, 願聞其要。」孔
    子曰:「要在仁義。」老聃曰:「請問: 仁義, 人之性邪?」孔子曰:「然, 君子不仁則不成, 不義則不生。
    仁義, 眞人之性也, 又將奚爲矣?」老聃曰:「請問: 何謂仁義?」孔子曰:「中心物愷, 兼愛无私, 此仁
    義之情也。」老聃曰:「意, 幾乎後言! 夫兼愛, 不亦迂乎! 乃私焉, 乃私也。(『莊子·天道』) p.358. 노자
    의 이름을 노담이라고 보는 견해가 있으므로 여기서의 노담도 노자로 볼 수 있다. 그러
    나 본문은 내용의 의미만을 들어 논하는 글이기 때문에 그런 인물 명칭에 대한 사실 여
    부의 규명은 하지 않는다.

36 伯夷死名於首陽之下, 盜跖死利於東陵之上。二人者, 所死不同, 其於殘生傷性均也。奚必伯夷之
    是而盜跖之非乎?(『莊子·駢拇』) p.251.

37 百年之木, 破爲犧尊, 靑黃而文之, 其斷在溝中. 比犧尊於溝中之斷, 則美惡有間矣, 其於失性一
也. 跖與曾史, 行義有間矣, 然其失性均也. 且夫失性有五: 一曰五色亂目, 使目不明; 二曰五聲亂
耳, 使耳不聰; 三曰五臭薰鼻, 困惾中顙; 四曰五味濁口, 使口厲爽; 五曰趣舍滑心, 使性飛揚. 此五
者, 皆生之害也.(『莊子 · 天地』) p.339.
위와 같은 말이 다음 부분에도 나온다. "지나치게 눈이 밝은 자는 오색의 기준마저 어지
럽히고 무늬를 지나치게 화려하게 한다. 그런 눈부심이란 좋지 않다. 이주가 바로 그런 일
을 한 사람이다. 지나치게 귀가 밝은 자는 오성의 기준마저 어지럽히고 갖가지 가락에 사
로잡힌다. 그런 화려한 선율이란 좋지 않다. 사광이 바로 그런 일을 한 사람이다. 지나치게
인의를 내세우는 자는 자연스런 덕을 버리게 하고 그것으로 명성을 얻으려 한다. 실천 못
할 법도를 강조하는 짓은 좋지 않다. 증삼, 사추가 바로 그런 일을 한 사람이다. 지나치게
변론에 뛰어난 자는 공허한 말로 궤변을 일삼는다. 일시적인 명예를 위하다가 그만 지쳐
버리니 이 역시 좋지 않다. 양주나 묵적이 바로 그런 일을 한 사람이다. 이 모두 군더더기
일 뿐 결코 올바른 길이 아니다. 是故騈於明者, 亂五色, 淫文章, 靑黃黼黻之煌煌非乎? 而離朱
是已! 多於聰者, 亂五聲, 淫六律, 金石絲竹黃鐘大呂之聲非乎? 而師曠是已! 枝於仁者, 擢德塞性
以收名聲, 使天下簧鼓以奉不及之法非乎? 而曾, 史是已! 騈於辯者, 累瓦結繩竄句, 遊心於堅白同
異之間, 而楊墨譽無用之言非乎? 而楊墨是已. 故此皆多騈旁枝之道, 非天下之至正也.(『莊子 ·
騈拇』) p.244.

38 '삼강'과 '오륜'의 개념은 공자와 맹자에 연원을 두지만 西漢의 董仲舒가 지은『春秋繁露』
에 처음으로 등장한다. 공자는 왕 · 신하 · 아버지 · 자식이 모두 그 이름에 맞는 모습을 갖
춰야 한다(君君臣臣父父子子)는 이른바 '명교(名敎)' 사상과 인 · 의 · 예 · 지 · 신 등 윤리의
기초를 세웠다. 그 뒤 맹자는 이를 바탕으로 "父子有親, 君臣有義, 夫婦有別, 長幼有序, 朋友
有信", 그리고 이른바 '四端'이라는 도덕적 가치를 제시한다. 이를 동중서가 "君爲臣綱, 父
爲子綱, 夫爲妻綱"라는 삼강과 '仁, 義, 禮, 智, 信'이라는 오륜으로 개괄한 것이다. 나중에
송나라의 주희가 이 두 가지를 합해서 '삼강오상(三綱五常)'으로 명명했다.

39 夫隨其成心而師之, 誰獨且旡師乎?(『莊子 · 齊物論』) p.56.

40 則鳩鴞之在於籠也, 亦可以爲得矣. ……則是罪人交臂歷指而虎豹在於囊檻, 亦可以爲得矣!(『莊
子 · 天地』) p.340.

41 且夫待鉤繩規矩而正者, 是削其性者也.(『莊子 · 騈拇』) p.248.

42 馬, 蹄可以踐霜雪, 毛可以御風寒。齕草飲水, 翹足而陸, 此馬之眞性也。雖有義臺路寢, 無所用之。及至伯樂, 曰:「我善治馬。」燒之, 剔之, 刻之, 雒之。連之以羈馽, 編之以皁棧, 馬之死者十二三矣! 飢之渴之, 馳之驟之, 整之齊之, 前有橛飾之患, 而後有鞭莢之威, 而馬之死者已過半矣! 陶者曰:「我善治埴, 圓者中規, 方者中矩。」匠人曰:「我善治木, 曲者中鉤, 直者應繩。」夫埴木之性, 豈欲中規矩鉤繩哉! 然且世世稱之曰「伯樂善治馬, 而陶匠善治埴木」, 此亦治天下者之過也。(『莊子・馬蹄』) p.257.

43 원문『孟子・公孫丑上』p.298.

44 子桑戶, 孟子反, 子琴張相與友, ……。莫然有間, 而子桑戶死。未葬。孔子聞之, 使子貢往侍事焉。或編曲, 或鼓琴, 相和而歌曰:「嗟來桑戶乎! 嗟來桑戶乎! 而已反其眞, 而我猶爲人猗!」子貢趨而進曰:「敢問臨尸而歌, 禮乎?」二人相視而笑曰:「是惡知禮意!」(『莊子・大宗師』) p.204.

45 於是乎喜怒相疑, 愚知相欺, 善否相非, 誕信相譏, 而天下衰矣。大德不同, 而性命爛漫矣。天下好知, 而百姓求竭矣。(『莊子・在宥』) p.290.

46 所謂暖姝者, 學一先生之言, 則暖暖姝姝而私自說也, 自以爲足矣, 而未知未始有物也。是以謂暖姝者也。濡需者, 豕蝨是也, 擇疏鬣自以爲廣宮大囿, 奎蹏曲隈, 乳間股腳, 自以爲安室利處。不知屠者之一旦鼓臂布草操煙火, 而己與豕俱焦也。此以域進, 此以域退, 此其所謂濡需者也。(『莊子・徐无鬼』) p.614.

47 夫不自見而見彼, 不自得而得彼者, 是得人之得而不自得其得者也, 適人之適而不自適其適者也。(『莊子・駢拇』) p.253.

48 臧與穀, 二人相與牧羊而俱亡其羊。問臧奚事, 則挾筴讀書; 問穀奚事, 則博塞以遊。二人者, 事業不同, 其於亡羊均也。(『莊子・駢拇』) p.250.

49 葉公語孔子曰: 吾黨有直躬者。其父攘羊, 而子證之。孔子曰: 吾黨之直者異於是。父爲子隱, 子爲父隱, 直在其中矣。(『論語・子路』) p.174.

50 "『南史』: 劉凝之爲人認著屐, 卽予之 此人后得所失屐, 送還, 不肯復取 沈麟士亦爲鄰人認所著屐, 麟士才笑曰: "是卿屐耶"卽予之。鄰人后得所失屐, 送還之。麟士曰: "非卿屐耶"笑曰受之。此雖小節, 然人處世, 當如麟士, 不當如凝之也。"(蘇軾「劉沈九屐」)『蘇軾文集』北京 中華書局 p.2031.

51 故曰, 无爲小人, 反殉而天无爲君子, 從天之理。若枉若直, 相而天極。面觀四方, 與時消息。若是

296

若非, 執而圓機。(『莊子·盜跖』) p.725.

52 是乃仁術也。見牛, 未見羊也。『孟子·梁惠王上』 p.254.

53 莊子將死, 弟子欲厚葬之。莊子曰:「吾以天地為棺槨, 以日月為連璧, 星辰為珠璣, 萬物為齎送。
    吾葬具豈不備邪? 何以加此!」弟子曰:「吾恐烏鳶之食夫子也。」莊子曰:「在上為烏鳶食, 在下為螻
    蟻食, 奪彼與此, 何其偏也。」(『莊子·列禦寇』) p.772. 소동파는 장자의 이 이야기가 후세 사
    람들이 삽입한 위작 문장이라고 하는데, 외형적으로 변화하는 사물을 들여다보면 결국
    은 하나라는 장자의 제물론에 해당하는 의미의 글이다.

54 有親, 非仁也。(『莊子·大宗師』) p.180. 곽상은 이 말 뒤에 깨달은 사람은 사사롭게 친한 일
    을 하지 않는다는 의미로 '至人無親'이라고 주를 했다. 노자는 '天道無親'이라고 한다.

55 夫藏舟於壑, 藏山(汕)於澤, 謂之固矣! 然而夜半有力者負之而走, 昧者不知也。藏小大有宜, 猶有
    所遯。若夫藏天下於天下而不得所遯, 是恆物之大情也。(『莊子·大宗師』) p.189.

56 然而田成子一旦殺齊君而盜其國, 所盜者豈獨其國邪? 並與其聖知之法而盜之, 故田成子有乎盜
    賊之名, 而身處堯舜之安。小國不敢非, 大國不敢誅, 十二世有齊國。則是不乃竊齊國, 並與其聖
    知之法以守其盜賊之身乎?(『莊子·胠篋』) p.268.

57 彼竊鉤者誅, 竊國者為諸侯, 諸侯之門而仁義存焉, 則是非竊仁義聖知邪?(『莊子·胠篋』) p.272.

58 為之斗斛以量之, 則並與斗斛而竊之: 為之權衡以稱之, 則並與權衡而竊之: 為之符璽以信之, 則
    並與符璽而竊之: 為之仁義以矯之, 則並與仁義而竊之。(『莊子·胠篋』) p.271.

제2장 버려야 할 이욕과 집착

1 桓公讀書於堂上, 輪扁斲輪於堂下, 釋椎鑿而上, 問桓公曰:「敢問: 公之所讀者何言邪?」公曰:「聖
   人之言也。」曰:「聖人在乎?」公曰:「已死矣。」曰:「然則君之所讀者, 古人之糟魄已夫!」桓公曰:「寡
   人讀書, 輪人安得議乎! 有說則可, 无說則死!」輪扁曰:「臣也以臣之事觀之。斲輪, 徐則甘而不固,
   疾則苦而不入, 不徐不疾, 得之於手而應於心, 口不能言, 有數存焉於其間。臣不能以喩臣之子, 臣
   之子亦不能受之於臣, 是以行年七十而老斲輪。古之人與其不可傳也死矣, 然則君之所讀者, 古人

之糟魄已夫!」(『莊子·天道』) p.364.

2   道, 可道, 非常道; 名, 可名, 非常名。(『老子·第一章』) p.17.

3   모세가 시내산에서 신에게 그의 이름을 묻자 신은 '나는 스스로 존재하는 자'라고 답한
다.(출애굽기 3장 14절) 이는 킹제임스 성경의 번역 이래 'I am that I am'이나 'I-shall-be
what I-shall-be' 등으로 번역되어 왔다. 성경의 이 구절이 고대어인 히브리어로 'Ehyeh
asher ehyeh'라고 발음될 때의 '나'에 해당하는 '야훼(Ehyeh)'는 '영원부터 스스로 존
재하는 자'이다. 중국어 성경은 이를 "나는 스스로 있고, 영원히 있는 자이다(我是自有永
有的)"라고 번역한다(中國基督敎協會『新舊約全書』, 南京愛德印刷. p.71). 이름을 붙임으로
써 본질과 멀어진다는 노자나 장자의 말은, 진리와 같은 의미인 신의 이름을 설명하는 일
과 같다. 이에 관해서 에리히 프롬이 언급한 게 있다. Erich Fromm 『The Art of Loving』
Choun Publishing Co. 1980. p.131 참조.

4   吾不知其名, 强字之曰道, 强爲之名曰大. 大曰逝, 逝曰遠, 遠曰返.(『老子·第二十五章』) p.51.

5   夫言非吹也, 言者有言, 其所言者特未定也。(『莊子·齊物論』) p.57.

6   可以言論者, 物之粗也: 可以意致者, 物之精也。(『莊子·秋水』) p.422.

7   心止於符(『莊子·人間世』) p.114.

8   筌者所以在魚, 得魚而忘筌: 蹄者所以在意, 得意而忘蹄: 言者所以在意, 得意而忘言。(『莊子·外
物』) p.669.

9   언어 없이 의미를 낚는다는 것은 불가능해 보인다. Whorf는 언어가 의미를 포착한다는
이른바 "언어상대성가설(linguistic relativity hypothesis, 1956)"을 내놓았다. 언어가 있
기 때문에 의미도 존재한다는 이 이론은, 의미는 언어에 앞서 존재한다는 이론과 다투고
는 있지만 여전히 유효하다.

10   夫道未始有封, 言未始有常. 爲是而有畛也, 請言其畛. 有左, 有右, 有倫, 有義, 有分, 有辯, 有競,
有爭, 此之謂八德. 六合之外, 聖人存而不論. 六合之內, 聖人論而不議. 春秋經世先王之志, 聖人
議而不辯. 故分也者, 有不分也. 辯也者, 有不辯也。(『莊子·齊物論』) p.71.

11   凡溢之類妄, 妄則其信之也莫, 莫則傳言者殃。(『莊子·人間世』) p.122.

12   至言去言, 至爲去爲。(『莊子·知北遊』) p.559.

13 死生存亡, 窮達貧富, 賢與不肖毀譽, 飢渴寒暑, 是事之變, 命之行也。(『莊子・德充符』) p.163. 譽,
　　飢渴寒暑, 是事之變, 命之行也。(『莊子・德充符』) p.163.

14 故爲是擧莛與楹, 厲與西施, 恢恑憰怪, 道通爲一。其分也, 成也; 其成也, 毁也。凡物无成與毁,
　　復通爲一。唯達者知通爲一, 爲是不用而寓諸庸。(『莊子・齊物論』) p.63.

15 禍, 福之所倚; 福, 禍之所伏。(『老子・第五十八章』) p.94.

16 安危相易, 禍福相生, 緩急相摩, 聚散以成。(『莊子・則陽』) p.645.

17 雖然, 方生方死, 方死方生; 方可方不可, 方不可方可; 因是因非, 因非因是。(『莊子・齊物論』) p.59.

18 麗之姬, 艾封人之子也。晉國之始得之也, 涕泣沾襟; 及其至於王所, 與王同筐床, 食芻豢, 而後悔
　　其泣也。予惡乎知夫死者不悔其始之蘄生乎?(『莊子・齊物論』) p.80.

19 俄而子來有病, 喘喘然將死。其妻子環而泣之。子犂往問之, 曰:「叱! 避! 无怛化!」倚其戶與之語
　　曰:「偉哉造化, 又將奚以汝爲, 將奚以汝適? 以汝爲鼠肝乎? 以汝爲蟲臂乎?」子來曰:「父母於子,
　　東西南北, 唯命之從。陰陽於人, 不翅於父母。彼近吾死而我不聽, 我則悍矣, 彼何罪焉! 夫大塊
　　載我以形, 勞我以生, 佚我以老, 息我以死。故善吾生者, 乃所以善吾死也。今〔之〕大冶鑄金, 金踊
　　躍曰『我且必爲鏌鋣』, 大冶必以爲不祥之金。今一犯人之形, 而曰『人耳人耳』, 夫造化者必以
　　爲不祥之人。今一以天地爲大爐, 以造化爲大冶, 惡乎往而不可哉!」成然寐, 蘧然覺。(『莊子・大
　　宗師』) pp.200-202.

20 是故大知觀於遠近, 故小而不寡, 大而不多: 知量无窮。證曏今故, 故遙而不悶, 掇而不跂: 知時无
　　止。察乎盈虛, 故得而不喜, 失而不憂, 知分之无常也。明乎坦塗, 故生而不說, 死而不禍: 知終始
　　之不可故也。(『莊子・秋水』) p.421.

21 蘇子曰:「客亦知夫水與月乎? 逝者如斯, 而未嘗往也; 盈虛者如彼, 而卒莫消長也。蓋將自其變者
　　而觀之, 則天地曾不能以一瞬; 自其不變者而觀之, 則物與我皆無盡也。而又何羨乎爲且夫天地
　　之閒, 物各有主。苟非吾之所有, 雖一毫而莫取。惟江上之清風, 與山間之明月, 耳得之而爲聲, 目
　　遇之而成色。取之無禁, 用之不竭。是造物者之無盡藏也, 而與子之所共適。」(『赤壁賦』)『蘇軾文
　　集』p.5.

22 不際之際, 際之不際者也。謂盈虛衰殺, 彼爲盈虛非盈虛, 彼爲衰殺非衰殺, 彼爲本末非本末, 彼
　　爲積散非積散也。(『莊子・知北遊』) p.548.

23 勞神明爲一而不知其同也, 謂之朝三。何謂朝三年狙公賦芧, 曰:「朝三而暮四」, 衆狙皆怒。曰:「然則朝四而暮三」衆狙皆悅。名實未虧而喜怒爲用, 亦因是也。(『莊子·齊物論』) p.64.

24 昔者莊周夢爲胡蝶, 栩栩然胡蝶也, 自喩適志與, 不知周也。俄然覺, 則蘧蘧然周也。不知周之夢爲胡蝶與? 胡蝶之夢爲周與? 周與胡蝶, 則必有分矣。此之謂物化。(『莊子·齊物論』) p.86.

25 雜乎芒芴之間, 變而有氣, 氣變而有形, 形變而有生。(『莊子·至樂』) p.451.

26 夢飮酒者, 旦而哭泣; 夢哭泣者, 旦而田獵。方其夢也, 不知其夢也。夢之中又占其夢焉, 覺而後知其夢也。且有大覺而後知此其大夢也, 而愚者自以爲覺, 竊竊然知之。(『莊子·齊物論』) p.81.

27 莊子妻死, 惠子弔之, 莊子則方箕踞鼓盆而歌。惠子曰:「與人居, 長子老身, 死不哭亦足矣, 又鼓盆而歌, 不亦甚乎!」莊子曰:「不然。是其始死也, 我獨何能无槪然! 察其始而本无生, 非徒无生也, 而本无形: 非徒无形也, 而本无氣。雜乎芒芴之間, 變而有氣, 氣變而有形, 形變而有生。今又變而之死。是相與爲春秋冬夏四時行也。人且偃然寢於巨室, 而我噭噭然隨而哭之, 自以爲不通乎命, 故止也。」(『莊子·至樂』) p.451.

28 氣也者, 虛而待物者也。(『莊子·人間世』) p.115.

29 宋人有曹商者, 爲宋王使秦。其往也, 得車數乘。王說之, 益車百乘。反於宋, 見莊子, 曰:「夫處窮閭阨巷, 困窘織屨, 槁項黃馘者, 商之所短也: 一悟萬乘之主而從車百乘者, 商之所長也。」莊子曰:「秦王有病召醫。破癰潰痤者得車一乘, 舐痔者得車五乘, 所治愈下, 得車愈多。子豈治其痔邪? 何得車之多也? 子行矣!」(『莊子·列禦寇』) p.764.

30 其耆欲深者, 其天機淺。(『莊子·大宗師』) p.177.

31 知慧外通, 勇動多怨, 仁義多責(『莊子·列禦寇』) p.769.

32 取石來鍛之夫千金之珠, 必在九重之淵而驪龍頷下。子能得珠者, 必遭其睡也。(『莊子·列禦寇』) p.771.

33 其殺若秋冬, 以言其日消也; 其溺之所爲之, 不可使復之也; 其厭也如緘, 以言其老洫也; 近死之心, 莫使復陽也。(『莊子·齊物論』) p.50.

34 夫天下之所尊者, 富貴壽善也: 所樂者, 身安厚味美服好色音聲也。(『莊子·至樂』) p.447.

35 夫富者, 苦身疾作, 多積財而不得盡用, 其爲形也亦外矣!(『莊子·至樂』) p.447.

36 无足問於知和曰:「人卒未有不興名就利者。彼富則人歸之,歸則下之,下則貴之。夫見下貴者, 所以長生安體樂意之道也。今子獨无意焉,知不足邪? 意知而力不能行邪? 故推正不妄邪?」……知和曰:「平爲福, 有餘爲害者, 物莫不然, 而財其甚者也。今富人, ……內則疑劫請之賊, 外則畏寇盜之害, 內周樓疏, 外不敢獨行, 可謂畏矣。此六者, 天下之至害也, 皆遺忘而不知察。及其患至, 求盡性竭財, 單以反一日之无故而不可得也。故觀之名則不見, 求之利則不得。繚意體而爭此, 不亦惑乎!」(『莊子・盜跖』) pp.727-731.

37 堯舜有天下, 子孫无置錐之地; 湯武立絶天子, 而後世絶滅。非以其利大故邪?(『莊子・盜跖』) p.714.

38 연구 자료에 의하면 고대 중국인의 평균 수명은 57세. 그러나 생졸년월일이 밝혀진 역대 중국 황제 209명의 평균 수명은 39.2세로, 대부분 독살 등 죽임을 당하거나 병으로 죽었다. 육신의 부귀영화를 마음껏 누렸지만 마음은 언제나 초조하고 불안했고 그런 그들의 뒤에는 죽음이라는 덫이 있었다.

39 公子牟隱机大息, 仰天而笑曰:「子獨不聞夫埳井之蛙乎? 謂東海之鼈曰:『吾樂與! 出跳梁乎井幹之上, 入休乎缺甃之崖。赴水則接腋持頤, 蹶泥則沒足滅跗。還虷蟹與科斗, 莫吾能若也。且夫擅一壑之水, 而跨跱埳井之樂, 此亦至矣。夫子奚不時來入觀乎!』東海之鼈左足未入, 而右膝已縶矣。於是逡巡而卻, 告之海曰:『夫千里之遠, 不足以舉其大; 千仞之高, 不足以極其深。禹之時, 十年九潦, 而水弗爲加益; 湯之時, 八年七旱, 而崖不爲加損。夫不爲頃久推移, 不以多少進退者, 此亦東海之大樂也。』於是埳井之蛙聞之, 適適然驚, 規規然自失也。(『莊子・秋水』) pp.437-438.

40 且以巧鬪力者, 始乎陽, 常卒乎陰, 〔泰〕至則多奇巧; 以禮飲酒者, 始乎治, 常卒乎亂, 〔泰〕至則多奇樂。凡事亦然。始乎諒, 常卒乎鄙, 其作始也簡, 其將畢也必巨。〔夫〕言者, 風波也; 行者, 實喪也。〔夫〕風波易以動, 實喪易以危。故忿設无由, 巧言偏辭。獸死不擇音, 氣息茀然, 於是並生心厲。剋核大至, 則必有不肖之心應之, 而不知其然也。苟爲不知其然也, 孰知其所終! 故法言曰:『无遷令, 无勸成, 過度益多。』遷令勸成殆事, 美成在久, 惡成不及改, 可不愼與! 且夫乘物以遊心, 託不得已以養中, 至矣! 何作爲報也! 莫若爲致命。此其難者。」(『莊子・人間世』) p.123.

41 「且夫我嘗聞少仲尼之聞而輕伯夷之義者, 始吾弗信。今我睹子之難窮也, 吾非至於子之門則殆矣, 吾長見笑於大方之家。」北海若曰:「井蛙不可以語於海者, 拘於虛也; 夏蟲不可以語於冰者, 篤於時也; 曲士不可以語於道者, 束於教也。」(『莊子・秋水』) p.418.

42 惠子相梁, 莊子往見之. 或謂惠子曰:「莊子來, 欲代子相.」於是惠子恐, 搜於國中三日三夜. 莊子
往見之, 曰:「南方有鳥, 其名爲, 子知之乎? 夫鵷鶵, 發於南海而飛於北海, 非梧桐不止, 非練實不
食, 非醴泉不飲. 於是鴟得腐鼠, 鵷鶵過之, 仰而視之曰:『嚇!』今子欲以子之梁國而嚇我邪?」(『莊
子·秋水』) p.442.

43 莊周遊於雕陵之樊, 覩一異鵲自南方來者. 翼廣七尺, 目大運寸, 感周之顙而集於栗林. 莊周曰:
「此何鳥哉! 翼殷不逝, 目大不覩.」蹇裳躩步, 執彈而留之. 覩一蟬, 方得美蔭而忘其身. 螳螂執翳
而搏之, 見得而忘其形. 異鵲從而利之, 見利而忘其形. 莊周怵然曰:「噫! 物固相累, 二類相召也.」
捐彈而反走, 虞人逐而誶之.(『莊子·山木』) p.503.

44 好讀書, 不求甚解, 每有會意, 便欣然忘食.(陶潛〈五柳先生傳〉)

45 子曰:「鄉原, 德之賊也.」(『論語·陽貨第十七』) p.221.

46 曰:「非之無擧也, 刺之無刺也; 同乎流俗, 合乎汚世; 居之似忠信, 行之似廉潔; 爲皆悅之, 自以為
是, 而不可與入堯舜之道, 故曰德之賊也.」(『孟子·盡心下』) p.519.

47 古之行身者, 不以辯飾知, 不以知窮天下, 不以知窮德, 危然處其所而反其性已, 又何爲哉! 道固
不小行, 德固不小識. 小識傷德, 小行傷道. 故曰, 正己而已矣. 樂全之謂得志.(『莊子·繕性』)
p.411.

48 「畸人者, 畸於人而侔於天. 故曰, 天之小人, 人之君子; 人之君子, 天之小人也.」(『莊子·大宗師』)
p.207.

49 宋人資章甫而適諸越, 越人斷髮文身, 無所用之. 堯治天下之民, 平海內之政, 往見四子藐姑射之
山, 汾水之陽, 窅然喪其天下焉.(『莊子·逍遙遊』) p.39.

50 道隱於小成, 言隱於榮華. 故有儒墨之是非, 以是其所非而非其所是. 欲是其所非而非其所是, 則
莫若以明.(『莊子·齊物論』) p.57.

51 鵬之徙於南冥也, 水擊三千里, 搏扶搖而上者九萬里, 去以六月息者也.(『莊子·逍遙遊』) p.28.

52 窮髮之北, 有冥海者, 天池也. 有魚焉, 其廣數千里, 未有知其脩者, 其名爲鯤. 有鳥焉, 其名爲鵬,
背若太山, 翼若垂天之雲, 搏扶搖羊角而上者九萬里, 絕雲氣, 負青天, 然後圖南, 且適南冥也. 斥
鴳笑之曰:「彼且奚適也? 我騰躍而上, 不過數仞而下, 翺翔蓬蒿之間, 此亦飛之至也. 而彼且奚適
也?」此小大之辯也.(『莊子·逍遙遊』) p.32.

53 古之所謂得志者, 非軒冕之謂也, 謂其旡以益其樂而已矣。今之所謂得志者, 軒冕之謂也。軒冕在身, 非性命也, 物之儻來, 寄者也。寄之, 其來不可止, 其去不可止。(『莊子 · 繕性』) p.411.

54 若夫子之言, 於帝王之德, 猶螳蜋之怒臂以當車軼, 則必不勝任矣! 且若是, 則其自爲處危, 其觀臺多, 物將往, 投迹者衆。(『莊子 · 天地』) p.325.

55 20세기의 뛰어난 정치사상가의 하나였던 한나 아렌트(Hannah Arendt)는 아돌프 아이히만의 전범 재판을 담당했다. 수십 수백만의 유태인들을 죽이기 위해서 가스실을 정성스럽게 만들고, 연구와 실험을 위해서 살아있는 사람을 마취 없이 수술하며, 필요한 서류처리를 한 사람들이란 모두 극악무도한 사람들이었을까. 아렌트는 〈악의 평범성에 관한 보고서(A Report on the Banality of Evil)〉(NewYork, 1964)에서 아이히만은 유태인을 죽이려고 나선 악마가 아니라, 평범하고 순종적인 지극히 정상적인 사람이며, 자기에게 주어진 임무를 위해 성실하게 일했던 충실한 관료에 지나지 않았다고 쓴다. 대부분의 '악질적인 사람'들이 현실에서는 상관의 명령에 잘 따르는 평범한 사람들이라는 것이다. 가장 극악하게 인간을 몰살하는 일에 주역을 맡았던 아이히만 역시 착실하게 임무를 수행한 것이다. 아이히만이 인간이 상정한 악령의 화신이라면 '아마도 악령의 가장 뚜렷한 특징은 그 평범성일 것이다.' 『심리학개론』 홍대식 역, 박영사, 서울, 1988. p.695.

56 故跖之徒問跖曰: 「盜亦有道乎?」跖曰: 「何適而旡有道邪? 夫妄意室中之藏, 聖也; 入先, 勇也; 出后, 義也; 知可否, 知也; 分均, 仁也。五者不備而能成大盜者, 天下未之有也。」(『莊子 · 胠篋』) p.270.

57 「道流! 爾欲得如法見解, 但莫受人惑, 向裏向外, 逢著便殺。逢佛殺佛, 逢祖殺祖, 逢羅漢殺羅漢, 逢父母殺父母, 逢親眷殺親眷, 始得解脫。不與物拘, 透脫自在。」(『鎭州臨濟慧照禪師語錄』) 中國電子佛典協會.

58 商大宰蕩問仁於莊子。莊子曰: 「虎狼, 仁也。」曰: 「何謂也?」莊子曰: 「父子相親, 何爲不仁!」曰: 「請問至仁。」莊子曰: 「至仁旡親。」(『莊子 · 天運』) p.391.

59 子游問孝。子曰: 「今之孝者, 是謂能養。至於犬馬, 皆能有養; 不敬, 何以別乎。」(『論語 · 爲政』) p.62.

60 且君子之交淡若水, 小人之交甘若醴。(『莊子 · 山木』) p.497.

61 夫至德之世, 同與禽獸居, 族與萬物並。惡乎知君子小人哉! 同乎旡知, 其德不離; 同乎旡欲, 是謂素樸。素樸而民性得矣。及至聖人, 蹩躠為仁, 踶跂為義, 而天下始疑矣。澶漫為樂, 摘僻為禮, 而天下始分矣。(『莊子·馬蹄』) p.260.

62　而儒墨乃始離跂攘臂乎桎梏之間。(『莊子·在宥』) p.291.

63　「人皆有七竅, 以視聽食息, 此獨无有, 嘗試鑿之。」日鑿一竅, 七日而渾沌死。(『莊子·應帝王』) p.235.

64　夫明白入素, 无爲復朴, 體性抱神, 以遊世俗之間者。(『莊子·天地』) p.331.

65　孔子適楚, 楚狂接輿遊其門, 曰:「鳳兮鳳兮, 何如德之衰也! 來世不可待, 往世不可追也。天下有道, 聖人成焉, 天下無道, 聖人生焉。方今之時, 僅免刑焉。福輕乎羽, 莫之知載; 禍重乎地, 莫之知避。已乎已乎, 臨人以德! 殆乎殆乎, 畫地而趨! 迷陽迷陽, 无傷吾行! 吾行郤曲, 无傷吾足!」(『莊子·人間世』) p.142. 초광 접여의 노래는 『논어』에도 보인다. "초나라의 접여가 공자 곁을 지나다가 노래를 불렀다. '봉황이여! 봉황이여! 너의 삶은 지쳐 있구나! 지나간 것은 고칠 수 없고, 올 것은 바로잡을 수 있네. 그만두자, 그만두자. 요즘의 정치하는 자들은 위태롭구나.' 공자가 가마를 내려서 말을 그에게 걸어보려 했지만 그가 피하는 바람에 더 이상 말을 나눌 수 없었다." 楚狂接輿, 歌而過孔子, 曰:「鳳兮! 鳳兮! 何德之衰? 往者不可諫, 來者猶可追。已而! 已而! 今之從政者殆而!」孔子下, 欲與之言。趨而辟之, 不得與之言。(『論語·微子』) pp.227-228.

66　長沮桀溺耦而耕。孔子過之, 使子路問津焉。長沮曰:「夫執輿者爲誰?」子路曰:「爲孔丘。」曰:「是魯孔丘與?」曰:「是也。」曰:「是知津矣!」問於桀溺, 桀溺曰:「子爲誰?」曰:「爲仲由。」曰:「是魯孔丘之徒與?」對曰:「然。」曰:「滔滔者, 天下皆是也, 而誰以易之? 且而與其從辟人之士也, 豈若從辟世之士哉?」耰而不輟。子路行以告, 夫子憮然曰:「鳥獸不可與同群! 吾非斯人之徒與而誰與? 天下有道, 丘不與易也。」(『論語·微子』) p.228.

67　魯哀公問乎顏闔曰:「吾以仲尼爲貞幹, 國其有瘳乎?」曰:「殆哉圾乎仲尼! 方且飾羽而畫, 從事華辭。以支爲旨, 忍性以視民而不知不信。受乎心, 宰乎神, 夫何足以上民! 彼宜女與? 予頤與? 誤而可矣! 今使民離實學僞, 非所以視民也。爲後世慮, 不若休之。難治也!」(『莊子·列禦寇』) p.765.

68　子曰:「朝聞道, 夕死可矣!」(『論語·里仁』) p.81.

69　「七十而從心所欲, 不逾矩。」(『論語·爲政』) p.61.

70 小人殉財, 君子殉名, 其所以變其情, 易其性, 則異矣: 乃至於棄其所爲而殉其所不爲則一也。(『莊子·盜跖』) p.724.

71 天之小人, 人之君子; 人之君子, 天之小人也。(『莊子·大宗師』) p.207.

72 彼其所殉仁義也, 則俗謂之君子: 其所殉貨財也, 則俗謂之小人。其殉一也, 則有君子焉, 有小人焉。若其殘生損性, 則盜跖亦伯夷已, 又惡取君子小人於其間哉!(『莊子·駢拇』) p.251.

73 屈原既放, 游於江潭, 行吟澤畔, 顏色憔悴, 形容枯槁。漁父見而問之, 曰:「子非三閭大夫與? 何故至於斯?」屈原曰:「擧世皆濁我獨淸, 衆人皆醉我獨醒, 是以見放。」漁父曰:「聖人不凝滯於物, 而能與世推移。世人皆濁, 何不餔其泥而揚其波眾人皆醉, 何不餔其糟而揚歠其醨? 何故深思高擧, 自令放爲?」屈原曰:「吾聞之, 新沐者必彈冠, 新浴者必振衣。安能以身之察察, 受物之汶汶者乎? 寧赴湘流, 葬於江魚之腹中。安能以皓皓之白, 而蒙世俗之塵埃乎?」漁父莞爾而笑, 鼓枻而去, 歌曰:「滄浪之水淸兮, 可以濯吾纓, 滄浪之水濁兮, 可以濯吾足。」遂去, 不復與言。(『楚辭卷第七漁父』) 三民書局 p.141.

74 유가에서는 이를 수경행권(守經行權)이라고 한다. 『朱熹四書集註-孟子集註』 참조. 어부의 이 노래는 『맹자·이루』 편에도 나오지만 그 해석은 다르다. 공자는 이 노래를 제자들에게 들려주며 말한다. '물이 맑으면 남들이 그 물에 갓끈을 씻고 흐리면 남들이 발을 씻는다.' 공자는 제자들에게 깨끗하게 처신하지 않으면 남에게 모욕을 당할 것이라고 주의를 준 것이다. 공자는 물의 맑고 흐림을 당사자로 적용해서 보았다. 孟子曰:「不仁者可與言哉? 安其危而利其菑, 樂其所以亡者。不仁而可與言, 則何亡國敗家之有? 有孺子歌曰:『滄浪之水淸兮, 可以濯我纓; 滄浪之水濁兮, 可以濯我足。』孔子曰:『小子聽之! 淸斯濯纓, 濁斯濯足矣, 自取之也。』夫人必自侮, 然後人侮之; 家必自毀, 而後人毀之; 國必自伐, 而後人伐之。太甲曰:『天作孽, 猶可違; 自作孽, 不可活。』此之謂也。」(『孟子』〈離婁章句上〉) p.367.

75 窮則獨善其身 達則兼善天下。(『孟子』 卷十三〈盡心上〉) p.480.

76 孔氏者, 性服忠信, 身行仁義, 飾禮樂, 選人倫。上以忠於世主, 下以化於齊民, 將以利天下。此孔氏之所治也。(『莊子·漁父』) p.745.

77 仁則仁矣, 恐不免其身。苦心勞形以危其眞。嗚呼! 遠哉其分於道也。(『莊子·漁父』) p.745.

78 "사람에게는 여덟 가지 허물이 있고 일에는 네 가지 잘못이 있소. 주의하지 않으면 안 되오. 제가 할 일도 아닌데 그 일을 하는 것, 임금이 돌아보지도 않는데 굳이 진언하는 것,

남의 기분에 영합하여 말하는 일, 옳고 그름을 가리지 않고 말하는 것, 남의 결점을 즐겨 말하는 짓, 남과 교제를 끊거나 친한 사이를 갈라놓는 것, 일부러 남을 칭찬하며 악에 밀어 넣는 일, 선악을 가리지 않고 상대방의 비위를 맞추는 짓 등이오. 군자는 이 일들을 벗삼지 않고 명군은 이런 자를 신하로 삼지 않소. 또 네 가지 잘못이라 하는 것은 다음의 것들이오. 큰일을 한다며 일상적인 것을 고치고 바꾸어서 공명을 올리려는 짓, 지식을 내세워 멋대로 행동하고 남의 것을 차지하는 일, 제 잘못을 고치지 않고 충고를 듣고도 나쁜 짓을 더 하는 것, 남의 의견이 자기와 같으면 좋아하고 다르면 선이라 해도 인정치 않는 짓. 이것이 네 가지 잘못이오. 이 여덟 가지 허물과 네 가지 잘못이 없어야 비로소 가르침을 받을 수 있게 되오." 且人有八疵, 事有四患, 不可不察也. 非其事而事之, 謂之摠: 莫之顧而進之, 謂之佞; 希意道言, 謂之諂: 不擇是非而言, 謂之諛: 好言人之惡, 謂之讒: 析交離親, 謂之賊: 稱譽詐僞以敗惡人, 謂之慝: 不擇善否, 兩容頰適, 偸拔其所欲, 謂之險. 此八疵者, 外以亂人, 內以傷身, 君子不友, 明君不臣. 所謂四患者: 好經大事, 變更易常, 以挂功名, 謂之叨: 專知擅事, 侵人自用, 謂之貪: 見過不更, 聞諫愈甚, 謂之很人同於己則可, 不同於己, 雖善不善, 謂之矜. 此四患也. 能去八疵, 无行四患, 而始可教已.(『莊子‧漁父』) p.749.

79 丘再逐於魯, 削迹於衛, 伐樹於宋, 圍於陳蔡. 丘不知所失, 而離此四謗者何也?(『莊子‧漁父』) p.750.

80 甚矣, 子之難悟也! 人有畏影惡迹而去之走者, 擧足愈數而迹愈多, 走愈疾而影不離身, 自以爲尙遲, 疾走不休, 絶力而死. 不知處陰以休影, 處靜以息迹, 愚亦甚矣! 子審仁義之間, 察同異之際, 觀動靜之變, 適受與之度, 理好惡之情, 和喜怒之節, 而幾於不免矣. 謹脩而身, 愼守其眞, 還以物與人, 則无所累矣. 今不脩身而求之人, 不亦外乎!(『莊子‧漁父』) p.750.

81 請問何謂眞?(『莊子‧漁父』) p.751.

82 眞者, 精誠之至也. 不精不誠, 不能動人. 故强哭者雖悲不哀, 强怒者雖嚴不威, 强親者雖笑不和. 真悲无聲而哀, 眞怒未發而威, 眞親未笑而和. 眞在內者, 神動於外, 是所以貴眞也.(『莊子‧漁父』) pp.751-753.

83 王叔岷『莊子校詮』p.1240.

84 是亦彼也, 彼亦是也. 彼亦一是非, 此亦一是非. 果且有彼是乎哉? 果且无彼是乎哉? 彼是莫得其偶, 謂之道樞.(『莊子‧齊物論』) p.59.

85 (『莊子 · 齊物論』) p.54. 본문에서 장자는 '진재'를 인간 내면에 존재하지만 볼 수 없는 주재
   자라고 하면서 참된 주인, '진군(眞君)'이라고도 한다.

제3장 있는 그대로 둠

1 常季曰: 「彼兀者也, 而王先生, 其與庸亦遠矣。若然者, 其用心也獨若之何?」 仲尼曰: 「死生亦大
   矣, 而不得與之變; 雖天地覆墜, 亦將不與之遺。審乎无假而不與物遷, 命物之化而守其宗也。」
   常季曰: 「何謂也?」 仲尼曰: 「自其異者視之, 肝膽楚越也; 自其同者視之, 萬物皆一也。夫若然者,
   且不知耳目之所宜, 而遊心乎德之和; 物視其所一而不見其所喪, 視喪其足猶遺土也。」(『莊子 · 德
   充符』) pp.148-149.

2 魯有兀者叔山无趾, 踵見仲尼。仲尼曰: 「子不謹, 前既犯患若是矣。雖今來, 何及矣!」 …… 无趾語
   老聃曰: 「孔丘之於至人, 其未邪? 彼何賓賓以學子爲? 彼且蘄以諔詭幻怪之名聞, 不知至人之以
   是爲己桎梏邪?」 老聃曰: 「胡不直使彼以死生爲一條, 以可不可爲一貫者, 解其桎梏, 其可乎?」 无趾
   曰: 「天刑之, 安可解!」(『莊子 · 德充符』) pp.156-157.

3 申徒嘉, 兀者也, 而與鄭子産同師於伯昏无人。子産謂申徒嘉曰: 「我先出則子止, 子先出則我止。」
   其明日, 又與合堂同席而坐。子産謂申徒嘉曰: 「我先出則子止, 子先出則我止。今我將出, 子可以
   止乎, 其未邪? 且子見執政而不違, 子齊執政乎?」 申徒嘉曰: 「先生之門, 固有執政焉如此哉! 子而
   說子之執政而後人者? 聞之曰: 『鑒明則塵垢不止, 止則不明也。久與賢人處則無過。』今子之所
   取大者, 先生也, 而猶出言若是, 不亦過乎?」(『莊子 · 德充符』) p.153.

4 闉跂支離無脤說衛靈公, 靈公說之, 而視全人, 其脰肩肩。甕㼜大癭說齊桓公, 桓公說之, 而視全
   人, 其脰肩肩。(『莊子 · 德充符』) p.166.

5 魯哀公問於仲尼曰: 「衞有惡人焉, 曰哀駘它。丈夫與之處者, 思而不能去也。婦人見之, 請於父母
   曰『與爲人妻寧爲夫子妾』者, 十數而未止也。未嘗有聞其唱者也, 常和人而已矣。无君人之位以
   濟乎人之死, 无聚祿以望人之腹; 又以惡駭天下, 和而不唱, 知不出乎四域, 且而雌雄合乎前, 是
   必有異乎人者也。寡人召而觀之, 果以惡駭天下, 與寡人處, 不至以月數, 而寡人有意乎其爲人也;

不至乎期年, 而寡人信之。國无宰, 寡人傳國焉。悶然而後應, 氾[而]若辭。寡人醜乎, 卒授之國。無幾何也, 去寡人而行, 寡人卹焉若有亡也, 若無與樂是國也。是何人者也?」(『莊子 · 德充符』) pp.159-160.

6 仲尼曰:「丘也嘗使於楚矣, 適見㹠子食於其死母者, 少焉眴若皆棄之而走。不見己焉爾, 不得類焉爾。所愛其母者, 非愛其形也, 愛使其形者也。戰而死者, 其人之葬也不以翣資; 刖者之屨, 无為愛之; 皆无其本矣。為天子之諸御, 不爪翦, 不穿耳; 取妻者止於外, 不得復使。形全猶足以為爾, 而況全德之人乎! 今哀駘它未言而信, 无功而親, 使人授己國, 唯恐其不受也, 是必才全而德不形者也。」(『莊子 · 德充符』) p.161.

7 且夫駢於拇者, 決之則泣; 枝於手者, 決之則啼。二者, 或有餘於數, 或不足於數, 其於憂一也。今世之仁人, 蒿目而憂世之患; 不仁之人, 決性命之情而饕貴富。(『莊子 · 駢拇』) p.247.

8 彼正正者, 不失其性命之情。故合者不為駢, 而枝者不為跂; 長者不為有餘, 短者不為不足。(『莊子 · 駢拇』) p.246.

9 意仁義其非人情乎!(『莊子 · 駢拇』) p.247.

10 且夫屬其性乎仁義者, 雖通如曾史, 非吾所謂臧也; 屬其性於五味, 雖通如俞兒, 非吾所謂臧也; 屬其性乎五聲, 雖通如師曠, 非吾所謂聰也; 屬其性乎五色, 雖通如離朱, 非吾所謂明也。吾所謂臧者, 非仁義之謂也, 臧於其德而已矣; 吾所謂臧者, 非所謂仁義之謂也, 任其性命之情而已矣。吾所謂聰者, 非謂其聞彼也, 自聞而已矣; 吾所謂明者, 非謂其見彼也, 自見而已矣。(『莊子 · 駢拇』) p.252.

11 다른 용어로는 '진아(眞我), atman'이라고도 하지만, 여기서는 '참모습'이라고 했다.

12 郭橐駝, 不知始何名。病僂, 隆然伏行, 有類橐駝者, 故鄉人號之駝。…… 有問之, 對曰:「橐駝非能使木壽且孳也, 以能順木之天, 以致其性焉爾。凡植木之性, 其本欲舒, 其培欲平, 其土欲故, 其築欲密。既然已, 勿動勿慮, 去不復顧其蒔也若子, 其置也若棄, 則其天者全, 而其性得矣。故吾不害其長而已, 非有能碩而茂之也。不抑耗其實而已, 非有能蚤而蕃之也。他植者則不然: 根拳而土易; 其培之也, 若不過焉則不及。苟有能反是者, 則又愛之太殷, 憂之太勤。旦視而暮撫, 已去而復顧; 甚者爪其膚以驗其生枯, 搖其本以觀其疏密, 而木之性日以離矣。雖曰愛之, 其實害之; 雖曰憂之, 其實讎之; 故不我若也, 吾又何能為哉?」(柳宗元『種樹郭橐駝傳』)

13 汝遊心於淡, 合氣於漠, 順物自然而無容私焉, 而天下治矣。(『莊子 · 應帝王』) p.223.

14 治大國若烹小鮮。(『老子·六十章』) p.97.

15 聞在宥天下, 不聞治天下也。在之也者, 恐天下之淫其性也: 宥之也者, 恐天下之遷其德也。(『莊子·在宥』) p.283.

16 不賞而民勸, 不罰而民畏。(『莊子·天地』) p.320.

17 黃帝曰:「夫爲天下者, 則誠非吾子之事, 雖然, 請問爲天下。」小童辭。黃帝又問。小童曰:「夫爲天下者, 亦奚以異乎牧馬者哉! 亦去其害馬者而已矣!」(『莊子·徐无鬼』) p.596.

18 是故鳧脛雖短, 續之則憂: 鶴脛雖長, 斷之則悲。故性長非所斷, 性短非所續, 無所去憂也。意仁義其非人情乎! 彼仁人何其多憂也。(『莊子·騈拇』) p.246.

19 曰:「何謂天? 何謂人?」北海若曰:「牛馬四足, 是謂天: 落馬首, 穿牛鼻, 是謂人。故曰, 无以人滅天, 无以故滅命, 无以得殉名。謹守而勿失, 是謂反其眞。」(『莊子·秋水』) p.431.

20 任我則情, 情則蔽, 蔽則昏矣; 因物則性, 性則神, 神則明矣。(邵雍『觀物外篇十二』)

21 惠子謂莊子曰:「吾有大樹, 人謂之樗, 其大本擁腫而不中繩墨, 其小枝卷曲而不中規矩。立之塗, 匠者不顧。今子之言, 大而無用, 衆所同去也。」莊子曰:「子獨不見狸狌乎卑身而伏, 以候敖者; 東西跳梁, 不辟高下, 中於機辟, 死於罔罟。今夫斄牛, 其大若垂天之雲, 此能爲大矣, 而不能執鼠。今子有大樹, 患其无用, 何不樹之於无何有之鄉, 廣莫之野, 彷徨乎无爲其側, 逍遙乎寢臥其下; 不夭斤斧, 物无害者, 无所可用, 安所困苦哉!」(『莊子·逍遙遊』) p.246.

22 曰:「已矣, 勿言之矣! 散木也。以爲舟則沈, 以爲棺槨則速腐, 以爲器則速腐, 以爲門戶則液㯉, 以爲柱則蠹, 是不材之木也, 無所可用, 故能若是之壽。」匠石歸, 櫟社見夢曰:「女將惡乎比予哉? 若將比予於文木邪。夫柤梨橘柚, 果蓏之屬, 實熟則剝, 剝則辱; 大枝折, 小枝泄。此以其能苦其生者也, 故不終其天年而中道夭, 自掊擊於世俗者也。」(『莊子·人間世』) pp.133-136.

23 執留之狗成思, 猿狙之便自山林來。(『莊子·天地』) p.323.

24 直木先伐, 甘井先竭。(『莊子·山木』) p.495.

25 今子有五石之瓠, 何不慮以·大樽而浮乎江湖, 而憂其瓠落無所容? 則夫子猶有蓬之心也夫!(『莊子·逍遙遊』) p.42.

26 莊子曰:「夫子固拙於用大矣, 宋人有善爲不龜手之藥者, 世世以洴澼絖爲事。客聞之, 請買其方百金。聚族而謀曰:『我世世爲洴澼絖, 不過數金; 今一朝而鬻技百金, 請與之。』客得之, 以說吳王。越有難, 吳王使之將, 冬與越人水戰, 大敗越人, 裂地而封之。能不龜手, 一也; 或以封, 或不免於洴澼絖, 則所用之異也。今子有五石之瓠, 何不慮以爲大樽而浮乎江湖, 而憂其瓠落無所容? 則夫子猶有蓬之心也夫!」(『莊子·逍遙遊』) pp.41-42.

27 故足之於地也踐, 雖踐, 恃其所不蹍而後善博也。(『莊子·徐无鬼』) p.620.

28 南伯子綦遊乎商之丘, 見大木焉, 有異, 結駟千乘, 隱將芘其所藾。子綦曰:「此何木也哉? 此必有異材夫!」仰而視其細枝, 則拳曲而不可以為棟梁, 俯而(視)其大根, 則軸解而不可以為棺槨; 爲其葉, 則口爛而爲傷; 嗅之, 則使人狂酲, 三日而不已。子綦曰:「此果不材之木也, 以至於此其大也。嗟乎神人, 以此不材!」(『莊子·人間世』) p.138.

29 宋有荊氏者, 宜楸柏桑。其拱把而上者, 求狙猴之杙者斬之; 三圍四圍, 求高名之麗者斬之; 七圍八圍, 貴人富商之家求樿傍者斬之。故未終其天年, 而中道之夭於斧斤, 此材之患也。故解之以牛之白顙者與豚之亢鼻者, 與人有痔病者不可以適河。此皆巫祝以知之矣, 所以爲不祥也。此乃神人之所以爲大祥也。(『莊子·人間世』) p.139.

30 梁麗可以衝城, 而不可以窒穴, 言殊器也; 騏驥驊騮, 一日而馳千里, 捕鼠不如狸狌, 言殊技也; 鴟鵂夜撮蚤, 察毫末, 晝出瞋目而不見丘山, 言殊性也。(『莊子·秋水』) p.426.

31 支離疏者, 頤隱於臍, 肩高於頂, 會撮指天, 五管在上, 兩髀爲脇, 挫鍼治繲, 足以糊口, 鼓筴播精, 足以食十人。上徵武士, 則支離攘臂而遊於其間; 上有大役, 則支離以有常疾不受功; 上與病者粟, 則受三鐘與十束薪。夫支離其形者, 猶足以養其身, 終其天年, 又況支離其德者乎?(『莊子·人間世』) p.141.

32 莊子行於山中, 見大木, 枝葉盛茂。伐木者止其旁而不取也。問其故, 曰:「旡所可用。」莊子曰:「此木以不材得終其天年。」夫子出於山, 舍於故人之家。故人喜, 命豎子殺雁而烹之。豎子請曰:「其一能鳴, 其一不能鳴, 請奚殺?」主人曰:「殺不能鳴者。」明日, 弟子問於莊子曰:「昨日山中之木, 以不材得終其天年; 今主人之雁, 以不材死。先生將何處?」莊子笑曰:「周將處乎材與不材之間。材與不材之間, 似之而非也, 故未免乎累。若夫乘道德而浮遊則不然, ……悲夫, 弟子志之, 其唯道德之鄉乎!」(『莊子·山木』) p.487.

제4장 맑은 영혼의 회복

1 宋元君將畵圖, 衆史皆至, 受揖而立, 砥筆和墨, 在外者半。有一史後至者, 僧僧然不趨, 受揖不立, 因之舍。公使人視之, 則解衣般礡贏。君曰:「可矣, 是眞畵者也。」(『莊子·田子方』) p.521.

2 以瓦注者巧, 以鉤注者憚, 以黃金注者憚。其巧一也, 而有所矜, 則重外也。凡外重者內拙。」(『莊子·田子方』) p.469.

3 列御寇爲伯昏无人射, 引之盈貫, 措杯水其肘上, 發之, 適矢復沓, 方矢復寅。當是時, 猶象人也。伯昏无人曰:「是射之射, 非不射之射也。嘗與汝登高山, 履危石, 臨百仞之淵, 若能射乎?」於是无人遂登高山, 履危石, 臨百仞之淵, 背逡巡, 足二分垂在外, 揖御寇而進之。御寇伏地, 汗流至踵。(『莊子·田子方』) p.525.

4 風波之民。(『莊子·天地』) p.329.

5 虛則靜, 靜則動, 動則得矣。(『莊子·天道』) p.346.

6 正則靜, 靜則明, 明則虛, 虛則无爲而无不爲也。(『莊子·庚桑楚』) p.582.

7 去欲則宣, 宣則靜矣: 靜則精, 精則獨立矣: 獨立則明, 明則神矣。神者至貴也。(『管子』) 四部備要 卷五二(北京:中華書局, 1989) p.112.

8 爲學日益, 爲道日損, 損之又損, 以至於無爲。(『老子·四十八章』) p.83.

9 虛其欲, 神將入舍。掃除不潔, 神乃留處。(『管子』) p.111.

10 仲尼曰:「若一志, 无聽之以耳而聽之以心, 无聽之以心而聽之以氣! 聽止於耳, 心止於符。氣也者, 虛而待物者也。唯道集虛。虛者, 心齋也。」顔回曰:「回之未始得使, 實自回也; 得使之也, 未始有回也; 可謂虛乎?」夫子曰:「盡矣。」(『莊子·人間世』) pp.114-115.

11 汝齊戒, 疏淪而心, 澡雪而精神, 掊擊而知。(『莊子·知北遊』) p.541.

12 이런 과정을 심리학에서는 개심명상(Opening-up Meditation)이라고 한다. 마음을 씻고 자아를 최소화하는 일이다. "이 방식은 아무것도 하지 않고, 아무것도 생각하지 않으며, 스스로 아무런 노력도 하지 않고 자신의 마음과 몸을 있는 그대로 두는 것으로……, 마음속에서 끊임없이 바뀌고 있는 생각들과 느낌들의 흐름을 벗어나서, 마음의 흐르는 그

모습을 관망하는 동시에 흐름 속에 빠지는 것을 거부한다. 비유를 하자면 생각들, 느낌들, 바람들이라는 한 무리의 새떼들이 하늘을 날고 있는 모습을 보는 것과 같다. 그들이 마음껏 날도록 내버려 두고 조용히 관망하기만 하라. 새떼들이 너를 구름 속으로 끌고 들어가게 하지는 마라"(Chauduri, 1965, pp.30~31), 앞의 책 『심리학개론』 p.218.

13 瞻彼闋者, 虛室生白, 吉祥止止。(『莊子 · 人間世』) p.116.

14 企者不久, 跨者不行(『老子 · 二十四章』) p.50.

15 子曰: 「巧言令色, 鮮矣仁!」(『論語 · 學而』) p.54.

16 知其雄, 守其雌, …… 知其榮, 守其辱, 為天下谷。為天下谷, 常德乃足, 復歸於朴。(『老子 · 二十八章』) p.55.

17 反者道之動。(『老子 · 四十章』) p.73.

18 窮則反, 終則始, 此物之所有。(『莊子 · 則陽』) p.645. 『전국책』에서 채택 역시 같은 말을 한다. "사물이 극에 달하면 반드시 쇠하는데 이는 자연의 섭리다. 그러므로 그에 따라 나아가고 물러서고, 가득 차고 줄어드는 것 또한 지혜로운 사람의 바른 처세 방법이다. 物盛則衰, 天之常數也; 進退, 盈縮, 聖人之常道也。"(『戰國策 · 秦策』)

19 "天子不處全, 不處極, 不處盈, 全則必缺, 極則必反, 盈則必虧。"(『呂氏春秋』卷24〈博志〉, 『二十二子』) p.719.

20 克己復禮, 為仁。(『論語 · 淵顏』) p.158.

21 有子曰: 「禮之用, 和為貴。」(『論語 · 學而』) p.57.

22 兒子終日嗥而嗌不嗄, 和之至也: 終日握而手不掜, 共其德也: 終日視而目不瞚, 偏不在外也。……若是者, 禍亦不至, 福亦不來。禍福无有, 惡有人災也!(『莊子 · 庚桑楚』) pp.572-574.

23 天下皆知美之為美, 斯惡已; 皆知善之為善, 斯不善已。(『老子 · 二章』) p.19.

24 故西施病心而矉其里, 其里之醜人見之而美之, 歸亦捧心而矉其里。其里之富人見之, 堅閉門而不出; 貧人見之, 挈妻子而去走。彼知矉美而不知矉之所以美。惜乎, 而夫子其窮哉!(『莊子 · 天運』) p.381.

25 同乎无知, 其德不離: 同乎无欲, 是謂素樸。素樸而民性得矣。(『莊子 · 馬蹄』) p.260.

26 지나치게 공손한 언행은 예의가 아니다. 과공비례(過恭非禮). 이는 송대의 유학자 정이 정호가 남긴 글에 나온 말이다. 『맹자·이루』편에서 맹자가 말한다. '예의가 아닌 예의, 의로움이 아닌 의로움이 있다. 큰 인물은 이런 일을 하지 않는다. 孟子曰:「非禮之禮, 非義之義, 大人弗爲.」(『孟子·離婁下』) 거짓의 예의, 거짓의 정의를 지적한 말이다. 이에 대하여 정이 정호 형제가 설명을 붙였다. '공손함이란 본래 예이기는 하지만 공손함이 지나치면 예의가 아니다. 가난한 이에게 물품을 주는 일은 의로움이다. 그러나 지나치게 많이 주는 것은 의로움이 아니다.' 問:「『非禮之禮, 非義之義』何謂也?」曰:「恭本爲禮, 過恭是非禮之禮也. 以物與人爲義, 過與是非義之義也.」(程顥, 程頤『河南程氏遺書卷第九』) 공자 역시 이점을 지적했다. "교묘한 말, 가식적인 표정, 지나친 겸손, 좌구명은 이런 것을 부끄러운 일로 여겼다. 나도 부끄러운 일로 여긴다. 원망하는 마음을 숨기고 그 사람과 벗하는 것을 좌구명은 부끄러워했다. 나도 부끄러워한다. 子曰:「巧言, 令色, 足恭, 左丘明恥之, 丘亦恥之. 匿怨而友其人, 左丘明恥之, 丘亦恥之.」(『論語·公冶長』) p.95. 번지르르한 말, 거짓으로 꾸민 표정, 속마음을 숨긴 거짓 겸손, 이 모두가 공자가 혐오한 일이다.

27 旣彫旣琢, 復歸於樸.(『莊子·山木』) p.493.

28 鄭有神巫曰季咸, 知人之死生存亡, 禍福壽夭, 期以歲月旬日, 若神. 鄭人見之, 皆棄而走. 列子見之而心醉, 歸, 以告壺子, 曰:「始吾以夫子之道爲至矣, 則又有至焉者矣.」⋯⋯ 壺子曰:「始吾示之以未始出吾宗. 吾與之虛而委蛇, 不知其誰何, 因以爲弟靡, 因以爲波流, 故逃也.」然後列子自以爲未始學而歸. 三年不出, 爲其妻爨, 食豕如食人, 於事无與親. 雕琢復朴, 塊然獨以其形立. 紛而封哉, 一以是終.(『莊子·應帝王』) pp.227-232.

29 雕琢復朴.(『列子·黃帝篇』)

30 子曰: "剛毅, 木訥, 近仁." (『論語·子路』) p.178.

31 陽子居南之沛, 老聃西遊於秦. 邀於郊, 至於梁而遇老子. 老子中道仰天而嘆曰:「始以汝爲可敎, 今不可也.」陽子居不答. 至舍, 進盥漱巾櫛, 脫屨戶外, 膝行而前, 曰:「向者弟子欲請夫子, 夫子行不閒, 是以不敢. 今閒矣, 請問其過.」老子曰:「而睢睢盱盱, 而誰與居! 大白若辱, 盛德若不足.」陽子居蹴然變容曰:「敬聞命矣!」其往也, 舍者迎將, 其家公執席, 妻執巾櫛, 舍者避席, 煬者避竈. 其反也, 舍者與之爭席矣!(『莊子·寓言』) p.681.

32 "日用事無別, 唯吾自偶諧, 頭頭非取捨, 處處勿張乖, 朱紫誰爲號, 丘山絶點埃, 神通並妙用, 運水及搬柴。"(龐蘊居士偈頌『五燈會元』) p.186.

33 或聘於莊子, 莊子應其使曰:「子見夫犧牛乎? 衣以文繡, 食以芻叔. 及其牽而入於大廟, 雖欲爲孤犢, 其可得乎!」(『莊子·列禦寇』) p.772.

34 이 이야기는『莊子·達生』p.456와『莊子·達生』p.483의 두 곳에 나온다.

35 莊子釣於濮水, 楚王使大夫二人往先焉, 曰:「願以境內累矣!」莊子持竿不顧, 曰:「吾聞楚有神龜, 死已三千歲矣. 王巾笥而藏之廟堂之上. 此龜者, 寧其死爲留骨而貴乎? 寧其生而曳尾於塗中乎?」二大夫曰:「寧生而曳尾塗中。」莊子曰:「往矣! 吾將曳尾於塗中。」(『莊子·秋水』) p.441.

36 曾普信編著『中國禪祖師傳』, 華光書局, 民國56(1967) p.116.

37 "何謂平常心? 無造作, 無是非, 無取捨, 無斷常, 無凡無聖。"(道原『景德傳燈錄』卷二十八) 佛光出版社, 1994.

제5장 창조적인 삶

1 回曰:「回益矣。」仲尼曰:「何謂也?」曰:「回忘仁義矣。」曰:「可矣, 猶未也。」他日, 復見, 曰:「回益矣。」曰:「何謂也?」曰:「回忘禮樂矣。」曰:「可矣, 猶未也。」他日, 復見, 曰:「回益矣。」曰:「何謂也?」曰:「回坐忘矣。」仲尼蹵然曰:「何謂坐忘?」顔回曰:「墮肢體, 黜聰明, 離形去知, 同於大通, 此謂坐忘。」仲尼曰:「同則无好也, 化則无常也。而果其賢乎! 丘也請從而後也。」(『莊子·大宗師』) p.215.

2 有治在人, 忘乎物, 忘乎天, 其名爲忘己。忘己之人, 是之謂入於天。(『莊子·天地』) p.323.

3 列禦寇之齊, 中道而反, 遇伯昏瞀人. 伯昏瞀人曰:「奚方而反?」曰:「吾驚焉。」曰:「惡乎驚?」……曰:「已矣, 吾固告汝曰, 人將保汝. 果保汝矣! 非汝能使人保汝, 而汝不能使人无保汝也, 而焉用之感豫出異也. 必且有感, 搖而本才, 又无謂也. 與汝遊者, 又莫汝告也. 彼所小言, 盡人毒也. 莫覺莫悟, 何相孰也. 巧者勞而知者憂, 能者无所求, 飽食而敖遊, 汎若不繫之舟, 虛而敖遨者也!」(『莊子·列禦寇』) p.759.

4   老聃死, 秦失弔之, 三號而出。 弟子曰: 「非夫子之友邪?」 曰: 「然。」「然則弔焉若此, 可乎?」 曰: 「然。
    始也吾以爲其人也, 而今非也。 向吾入而弔焉, 有老者哭之, 如哭其子; 少者哭之, 如哭其母。 彼其
    所以會之, 必有不蘄言而言, 不蘄哭而哭者, 是〔遁〕天倍情, 忘其所受, 古者謂之遁天之刑。(『莊子·
    養生主』) p.98.

5   大聲不入於里耳, 折楊皇荂, 則嗑然而笑。 是故高言不止於衆人之心。(『莊子·天地』) p.338. 소통
    『문선』에도 비슷한 의미의 글이 있다. "최신 유행가는 수많은 사람이 열광하지만 다소 수
    준 있는 음악은 일부에서만 좋아합니다. 그러나 진정 훌륭한 음악은 몇 사람만이 이해할
    수 있을 뿐입니다." 客有歌於郢中者, 其始曰下里巴人, 國中屬而和者數千人; 其爲陽阿薤露, 國
    中屬而和者數百人; 其爲陽春白雪, 國中屬而和者不過數十人; 引商刻羽, 雜以流徵, 國中屬而和者
    不過數人而已。(『昭明文選』 卷四十五 〈對問設論辭序上·對問·對楚王問〉) 많은 사람들에게 험
    담을 듣는 송옥을 비난하려고 초나라의 양왕이 묻는다. "선생은 무언가 단점이 많은가 봅
    니다. 많은 사람들이 모두들 선생의 험담을 하는군요." 그러자 자신이 비난을 듣는 까닭은
    작은 안목과 식견으로 세상을 보는 사람들 때문이라며 송옥은 위와 같은 비유로 말한다.

6   『논어』의 공자 역시 "군자는 말이 어눌하지만 행동은 민첩하게 한다"고 했다. 子曰: 「君子
    欲訥於言而敏於行。」(『論語·里仁』) p.85.

7   蹍市人之足, 則辭以放驁, 兄則以嫗, 大親則已矣。(『莊子·庚桑楚』) p.582.

8   夫復謵不餽而忘人, 忘人, 因以爲天人矣!(『莊子·庚桑楚』) p.584.

9   忘足, 履之適也。 忘要, 帶之適也。(『莊子·達生』) p.481.

10 '내가 있는 정경', 즉 유아지경이 있고 '내가 없는 정경', 즉 무아지경이 있다. "눈물 속에
    꽃 보니 꽃은 말 없고 / 그 꽃잎 떨어져 그네 위로 날리네." "추운 봄 여관 문 닫고 슬픔 견
    디네 / 두견새 우는 소리 노을 진 저녁" 이는 유아지경이다. "동쪽 울타리에서 국화를 따
    다 / 한가로이 남산을 바라다본다." "차가운 물결 잔잔히 이는데 / 흰 새 한 마리 고요히
    내리네" 이는 무아지경이다. 유아지경은 '나'로서 대상을 보는 것이므로 대상에 나의 색
    채가 밴다. 무아지경은 대상으로 대상을 보는 것이다. 그러므로 어느 것이 '나'이고 어느
    것이 대상인지 알 수 없다. 옛사람들이 사를 지을 때는 유아지경이 많았는데, 그것은 무
    아지경을 그릴 수 없었기 때문은 아니다. 뛰어난 사람들만이 그런 경지를 그려낼 수 있었
    던 것이다. 무아지경은 고요함 속에서 얻어지는 것이라면, 유아지경은 움직임에서 고요함

으로 전이되는 과정에서 얻어진다. 그러므로 전자는 아름답고 후자는 장엄하다. 有有我之境, 有無我之境.「淚眼問花花不語, 亂紅飛過秋千去」,「可堪孤館閉春寒, 杜鵑聲裏斜陽暮」, 有我之境也.「採菊東籬下, 悠然見南山」,「寒波澹澹起, 白鳥悠悠下」, 無我之境也. 有我之境, 以我觀物, 故物皆著我之色彩. 無我之境, 以物觀物, 故不知何者為我, 何者為物. 古人為詞, 寫有我之境者為多, 然未始不能寫無我之境, 此在豪傑之士能自樹耳.(王國維〈人間詞話〉『詞話總編』) 中華書局, 北京 p.4239.

11 마을 곁에 오두막을 한 채 지으니 / 수레와 말들의 시끄러움도 없다. / 어떻게 그럴 수 있느냐고 묻지만, / 마음이 멀면 땅도 절로 외져진다. / 동쪽 울타리에서 국화를 따다, / 한가로이 남산을 바라본다. / 산의 모습 석양에 더욱 아름답고, / 나는 새들은 짝지어 되돌아간다. / 이 속에 진정한 의미 있지만, / 밝히고 싶어도 이미 말을 잊었다. 結廬在人境, 而無車馬喧. 問君何能爾? 心遠地自偏. 采菊東籬下, 悠然見南山. 山氣日夕佳, 飛鳥相與還. 此中有眞意, 欲辨已忘言.(〈飮酒〉『陶淵明集』) 본문의 설명대로라면 위의 시구를 '동쪽 울타리에서 국화를 따는데, / 한가롭게 남산이 눈에 들어온다'고 하는 것이 더 시의에 가까울 것이다.

12 김동리,〈청산과의 거리〉『국문학논문선』민중서관. p.145, 오세영,『한국 낭만주의 시 연구』p.314, 김재홍『한국 현대시인 연구』p.34.

13 김정례 역주『바쇼의 하이쿠 기행』바다출판사 p.252.

14 墮爾形體, 吐爾聰明, 倫與物忘, 大同乎涬溟.(『莊子·在宥』) p.300.

15 莊子與惠子遊於濠梁之上. 莊子曰:「鯈魚出游從容, 是魚之樂也.」惠子曰:「子非魚, 安知魚之樂?」莊子曰:「子非我, 安知我不知魚之樂?」惠子曰:「我非子, 固不知子矣: 子固非魚也, 子之不知魚之樂, 全矣!」莊子曰:「請循其本. 子曰『汝安知魚樂』云者, 既已知吾知之而問我. 我知之濠上也.(『莊子·秋水』) pp.442-443.

16 "神與萬物交, 其智與百工通"(〈書李伯時山莊圖後〉),『蘇軾文集』, p.2211.

17 "故思理爲妙, 神與物遊."(劉勰『文心雕龍·神思』)『四部備要』一百冊.

18 大人之敎, 若形之於影, 聲之於響. 有問而應之, 盡其所懷, 爲天下配. 處乎无響. 行乎无方. 挈汝適復之撓撓, 以遊无端, 出入无旁, 與日无始. 頌論形軀, 合乎大同. 大同而无己. 無己, 惡乎得有有! 覩有者, 昔之君子: 覩无者, 天地之友.(『莊子·在宥』) p.303.

19 庖丁爲文惠君解牛, 手之所觸, 肩之所倚, 足之所履, 膝之所踦, 砉然嚮然, 奏刀騞然, 莫不中音。合於桑林之舞, 乃中經首之會。文惠君曰:「譆, 善哉! 技蓋至此乎?」庖丁釋刀對曰:「臣之所好者道也, 進乎技矣。始臣之解牛之時, 所見无非〔全〕牛者。三年之後, 未嘗見全牛也。方今之時, 臣以神遇而不以目視, 官知止而神欲行。依乎天理, 批大郤, 導大窾, 因其固然, 技經肯綮之未嘗, 而況大軱乎! 良庖歲更刀, 割也; 族庖月更刀, 折也; 今臣之刀十九年矣, 所解數千牛矣, 而刀刃若新發於硎。彼節者有間, 而刀刃者無厚; 以無厚入有間, 恢恢乎其於遊刃必有餘地矣。是以十九年而刀刃若新發於硎。雖然, 每至於族, 吾見其難爲, 怵然爲戒, 視爲止, 行爲遲。動刀甚微, 謋然已解, 如土委地。提刀而立, 爲之四顧, 爲之躊躇滿志, 善刀而藏之。」文惠君曰:「善哉! 吾聞庖丁之言, 得養生焉。」(『莊子·養生主』) pp.92-95.

20 大馬之捶鉤者, 年八十矣, 而不失豪芒。大馬曰:「子巧與! 有道與?」曰:「臣有守也。臣之年二十而好捶鉤, 於物无視也, 非鉤无察也。是用之者假不用者也以長得其用, 而況乎无不用者乎! 物孰不資焉!」(『莊子·地北遊』) p.554.

21 仲尼適楚, 出於林中, 見佝僂者承蜩, 猶掇之也。仲尼曰:「子巧乎, 有道邪?」曰:「我有道也。五六月累丸二而不墜, 則失者錙銖; 累三而不墜, 則失者十一; 累五而不墜, 猶掇之也。吾處身也, 若厥株拘; 吾執臂也, 若槁木之枝。雖天地之大, 萬物之多, 而唯蜩翼之知。吾不反不側, 不以萬物易蜩之翼, 何爲而不得!」孔子顧謂弟子曰:「用志不分, 乃凝於神。其佝僂丈人之謂乎!」(『莊子·達生』) p.468.

22 이런 정신적 과정을 집중명상(Concentrative Meditation)이라고 한다. 어떤 단어나 대상물, 또는 생각에 적극적으로 주의를 기울임으로써 다른 잡념을 제거하는 방법이다. 이에 관한 심리학 분야의 설명이 있다. "이것의 목적은 주의를 집중하는 것에 대한 것이다. 당신의 목표란 파란 꽃병에 주의를 집중시키는 것이기는 하지만, 그보다는 어떤 다른 사물과도 관련 없이 그대로 존재하고 있는 꽃병을 보려고 노력하라. 모든 다른 생각들, 감정들, 소리들, 신체의 감각들을 배제하라"(Deikman, 1963, p.330). 앞의 책『심리학개론』p.218(Atkinson, Hilgard Introduction to Psychology의 책).

23 梓慶削木爲鐻, 鐻成, 見者驚猶鬼神。魯侯見而問焉, 曰:「子何術以爲焉?」對曰:「臣, 工人, 何術之有! 雖然, 有一焉。臣將爲鐻, 未嘗敢以耗氣也, 必齊以靜心。齊三日, 而不敢懷慶賞爵祿; 齊五日, 不敢懷非譽巧拙; 齊七日, 輒然忘吾有四枝形體也。當是時也, 无公朝。其巧專而外骨消, 然後入山林, 觀天性, 形軀至矣, 然後成見鐻, 然後加手焉, 不然則已。則以天合天, 器之所以疑神者, 其

是與!」(『莊子·達生』) p.478.

24 紀渻子爲王養鬪雞。十日而問:「雞已乎?」曰:「未也, 方虛憍而恃氣。」十日又問, 曰:「未也, 猶應嚮景。」十日又問, 曰:「未也, 猶疾視而盛氣。」十日又問, 曰:「幾矣, 雞雖有鳴者, 已无變矣, 望之似木雞矣, 其德全矣。異无敢敢應者, 反走矣。」(『莊子·達生』) p.476.

25 이 글은 성어 '매약목계(呆若木雞)'의 어원이다. 오늘날 중국에서는 이 성어가 '얼이 빠진 듯하다'는 부정적인 뜻으로 쓰이긴 하지만『장자』에서의 원 뜻은 완벽히 안정된 정신 상태의 모습을 말한다.

26 少焉, 徐无鬼曰:「嘗語君吾相狗也。下之質, 執飽而止, 是狸德也; 中之質, 若視日; 上之質, 若亡其一。吾相狗, 又不若吾相馬也。吾相馬, 直者中繩, 曲者中鉤, 方者中矩, 圓者中規, 是國馬也, 而未若天下馬也。天下馬有成材, 若卹若失, 若喪其一, 若是者, 超軼絶塵, 不知其所。」武侯大悅而笑。(『莊子·徐无鬼』) p.589.

27 孔子見老聃, 老聃新沐, 方將被髮而乾, 慹然似非人。孔子便而待之, 少焉見, 曰:「丘也眩與? 其信然與? 向者先生形體掘若槁木, 似遺物離人而立於獨也。」老聃曰:「吾遊心於物之初。」⋯⋯ 老聃曰:「夫得是, 至美至樂也。得至美而遊乎至樂, 謂之至人。」(『莊子·田子方』) pp.515-517.

28 南郭子綦隱机而坐, 仰天而噓, 荅焉似喪其耦。顏成子游立侍乎前, 曰:「何居乎? 形固可使如槁木, 而心固可使如死灰乎? 今之隱机者, 非昔之隱机者也。」(『莊子·齊物論』) p.47.

29 上與造物者遊, 而下與外死生无終始者爲友。(『莊子·天下』) p.796.

30 吾猶守而告之, 參日而後能外天下; 已外天下矣, 吾又守之, 七日而後能外物; 已外物矣, 吾又守之, 九日, 而後能外生; 已外生矣, 而後能朝徹; 朝徹, 而後能見獨; 見獨, 而後能无古今; 无古今, 而後能入於不死不生。殺生者不死, 生生者不生。其爲物, 無不將也, 無不迎也; 無不迎也, 無不成也。其名爲攖寧。攖寧也者, 爲攖而後成者也。(『莊子·大宗師』) pp.194-195.

31 郭慶藩撰, 王孝魚點校, 『莊子集釋』, 중화서국, 1982, 북경.

32 〈莊子對精神自由的祈嚮〉, 『中國人性論史』 p.389.

33 생명을 얻어 태어난 것은 그런 때를 만났기 때문이며, 생명을 잃는 것은 자연의 변화에 따르는 것이네. 그런 흐름에 편안히 순응하면 슬픔도 즐거움도 파고들지 못하지. 이를 옛날에는 '현해'라고 일컬었다네. 외부의 사물에 묶인 채 풀려나지 못하는 것은, 사실은 스스로

얽어빴기 때문이네. 且夫得者, 時也; 失者, 順也. 安時而處順, 哀樂不能入也. 此古之所謂縣解
也.(『莊子·大宗師』) p.199, (『莊子·養生主』) p.98에도 동일한 문구가 나온다. 劉勰『文心雕
龍』神思 편의 '玄解(元解)' 역시 자연의 오묘한 섭리를 깨닫는다는 의미의 같은 어휘다.

34　『莊子』에서 '攖'이란 '纓'과 같이 '묶다'의 뜻으로 쓰였다. 예) 夫至人者, 相與交食乎地而交樂
乎天, 不以人物利害相攖(『莊子·庚桑楚』) p.573.

35　指窮於爲薪, 火傳也, 不知其盡也.(『莊子·養生主』) p.100.

36　"老僧三十年前未曾參禪時, 見山是山, 見水是水. 後來參禪悟道, 見山不是山, 見水不是水. 而今
個休歇處, 依然見山是山, 見水是水."(靑原惟信禪師『五燈會元』) p.1135.

37　夫內誠不解, 形諜成光, 以外鎭人心.(『莊子·列禦寇』) p.759.

38　夫德, 和也: 道, 理也. 德无不容, 仁也: 道无不理, 義也: 義明而物親, 忠也: 中純實而反乎情, 樂
也: 信行容體而順乎文, 禮也.(『莊子·繕性』) p.407.

39　古之眞人…… 以刑爲體, 以禮爲翼, 以知爲時, 以德爲循. 以刑爲體者, 綽乎其殺也; 以禮爲翼
者, 所以行於世也, 以知爲時者, 不得已於事也; 以德爲循者, 言其與有足者至於丘也.(『莊子·大宗
師』) pp.182-184.

40　故曰:『失道而後德, 失德而後仁, 失仁而後義, 失義而後禮. 禮者, 道之華而亂之首也.』故曰:『爲
道者日損, 損之又損之, 以至於无爲. 无爲而无不爲也.』今已爲物也, 欲復歸根, 不亦難乎! 其易
也, 其唯大人乎!(『莊子·知北遊』)

41　孔子問於老聃曰:「今日晏間, 敢問至道.」老聃曰:「汝齊戒, 疏瀹而心, 澡雪而精神, 掊擊而知. 夫
道, 窅然難言哉!(『莊子·知北遊』)

42　汝徒處无爲, 而物自化. 墮爾形體, 吐爾聰明, 倫與物忘, 大同乎涬溟. 解心釋神, 莫然无魂. 萬物
云云, 各復其根, 各復其根而不知.(『莊子·在宥』)

43　南郭子綦隱机而坐, 仰天而噓, 荅焉似喪其耦.(『莊子·齊物論』)

44　孔子觀於呂梁, 縣水三十仞, 流沫四十里, 黿鼉魚鱉之所不能游也. 見一丈夫游之, 以爲有苦而欲
死也. 使弟子並流而拯之. 數百步而出, 被髮行歌而游於塘下. 孔子從而問焉, 曰:「吾以子爲鬼,
察子則人也. 請問, 蹈水有道乎?」曰:「亡, 吾无道. 吾始乎故, 長乎性, 成乎命. 與齊俱入, 與汩偕
出, 從水之道而不爲私焉. 此吾所以蹈之也.」孔子曰:「何謂始乎故, 長乎性, 成乎命?」曰:「吾生

於陵而安於陵, 故也: 長於水而安於水, 性也。不知吾所以然而然, 命也。」(『莊子·達生』) p.477.

45 若然者, 其心志, 其容寂, 其顙頯; 淒然似秋, 煖然似春, 喜怒通四時, 與物有宜而莫知其極。(『莊子·大宗師』)

46 死生, 命也, 其有夜旦之常, 天也。人之有所不得與, 皆物之情也。彼特以天為父, 而身猶愛之, 而況其卓乎! 人特以有君為愈乎己, 而身猶死之, 而況其為乎!(『莊子·大宗師』) p.186.

47 靈臺者有持, 而不知其所持, 而不可持者也。(『莊子·庚桑楚』) p.576.

48 宇泰定者, 發乎天光。發乎天光者, 人見其人, 〔物見其物〕。人有脩者, 乃今有恆。有恆者, 人舍之, 天助之。人之所舍, 謂之天民; 天之所助, 謂之天子。(『莊子·庚桑楚』) p.575.